Wissen
auf einen Blick

Das Alte Ägypten

© Naumann & Göbel Verlagsgesellschaft mbH

Gesamtherstellung: Naumann & Göbel Verlagsgesellschaft mbH

Alle Rechte vorbehalten

ISBN: 978-3-625-11816-9

www.naumann-goebel.de

Wissen
auf einen Blick

Das Alte Ägypten

Matthias Vogt

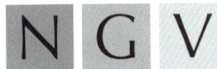

Inhalt

Vorwort

Denkt man an Ägypten, denkt man an Pyramiden, Kleopatra und die prunkvollen Grabbeigaben Tutanchamuns. Doch diese jahrtausendealte Zivilisation, die längste, die es je gegeben hat, brachte noch viel mehr hervor: Streik und Monotheismus, den 365-Tage-Kalender, Empfängnisverhütung und einen ersten „Sueskanal". Manche schreiben dieser Hochkultur am Nil auch die Erfindung der Schrift, von Brot und Bier zu. Nicht zuletzt das christliche Weihnachtsfest wurzelt in religiösen Vorstellungen der Ägypter. Von all dem ist heute nur wenig zu erahnen, wenn man das Land unvorbereitet besucht. Unser Wissen darüber beruht weniger auf dem, was dort noch aus pharaonischer Zeit an Ort und Stelle zu finden ist, sondern weit mehr auf der akribischen Besessenheit von Generationen von Ägyptologen, die in mühevoller Kleinarbeit Inschriften und Papyri entzifferten.

Wie lebten die Ägypter? Wie wohnten sie? Was aßen sie? Womit verdienten sie ihr Geld? Gab es überhaupt Geld? Was machten sie in ihrer Freizeit? Was bedeuteten Ehe und Familie für sie? Was glaubten sie kam nach dem Tod? Alles Fragen, die sich auf einer Ägypten-Reise nur beantworten lassen, wenn man mit einem gewissen Maß an Vorwissen und offenen Auges durch die Tempel und Gräber, Pyramidenbezirke und Museen wandelt. Dann werden Reliefs und Wandmalereien zu offenen Büchern, erzählen Statuen Geschichten und selbst die Hieroglyphen verlieren ihre Rätselhaftigkeit.

Aber auch ohne dieses Hintergrundwissen ist eine Reise zu den Pharaonen immer noch ein Erlebnis. Schon Griechen und Römer pilgerten in das Land am Nil, nicht nur, um zwei der sieben Weltwunder, die Pyramiden von Giza und den Leuchtturm Pharos in Alexandria zu bestaunen. Sie bereisten ein Land, das zu einer Zeit über eine hochstehende Kultur verfügte, als weder Athen noch Rom gegründet waren. Städte wie Theben und Memphis waren prächtige Metropolen noch bevor für die Menschen in Mitteleuropa die Eisenzeit anbrach. Es waren die Nachfahren dieser Menschen, die sich – meist friedlich bewaffnet mit Schippe und Pinsel – Jahrtausende danach daran machten, die Reste dieser frühen Kulturzentren vom Wüstensand zu befreien. Seither, seit dem Beginn des 19. Jahrhundert, gehören die Tempelstädte und Nekropolen Ägyptens zu den dankbarsten Objekten der Archäologen, noch immer warten Artefakte aus alter Zeit darauf der Vergessenheit entrissen und für die Ewigkeit gerettet zu werden. Für die Ewigkeit? Neben der Erosion bedrohen steigendes Grundwasser und Umweltverschmutzung die Monumente aus der Glanzzeit Ägyptens. Auch der Tourismus, wichtigste Einnahmequelle des Landes, trägt zu weiterem Verfall bei. Die verblassenden Malereien in den Gräbern der Pharaonen im Tal der Könige sind ein sichtbarer Beleg dafür. Trotzdem und trotz all der Ägyptischen Sammlungen in den großen Museen dieser Welt, nichts kann den persönlichen Eindruck an Ort und Stelle ersetzen, kein Medium die überwältigende Erhabenheit der Pyramiden, die monumentale Wucht der Säulenwälder des Tempels von Karnak oder die edle Größe des Heiligtums von Philae erfahrbar machen.

Zuletzt noch ein paar Bemerkungen zur Benutzung dieses Buchs: Die Schreibung der ägyptischen Eigennamen folgt der in Deutschland gängigen Praxis, die meist auf deren griechische Formen zurückgreift, also Amenophis statt Amenhotep oder Sesostris statt Senweseret. Die bei den Pharaonen genannten Daten sind, wenn nicht anders vermerkt, deren Regierungszeiten. Da alle vor der Zeitenwende herrschten, wurde fast immer auf den Zusatz „v. Chr." verzichtet.

Fluss des Lebens
Der Nil

„Geschenk des Nils" nannte der griechische Geschichtsschreiber und Geograph Herodot, der um 450 v. Chr. Ägypten bereiste, das Land im Nordosten Afrikas. Tatsächlich bildete der längste Fluss des Kontinents die Lebensgrundlage für die Menschen, die dort lebten und ermöglichte erst die Entwicklung einer Hochkultur. Ohne ihn wäre hier nichts als Wüste.

Quellen des Reichtums
Über 6000 Kilometer bahnt sich der Strom seinen Weg aus dem Inneren des Schwarzen Kontinents bis zum Mittelmeer. Gespeist vor allem aus dem im äthiopischen Hochland entspringenden Blauen Nil, der sich in der Nähe der sudanesischen Hauptstadt Khartoum mit dem aus Ruanda kommenden Weißen Nil vereinigt, und dem Atbara, passiert er erst auf dem letzten Drittel seines Weges das von den Griechen „Ägypten" genannte Land. Für dessen Bewohner war er schlicht „der Fluss" und mit dem Urozean der Schöpfung verbunden. Er durchfloss Diesseits und Jenseits und ermöglichte es dem Sonnengott, in seiner Barke sowohl den Himmel, als auch die Unterwelt zu durchqueren.

Hochwasser als Segen
„Preis dir, Nil, der du aus der Erde entspringst, komm nach Ägypten, der du die Gesetze gibst und die beiden Ufer gedeihen lässt ... der du Menschen und Tiere am Leben erhältst mit deinen Gaben des Feldes", so besang man den lebensspendenden Strom, der mit alljährlicher Regelmäßigkeit über die Ufer stieg, das Land überflutete und mit seinem schwarzen, sich in einer dünnen Schicht ablagerndem Schlamm fruchtbar machte. Die Ursache hierfür waren kräftige Monsunregen in den Quellgebieten des Blauen Nils. Sie setzten im Mai ein und sorgten dafür, dass der Strom zwischen Juni und Oktober um durchschnittlich acht Meter stieg. „Kemet", „das Schwarze", nannten die Ägypter das so für den Ackerbau nutzbare Land, „Djeseret", „das Rote", dagegen die Wüste. Hapi, der speckbäuchige Gott der Fülle und des Reichtums, personifizierte sinnbildlich die Nilschwelle, deren Ausmaß über Hunger oder Überfluss entschied. Heute ist von ihr, obwohl sich die klimatischen Bedingungen seither kaum geändert haben, nichts mehr zu spüren, denn die Lebensader Ägyptens ist durch den Bau großer Dämme seit Jahrzehnten reguliert. Vergangenheit, wie auch der größte Bewohner des Stroms, das Nilpferd. Einst überaus beliebt als Amulett und in Unmengen in Form von kleinen Fayence-Skulpturen erhalten, galten die männlichen Exemplare als Plage und wurden gejagt bis es, wohl schon zur Zeit des Neuen Reichs, am Ende des 2. Jt. v. Chr., verschwunden war.

Ober- und Unterägypten
Auf seinem Weg zum Mittelmeer passiert der Nil sechs Granitbarrieren, die er in Form von Stromschnellen, von Katarakten, überwindet. Sie werden, beginnend mit dem ersten Katarakt bei Assuan, stromaufwärts gezählt. Von dort durchfließt der Nil in Richtung Norden eine gebirgigfelsige Wüste, die der Flussoase nie mehr als 25 Kilometer Ausdehnung ermöglicht. Erst nach 900 Kilometern öffnet sich das Gebirge und der Strom kann sich in sein ursprünglich von sieben Flussarmen – heute sind es noch zwei im Westen und einer im Osten – gebildetes Delta auffächern. An der Grenze zwischen diesen beiden Landesteilen, Oberägypten, der trocken-heißen Flussoase im Süden, und Unterägypten, dem klimatisch gemäßigteren Marschland im Norden, befand sich das antike Memphis (siehe S. 22). Von hier aus, ganz in der Nähe der heutigen Hauptstadt Kairo, ließen sich Unter- und Oberägypten gut kontrollieren, und von hier aus regierten die ersten Pharaonen beide um 3100 v. Chr. vereinigten Landesteile.

Am 1. Katarakt des Nils bei Assuan in Oberägypten
reichen die den Fluss flankierenden Granitfelsen
bis ins Wasser, der fruchtbare Streifen rechts und
links des Stroms ist hier sehr schmal.

Dämmerung der Geschichte
Die prädynastische Zeit (5500–3100 v. Chr.)

Anders als in Europa umfasst die vorgeschichtliche Epoche Ägyptens, die Zeit vor den ersten fassbaren Königen, nur die steinzeitlichen Entwicklungsstufen. Ägypten war bereits eine Hochkultur, als in Mitteleuropa noch Eisen- und Bronzezeit durchlaufen werden mussten. Schon im 6. Jt. v. Chr. war die Jungsteinzeit im Niltal voll entwickelt: Die Menschen waren sesshaft, lebten von Ackerbau und Viehzucht und stellten Keramik her. Auch als man in der Mitte des 5. Jt. v. Chr. begann, Kupfer zu verarbeiten, wurden parallel weiter Geräte aus Stein, wie Beile, Sicheln oder Jagdwaffen, hergestellt.

Während Archäologen in Unterägypten vor allem Siedlungsspuren aus vorgeschichtlicher Zeit entdeckten – am bekanntesten sind die Funde von Merimde mit der ältesten bekannte Rundplastik Afrikas, einem Terrakottakopf –, gelang dem Engländer Sir Flinders Petrie Ende des 19. Jh. bei dem Ort Negade in Oberägypten ein sensationeller Fund: Hier, in der Nähe der Stadt Luxor, stieß er auf einen großen Friedhof. Der Fundort gab der ganzen Kulturentwicklung Oberägyptens, deren Bevölkerung im Unterschied zu Unterägypten eher aus nomadisierenden Hirten und Viehzüchtern bestand, ihren Namen. Je nach Entwicklungsstufe teilt man sie in Negade I–III ein.

Alle drei Phasen zusammen decken in etwa das 4. Jahrtausend v. Chr. ab. Typisch für Negade I ist die rotbraun polierte Keramik mit gelbweißer Bemalung. Mögliche Einflüsse aus Vorderasien führten zu Negade II mit rotbraun bemalter, beigefarbener Keramik und schließlich, etwa 3200 v. Chr., zu Negade III, in der die Herstellung bemalter Gefäße zugunsten einer Steingefäß-Produktion aufgegeben wurde. Aus dieser Zeit sind erste lokale Fürsten bekannt mit Namen, die aus Tierbezeichnungen wie Elefant, Stier oder Fisch gebildet wurden. Einer der ersten, am Ende der Negade-Periode, ist Skorpion I. Um diese Zeit, etwa 3150 v. Chr., bestand erstmals eine kulturelle Einheit, die das gesamte Niltal bis zum heutigen Sudan umfasste.

Erste Siedlungen

Die Notwendigkeit, sich mittels künstlicher Bewässerung das Wasser des Nils zunutze zu machen, förderte das Entstehen von Siedlungen. Sie bestanden aus hüttenartigen, ovalen Bauten, erstellt aus mit Schilfflechtwerk verkleideten Pfosten. Die günstigen klimatischen und geographischen Bedingungen für die Landwirtschaft führten rasch zu einem Ansteigen der Bevölkerungszahl. Historiker gehen von etwa 2 Millionen Einwohnern am Ende der Jungsteinzeit aus.

Schöpfung

Die Frage, woher sie kamen, beantworteten die Ägypter mit Schöpfungsgeschichten, die, je nachdem, welches Kulturzentrum für die jeweilige Lehre stand, einen anderen Gott im Mittelpunkt sahen. Im ältesten Mythos, dem von Heliopolis (siehe S. 52), waren es vier Generationen von Göttern, die die Welt entstehen ließen. Der Sonnengott Atum erschuf sich selbst und aus einer Verbindung von Masturbation, Spucken und Erbrechen das Götterpaar Schu, die Luft, und Tefnut, die Feuchtigkeit. Diese wiederum zeugten *miteinander Geb, die Erde, und Nut, den Himmel. Aus ihnen wurde dann die vierte Göttergeneration, Osiris, Seth und deren Schwester-Gemahlinnen, Isis und Nephthys, geboren. In Hermopolis (siehe S. 136) standen an Stelle dieser Neunheit vier geheimnisvolle Urgötterpaare, in Memphis (siehe S. 22) konzentrierte man sich auf verschiedene Erscheinungsformen des Gottes Ptah. Gemeinsam ist allen das chaotische Urwasser Nun, aus dem der Urhügel emporstieg – eine Spiegelung des alljährlichen Wiederauftauchens des Landes aus den Fluten des Nils.*

Der Idolkopf der späten Merimde-Kultur ist etwa
6000 Jahre alt. Die Augenpartie dieser ältesten
Rundplastik Afrikas war ursprünglich rot, andere
Teile des Gesichts gelb gefärbt.

Verkehr auf dem Wasser
Schiffe und Boote

Die Hieroglyphe für „in den Süden fahren" zeigt ein Schiff mit geblähtem Segel, obwohl damit auch eine Reise auf dem Landweg mit dem dort bevorzugten Transportmittel, dem Esel, gemeint sein konnte. Doch viel bedeutender war der Nil als Hauptverkehrsader des Landes, den man mittels Kanälen sogar bis über den ersten Katarakt hinaus befahren konnte.

Es herrschte ein reger Verkehr: Lastensegler brachten Baumaterial an die Großbaustellen des Landes, Waren wurden angeliefert und Reisende an ihre Zielorte befördert. Daneben querten Fähren den Fluss und Fischer gingen ihrer Beschäftigung nach. Benötigte man für die Reise flussaufwärts nur den meistens blasenden Nordwind, nutzte man bei der Fahrt nach Norden die Strömung und ruderte – entsprechend bedeutet die ein Schiff ohne Segel zeigende Hieroglyphe „in den Norden fahren".

Schiffstypen und ihre Bauweise

Alle Schiffstypen, die den Nil befuhren, wiesen gemeinsame Merkmale auf: Wegen der oft geringen Wassertiefe in den Nilarmen wurde auf einen Kiel verzichtet, was zur Folge hatte, dass man die Schiffe sogar über Land ziehen konnte. Sie waren symmetrisch, an Bug und Heck stark nach oben gebogen, ein Mast, an dem ein rechteckiges Segel hing, stand in der Mitte. Gebaut waren die ersten, bereits für die vorgeschichtliche Zeit belegten Boote aus Papyrusbündeln. Ihre Wendigkeit und den geringen Tiefgang schätzte man auch in späterer Zeit zum Fischfang, zur Jagd oder im Einsatz als Fähren. Im Gegensatz zu den großen Nilschiffen, die unter königlichem Monopol standen, waren sie häufig in Privatbesitz. Seit dem Alten Reich (2686-2181 v. Chr.) wurde auch Holz als Werkstoff eingesetzt, ein hier seltener Rohstoff, der meist aus Byblos, einst ein bedeutender Handelsort nördlich von Beirut, eingeführt wurde. Die Fahrt dorthin dauerte etwa vier Tage und wurde regelmäßig durchgeführt. „Byblosfahrer" nannte man darum bald alle Schiffe, egal ob sie das Mittelmeer oder das Rote Meer befuhren.

Entwicklungen im Schiffsbau

Der technische Fortschritt machte vor den Schiffen nicht Halt: Im Mittleren Reich (2025-1650 v. Chr.) wurden die beweglichen Steuerruder durch ein fest angebrachtes ersetzt, der Mast konnte bei Windstille umgelegt werden, eine Kajüte erhob sich auf dem Heck. Im Neuen Reich (1550-1069 v. Chr.) waren es dann mehrere Kajüten, das Segel wurde breiter als hoch. Die größten Transportschiffe, auf denen Obelisken befördert wurden, waren jetzt bis zu 62 Meter lang und 21 Meter breit.

Heilige Barken

„Nun lass ich gleiten mein Boot und sieh! Ich bin schon inmitten des Himmels; seine Kanäle durchstreifend, gelang ich zu Nut." Da Schiffe und Boote als Transportmittel von überragender Bedeutung waren, fanden sie auch Eingang in Religion und Kult. Bereits seit vorgeschichtlicher Zeit wurden Modellboote Gräbern beigegeben, manchmal, wie im Falle des Pharaos Cheops, sogar echte Schiffe. 1954 entdeckte man an der Südseite seiner Pyramide die Einzelteile einer 46 Meter langen Barke (siehe rechts). Vielleicht war sie dafür bestimmt, den verstorbenen Pharao gemeinsam mit dem Sonnengott Re durch die Unterwelt zu tragen. Re, so glaubte man, überquere in seiner Sonnenbarke am Tag das Himmelsgewässer und in der Nacht die Unterwelt. Heilige Barken, kleine Boote ohne Mast, trugen statt der Kajüte eine Art Schrein mit dem Götterbild, Bug und Heck das Haupt des Gottes oder seines heiligen Tieres.

Die Barke, die man in einer von drei schiffs-
förmigen Gruben bei der Cheops-Pyramide
entdeckte, ist nie benutzt worden. Man fand sie
dort in gekennzeichneten Einzelteilen und
musste sie – ähnlich wie bei einem Baukasten –
erst zusammensetzen.

Das Ordnen der Zeit
Chronologie

Die Ägypter legten großen Wert auf die Geschichtsschreibung. Sie folgte jedoch ganz anderen Denkschemen als heute. So orientierten sie sich nicht durchgehend an einem festen Bezugspunkt wie zum Beispiel die Römer, die ihre Zeit auf die Gründung Roms bezogen angaben oder wir, die wir die Zeit mit der Geburt Christi beginnen lassen. In Ägypten gab es kein einfaches Abzählen der Jahre über den gesamten Zeitraum der Geschichte hinweg. Vielmehr nannte man die Jahre nach bestimmten Ereignissen und orientierte sich an den alle zwei Jahre stattfindenden amtlichen Viehzählungen. Diese verbunden mit einem Herrschernamen, also z. B. „die zweite Zählung unter König NN", ergab ein eindeutiges Datum. Seit der 11. Dynastie, dem 22. Jh. v. Chr., genügte die Angabe des Regierungsjahres eines Königs, um ein Ereignis zu datieren.

Herrscherlisten und Königstafeln
Doch wie lassen sich die so gewonnenen Erkenntnisse in unsere Zeitrechnung einordnen? Zum Glück haben sich, wenn auch nur in Abschriften, Teile eines Geschichtswerks erhalten, das Manetho, ein ägyptischer Priester, im 3. Jh. v. Chr. in griechischer Sprache verfasst hat. Darunter vor allem eine Herrscherliste, die die Namen der Könige, die Dynastien und Jah-reszahlen enthielt. Er benutzte als Vorlage offizielle Listen, von denen eine aus der Zeit Ramses II. (1279-1213), wenn auch in schlechtem Zustand, erhalten blieb. Auch ein paar Königstafeln, in Stein gemeißelte Opferlisten mit unvollständigen Aufzählungen von Königen, existieren noch.

Astronomische Hilfen
Mit Hilfe der Astronomie lassen sich die überlieferten Daten in unsere Zeitangaben übersetzen. Zur Hilfe kommt uns dabei Sirius (Sothis), der hellste aller Fixsterne. Er wurde zur Zeit der Nilschwelle wieder sichtbar, nachdem er 70 Tage nicht zu sehen war. Mit ihm begann das Sothisjahr, während der Neujahrstag des bürgerlichen Jahrs, das ursprünglich gemeinsam mit ihm begann, immer weiter zurückfiel, denn die Ägypter kannten keinen Schalttag. Nach 1460 (= 4 x 365) Jahren stimmten beide wieder überein. 139 n. Chr. war dies der Fall, wie ein römischer Grammatiker überlieferte. Zudem geben manche Quellen an, an welchem Tag des ägyptischen Kalenders in einem bestimmten Regierungsjahr eines Herrschers der Frühaufgang des Sothis erfolgte. Mit diesen Informationen lassen sich viele Daten der ägyptischen Geschichte mit ziemlicher Genauigkeit in unsere Geschichtsschreibung übernehmen.

Reiche und Dynastien

Seit dem Ende des 19. Jahrhunderts hat sich in der Ägyptologie die Einteilung der ägyptischen Geschichte in Frühzeit, Altes Reich, Erste Zwischenzeit, Mittleres Reich, Zweite Zwischenzeit, Neues Reich, Dritte Zwischenzeit, Spätzeit, griechische und römische Zeit entwickelt. Diese, sich an der europäischen Folge von Antike, Mittelalter und Neuzeit orientierende Gliederung wird heute – mit Ausnahme der Dritten Zwischenzeit – nicht in Frage gestellt, wenn sie von den Ägyptern selber auch kaum verstanden worden wäre.

Sie rechneten nach Dynastien, Gruppierungen von mehreren, zeitlich aufeinander folgenden Königen, die beispielsweise in verwandtschaftlichen Beziehungen zueinander standen, gleicher Herkunft waren oder die gleiche Hauptstadt nutzten. Die 30 Dynastien, die von Manetho im 3. Jh. v. Chr. eingeführt wurden und in ähnlicher Besetzung auch in den Königslisten zu finden sind, folgen dabei nicht immer linear aufeinander – Könige mehrerer Dynastien regierten zu manchen Zeiten gleichzeitig in verschiedenen Landesteilen.

Mit vier Königslisten bildet die Liste Sethos' I., die sich in seinem Tempel in Abydos erhalten hat, einen wesentlichen Anhaltspunkt für die Chronologie der ägyptischen Herrscher. In zwei Reihen sind die Namen von 76 Pharaonen zu erkennen.

Die Einteilung der Zeit
Der altägyptische Kalender

Wer glaubt, dass das Jahr mit seinen 365 Tagen zu je 24 Stunden eine Erfindung unserer Tage ist, der irrt. Auch ein Blick an den Beginn unserer Zeitrechnung, 2000 Jahre zurück, zu Julius Caesar, dessen Kalender im 16. Jh. von Papst Gregor XIII. überarbeitet wurde, genügt nicht, um zu den Wurzeln unseres Kalenders zu gelangen. Vielmehr waren es die Ägypter und das bereits etwa drei Jahrtausende vor Christi Geburt, die durch Beobachtungen des Mondumlaufs und der jährlichen Wiederkehr der Nilüberschwemmung zu dem Schluss kamen, dass ein Jahr 365 Tage haben müsse. Sie unterteilten es in drei Jahreszeiten zu jeweils vier Monaten: Achet, die Überschwemmung selbst, Peret, das Frühjahr, wenn die Aussaat erfolgte und das Getreide zu sprießen begann, und Schemu, die Erntezeit. Jeder Monat wiederum zählte 30 Tage, was sich aus dem Lauf des Mondes ergab. Da den Berechnungen der Ägypter ein dezimales Zahlensystem zugrunde lag – beruhend auf den zehn Fingern – unterteilten sie jeden Monat in drei Wochen zu jeweils 10 Tagen.

Viele Augenblicke sind ein Tag

Auch der 24-Stunden-Tag ist eine Erfindung der Ägypter: Spätestens seit der Ersten Zwischenzeit (2181-2025) unterteilte man beide Tageshälften, den zwölf Monaten entsprechend, jeweils in zwölf gleiche Teile. Deren Länge variierte je nach Jahreszeit: Waren die Tage während der Überschwemmungszeit länger, die Nächte kürzer, dauerte eine Tagesstunde länger als eine Nachtstunde. Gemessen wurde die Zeit mittels Sonnen- und Wasseruhren, einfache Auslaufuhren, bei denen Wasser aus den Öffnungen eines Gefäßes ran. Sie

> ### Epagomenen
>
> *Drei Jahreszeiten zu jeweils vier Monaten, jeder Monat 30 Tage? Das ergibt 360 und nicht 365 Tage, eine Diskrepanz von fünf Tagen also. Die Epagomenen, die fünf (grch.) „hinzugefügten Tage", die aufeinander folgenden Geburtstage der Götter Osiris, Horus, Seth, Isis und Nephthys, sorgten dafür, dass die Diskrepanz zwischen dem ägyptischen Sonnenjahr und dem realen Sonnenjahr, das etwa sechs Stunden länger ist, nicht zu groß wurde. Und selbst diese kleine Abweichung bekamen die Ägypter, wenn auch erst am Ende der Pharaonenzeit, in den Griff: Unter der Herrschaft der Ptolemäerkönige (305-30) wurde das Schaltjahr eingeführt. Dieser später unter Julius Caesar und Papst Gregor XIII. überarbeitete Kalender bildet die Basis unseres neuzeitlichen Kalenders.*

verfügten über unterschiedliche Skalen mit waagerechten Markierungen, damit sie die je nach Jahreszeit verschieden langen Stunden korrekt anzeigen konnten – den unterschiedlich starken Wasserdruck versuchte man dabei ebenfalls in der Anzeige zu berücksichtigen. Im Gegensatz zu den Babyloniern kannten die Ägypter keine Unterteilung der Stunde in 60 Minuten. Ihre kleinste Zeiteinheit war die „at", der Augenblick, dessen Länge nicht definiert war.

Wann beginnt das neue Jahr?

Obwohl das astronomische Jahr etwas länger dauert als 365 Tage, kannte man mit dem 19. Juli bereits einen festen Neujahrstermin, dessen Grundlage eine Beobachtung am Sternenhimmel bildete: An diesem Tag erschien der hellste Stern, Sirius, der Hundsstern, unmittelbar vor Sonnenaufgang am östlichen Horizont, nachdem er 70 Tage von der Sonne überstrahlt worden war. Ein passendes Datum, denn etwa zu dieser Zeit trat Jahr für Jahr der Nil auch über seine Ufer.

Neben dem Siriusjahr und dem 365-tägigen Sonnenjahr kannten die Ägypter noch andere Kalendarien, die sich am Zeitpunkt religiöser Feste orientierten und oft auf dem Mondmonat beruhten, der etwa 29,5 Tage dauert.

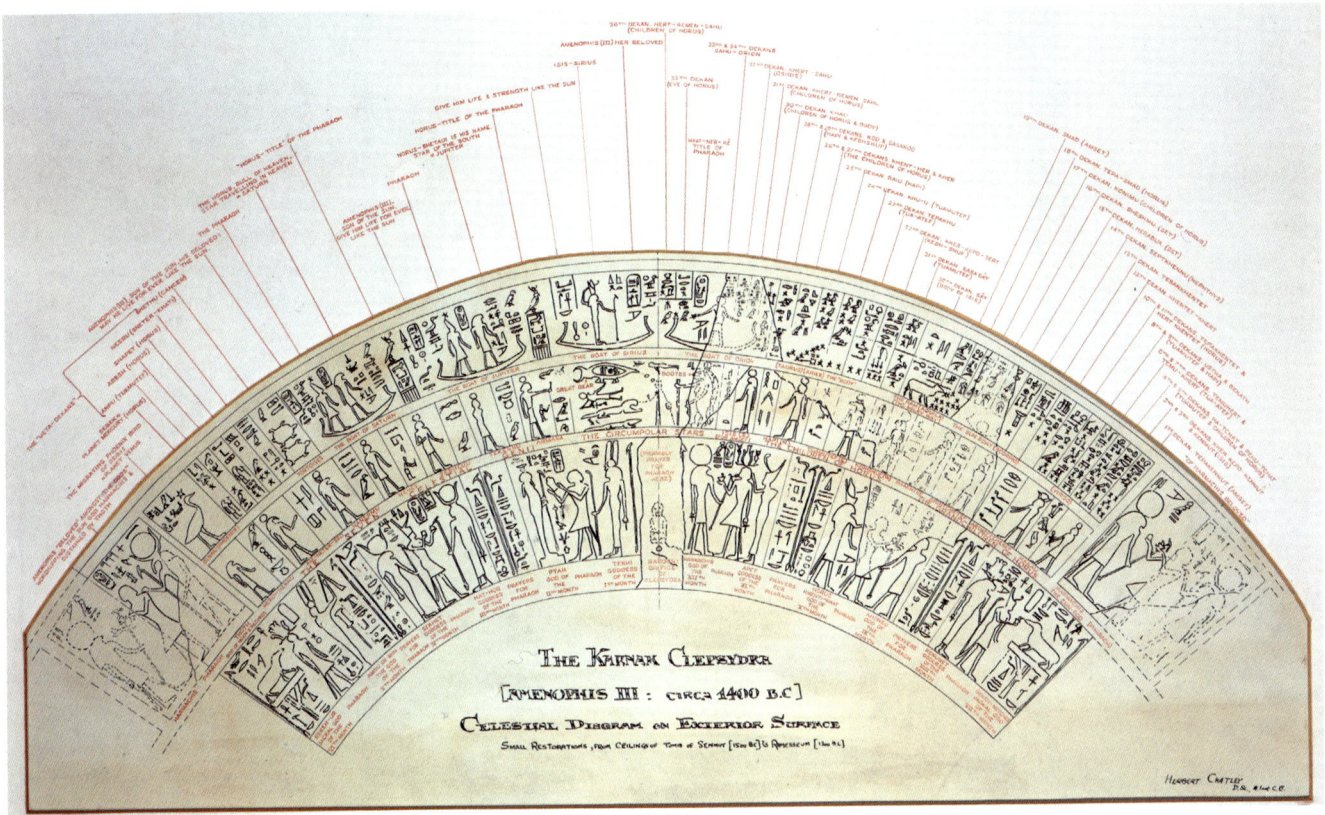

Auf der Außenseite der in Karnak gefundenen
ältesten erhaltenen Wasseruhr (Klepshydra)
aus der Zeit Amenophis III. (1390-1352) erscheinen die Planeten, Dekanlisten, Sternen-
konstellationen des Nordhimmels und die
Monate des Mondkalenders. Die Uhr selbst
wurde aus Alabaster gefertigt und erinnert in
ihrer Form an einen Blumentopf.

Geburt einer Nation
Die frühdynastische Zeit (3100-2686 v. Chr.)

In der frühdynastischen oder kurz Frühzeit (3100-2686), die die ersten beiden Dynastien umfasst, bildeten sich bereits wesentliche Merkmale aus, die Ägypten als Hochkultur kennzeichnen: Schrift, Kalender und eine zentrale Staatsverwaltung. Als Reichsgründer, erster Herrscher über ein vereinigtes Ober- und Unterägypten, galt den Ägyptern König Menes (siehe S. 22).

Menes entstammt vermutlich dem Reich der Mythen und vereinigt in seiner Person mehrere historische Gestalten, darunter auch den ersten Pharao der 1. Dynastie, König Aha, „der Kämpfer". Da unter ihm die Jahresrechnung eingeführt wurde, hätte ihn die spätere Überlieferung an die erste Stelle gesetzt, so vermuten manche Ägyptologen, obwohl vielleicht schon bis zu zwölf Herrscher zuvor ein vereinigtes Reich regierten. Aha wie auch seine Nachfolger, Djer, Djet, Den, Adjib, Semerchet und Qaa wurde in Abydos begraben, nicht weit von Thinis, einem Ort, den man bis heute nicht gefunden hat, aus dem jedoch die ersten Könige stammen sollen. Politisches Zentrum dieser Zeit war Memphis. Gelegen an der Nahtstelle zwischen Ober- und Unterägypten wurde dieser Ort vermutlich als Festung von Horus Aha – der Name des Gottes war Titel der Herrscher – gegründet und in der Folge zu einem administrativen, kulturellen und religiösen Zentrum ausgebaut. Weitere Ereignisse seiner etwa 42 Jahre dauernden Herrschaft verzeichnete man auf Stein und führte diese Annalen noch bis zur 5. Dynastie fort.

Frieden und Wohlstand

Während der 2. Dynastie kam es zu Machtkämpfen, die zum Auseinanderbrechen der beiden vereinigten Länder führten. Abzulesen ist dies in der nachträglichen Bearbeitung von Königstitulaturen und Königsnamen dieser Zeit, um deren Andenken zu beschädigen oder gar auszulöschen, eine später immer wieder benutzte Form der Geschichtsklitterung. Herrscher wie Hetepsechemui und Ninetjer hatten den Süden vernachlässigt, der fünfte König der Dynastie, Peribsen, statt Horus den gewalttätigen Gott Seth (siehe S. 164) als Titel gewählt. Dem letzten König der 2. Dynastie, Chasechemui („die beiden Mächte sind erschienen"), gelang es jedoch, Unterägypten wieder zu unterwerfen. Schon zu dieser Zeit waren die Handelsbeziehungen zu Vorderasien und Innerafrika weit entwickelt, eingeführt wurden vor allem Holz, Öle und Elfenbein. Es muss eine Phase des Friedens und Wohlstands gewesen sein, des Wachstums und des Fortschritts, der Staat war politisch gefestigt, auseinanderstrebende religiöse Vorstellungen miteinander versöhnt. Darum setzt die Forschung hier eine Zäsur und beginnt mit der folgenden, der 3. Dynastie das Alte Reich.

Narmer

Beginnt die 1. Dynastie mit König Aha, so endet die Zeit davor, die manche Ägyptologen auch als 0. Dynastie bezeichnen, mit dessen Vater, König Narmer (um 3100, der Name bedeutet vielleicht „der wütende Wels"). Sein Name taucht nicht in den Königslisten auf, jedoch auf einigen Artefakten. Er beschließt die Zeit der Annäherung der beiden Landesteile, unter ihm ist ihre Vereinigung endgültig vollzogen und damit der erste Territori-

alstaat in der Geschichte der Menschheit entstanden. Wichtigste seiner Residenzen war Hierakonpolis, nördlich von Edfu in Oberägypten. Im dortigen Horustempel wurde 1897 eine berühmte, aus Schiefer geschnittene Prunkschminkpalette (siehe rechts) gefunden, deren Reliefdarstellungen den mit der Krone Oberägyptens geschmückten Narmer zeigen, wie er einen Feind erschlägt – der symbolische Triumph des Pharaos über Unterägypten.

Symbol der absoluten Herrschergewalt blieb während der gesamten Pharaonenzeit die Darstellung des Feinderschlagens. Hier erstmals auf der Prunkschminkpalette des Königs Narmer zu sehen, auf der dieser die Weiße Krone Oberägyptens trägt.

Der göttliche Falke
Königsgott Horus

Der als Falke oder falkenköpfige Mann dargestellte Gott Horus galt als der Sohn von Isis und Osiris, die gemeinsam über Ägypten herrschten, bis Osiris von seinem Bruder Seth, dem Beherrscher des Chaos, zerstückelt wurde. Isis fügte den Körper wieder zusammen und gebar das Kind Horus, der seitdem seine Aufgabe darin sah, seinen Vater zu rächen. Dies ist eine Version des Mythos, in einer anderen ist Horus der Bruder des Seth. Immer jedoch sind sie Kontrahenten, die schließlich von den Göttern die Entscheidung erbitten, wer von beiden den ägyptischen Thron erlangen soll. Zuerst werden sie Landesgötter von Ober- bzw. Unterägyptens, zuletzt wird Seth zum Gott der Wüste, Horus gelangt auf den Thron des vereinigten Landes.

Erscheinungsformen des Gottes

Diese Legenden um den falkengestaltigen Horus („der Ferne") erklären seine zahlreichen Erscheinungsformen und Bedeutungen: Er gilt als Herr des Himmels, als Gott des Ostens und des Sonnenaufgangs, seine Augen wurden als Sonne und Mond gedeutet. Während eines Streits mit Seth soll dieser ihm das linke, das Mondauge herausgerissen haben. Glücklicherweise konnte die Himmelsgöttin Hathor (siehe S. 62) es ihm wieder mit einem Zaubertrank aus Gazellenmilch zurückgeben – eine Anspielung auf den Neumond. Als mächtiges Amulett wurde das Udjatauge daher zum Schutz getragen und steht für Stärke und Vollkommenheit, aber auch für das Zu- und Abnehmen des Mondes.

Als Gott des Sonnenaufgangs nannte man ihn Harachte, „Horus im Horizont", als Harpokrates, als „Horus, das Kind", wurde er als Knabe mit Jugendlocke und einem Finger am Mund dargestellt. In dieser Form gelangte er in der Spät- und Römerzeit Ägyptens (656 v. Chr. – 395 n. Chr.) zu neuer Bedeutung, auf einem Krokodil stehend mit allerlei Getier in seinen Armen mutierte er zum Schutzgott vor Schlangenbissen, Skorpionstichen und ähnlichen Verletzungen.

Herrscher Ägyptens

Vor allem aber war Horus, der mit seinen Flügeln die Welt umspannte, die Verkörperung des göttlichen Königtums und Beschützer des jeweils regierenden Pharaos, sein Name wurde schon in prädynastischer Zeit zum Titel der herrschenden Könige. Jeder Pharao wurde als „lebendiger Horus" verehrt. Von den bei seiner Thronbesteigung angenommenen vier Königsnamen (siehe S. 178) war der Horusname der älteste. Er wurde in eine rechteckige Umrahmung, die einen Palast darstellte, eingeschrieben, auf der ein Falke steht – der Pharao war somit „Horus im Sitz des Herrschers". Schon die Könige der 1. Dynastie verwendeten ihn.

In vielen Heiligtümern hielt man heilige Falken, etwa in Philae, Hermopolis und vor allem in Edfu. In dem oberägyptischen Ort bildete er mit Hathor und ihrem Kind Harsomtus eine heilige Familie.

> ### Kanopen
>
> *Imset, Hapi, Duamutef und Kebechsenuef, die – in dieser Reihenfolge – die vier Himmelsrichtungen Süden, Norden, Osten und Westen repräsentierten, galten seit dem Alten Reich (2686-2181) als Freunde des Königs, die diesem bei seinem Aufstieg in den Himmel behilflich waren. Sie wurden von den vier Göttinnen Isis, Nephthys, Neith und Selket beschützt und Leber, Lunge, Magen und Gedärm zugeordnet. Ihre Hauptaufgabe bestand in der Bewachung der in den Kanopen aufbewahrten Eingeweide der Toten. Diese etwa seit dem 25. Jh. v. Chr. bekannten Krüge, die mit der Mumie bestattet wurden, erhielten Verschlüsse in Gestalt der Köpfe der vier Horussöhne, die man sich in Gestalt von Mensch, Pavian, Schakal und Falke vorstellte.*

Auf einem Relief im Grab König Haremhabs ("Horus ist im Fest", 1323-1295) im Tal der Könige dominiert der falkenköpfige Horus. Als göttlicher Herrscher des Landes trägt er die Doppelkrone von Ober- und Unterägypten.

Beständig an Vollkommenheit
Memphis

Wer heute nach Memphis kommt, wird vermutlich enttäuscht sein. Waren im 12. Jh. die Ruinen dieser glanzvollen Stadt noch deutlich sichtbar, findet man die Reste der altägyptischen Metropole heute vor allem verbaut in Gebäuden Kairos, das nur etwa 24 Kilometer entfernt nördlich der alten ägyptischen Königsstadt liegt. Die arabischen Eroberer nutzten Memphis als Steinbruch, um das im 7. Jahrhundert gegründete Fustat, die Keimzelle Kairos, zu errichten. Aber auch Bauern sorgten für die Zerstörung der um 3100 v. Chr. gegründeten ersten Hauptstadt des Landes: Sie benutzten die Nilschlammziegel, aus denen die meisten Bauten errichtet waren, als Dünger.

Die Geschichte der Stadt

Die Lage war ideal: An der nach Süden weisenden Spitze des fruchtbaren Nildeltas endeten wichtige Handelsstraßen, das Niltal begann sich zu verengen. Unter- und Oberägypten, waren von hier aus gut zu kontrollieren, was der Stadt mit den berühmten weißen Mauern den Beinamen „Waage der beiden Länder" einbrachte. Bis zum Ende des Alten Reichs (2181 v. Chr.) wurde Ägypten von hier aus regiert, hier war mit der gigantischen Kultanlage des Gottes Ptah, des Schöpfergottes und Schutzgottes von Memphis, der religiöse Mittelpunkt. Auch

als später Theben zur Hauptstadt wurde, blieb Memphis das Zentrum des Nordens und war immer wieder königliche Residenz. Hier trafen sich die großen Gütertransporte auf ihrem Weg in den Süden, egal über welchen Nilarm sie ins Land gelangt waren. Immer mehr ausländische Händler, Phönizier, Griechen und Perser siedelten sich an und machten die Metropole im 1. Jahrtausend v. Chr. zu einem Schmelztiegel, dessen Ruhm weit über Ägypten hinaus strahlte. In der Ptolemäerzeit (305-30) lief ihr die Neugründung Alexanders des Großen am Mittelmeer, Alexandria, jedoch zunehmend den Rang ab, die Schließung der

> ### Menes
> Laut Herodot, dem griechischen Geschichtsschreiber und Geograph, soll Ägyptens sagenhafter König Menes der Gründer von Memphis sein. Der Reichsgründer, erster Herrscher über ein vereinigtes Ober- und Unterägypten, soll die sumpfige Gegend trocken gelegt haben. Daneben habe er die Schrift erfunden und die Gesetze zu einem Gesetzeswerk zusammengefasst, Kultur und Zivilisation gebracht. Er vereinigt in seiner Person mehrere historische Gestalten und symbolisierte den Anfang der ägyptischen Geschichte.

heidnischen Tempel durch den römischen Kaiser Theodosius I. versetzte ihr 391 n. Chr. schließlich den Todesstoß. Die nun schon über 3000 Jahre alte Stadt begann zu veröden, ihre Tempel und Paläste zu verfallen. Übrig blieben vor allem Grundmauern und die monumentalen Relikte einer Standfigur Ramses II. (1279-1213) aus dem 10. Jh. v. Chr., daneben Reste eines Balsamierungshauses für den Apis-Stier, der lebenden Manifestation des Ptah, mit zwei riesigen Balsamierungstischen aus Alabaster. Viele Ruinen liegen unter dicken Schichten Nilschlamm begraben, Teile davon wiederum unter dem Grundwasserspiegel, weshalb sich Grabungen schwierig gestalten. Es ist sehr wahrscheinlich, dass sich künftigen Archäologen hier noch ein lohnendes Betätigungsfeld bietet.

Im Westen von Memphis befanden sich ausgedehnte Nekropolen, Totenstädte, die sich von Nord nach Süd über etwa 35 Kilometer erstreckten und zu denen Giza ebenso wie Sakkara gehören. Die sich hier in unmittelbarer Nachbarschaft der Stadt erhebende Pyramide Pepis I. (2321-2287) erhielt den Beinamen Men-nefer, was so viel wie „beständig an Vollkommenheit" bedeutet und in seiner griechischen Form „Memphis" zum Namen für die ganze Stadt wurde.

Inmitten von Palmenhainen stieß man in den letzten beiden Jahrhunderten auf spärliche Überreste der einstigen Hauptstadt. Die ursprünglich wohl am südlichen Eingangstor des Ptah-Tempels stehende Kolossalstatue Ramses' II. wurde 1888 ausgegraben und ist heute in einem modernen Schutzgebäude zu besichtigen.

Ratgeber fürs Leben
Weisheitslehren

„Wenn du einer bist, an den man sich bittend wendet, so sei freundlich, wenn du auf die Rede eines Bittstellers hörst. Fahre ihn nicht an, bis er sich erleichtert und das gesagt hat, weswegen er gekommen ist ... Gutes Anhören erfreut das Herz." Dies ist eine der Weisheiten, die die Lehre des Ptahhotep, Wesir unter König Djedkare (2414-2375), enthält. In ihren 37 Kapiteln gibt der Wesir, nachdem er vom König die Erlaubnis erbeten hatte, sich einen Schüler erziehen zu dürfen, gute Ratschläge in Bezug auf die Tischsitten, die Unterschiede, die ein korrektes Verhalten gegenüber anderen je nach deren Stellung erfordert und die Vorzüge einer guten Rede. „Und seine Majestät der König sprach zu seinem Wesir Ptahhotep: ,So lehre ihn die alten Sitten, damit er ein Vorbild sein möge für die Kinder der Beamten; möge er gehorsam und verständig werden, denn niemand ist von Geburt an weise.'"

Dass sich Weisheit nicht vererbt, sondern von einem Lehrmeister auf den anderen übertragen werden musste, war den Ägyptern bewusst. So bilden Weisheitslehren schon von Anfang an in der Literatur des Landes eine große Rolle. Verfasst wurden sie von Prinzen, Wesiren und anderen hohen Beamten, aber auch von zwei Königen, so die Lehre für Merikare, einen König der 10. Dynastie, und die

Lehre Amenemhets I. (1985-1955). Leider nicht erhalten ist die älteste der Spruchsammlungen: sie wurde Imhotep, dem obersten Baumeister und Berater des Königs Djoser (2667-2648) zugeschrieben. Nicht nur sie war äußerst populär, generell erfreute sich diese „Ratgeberliteratur" allgemeiner Wertschätzung.

Praktische Lebenshilfe

Die Weisheitslehren wurden gemäß fester Regeln abgefasst. Als Grundprinzip der vermittelten Werte und Normen galt die Maat, die göttliche Ordnung. Doch ging es in den Unterweisungen, so eine andere Übersetzung des ägyptischen „Sebait", nicht um abgehobenes Philosophieren, sondern um ganz konkrete, ganz pragmatische Anweisungen, deren Ziel es war, dem Leser das Rüstzeug zu vermitteln,

um sich in jeder Lebenslage vollendet verhalten zu können. So heißt es in der „Lehre für Kagemni": „Sitzest du mit vielen Leuten zusammen, so begehre nicht die Speise, die du gerne haben möchtest; es gilt ja nur einen kurzen Augenblick, sich zu beherrschen, und gierig zu sein ist schändlich." Sie wenden sich meist an den Sohn und Amtsnachfolger des Lehrmeisters, jedoch nur stellvertretend für die künftig herrschende Schicht.

Im Neuen Reich (1550-1069) und der Spätzeit (656-332) traten religiöse Inhalte immer mehr in den Vordergrund. So behandelt die um 1100 v. Chr. entstandene Lehre des Amenemope neben den Pflichten eines Beamten vor allem die Beziehung des Menschen zu Gott: „Der Menschen Zunge ist zwar das Steuerruder des Schiffes, der Allherr aber sollte sein Lotse sein."

Maat

Wahrheit, Gerechtigkeit und die Harmonie der Weltordnung waren die Grundprinzipien alles Geschehens, denen der König nicht nur unterworfen war, sondern deren Durchsetzung er gewährleisten musste. Verkörpert wurden diese im Begriff „Maat" zusammengefassten Prinzipien von einer Göttin, die als Gefährtin oder Tochter des Sonnengottes Re galt und als sitzende Frau mit einer Straußenfeder auf dem Kopf abgebildet wurde. Man glaubte, dass Maat den Ablauf der Jahreszeiten, den Lauf der Sterne und die Beziehungen zwischen Menschen und Göttern bestimme. Da sie für die Gerechtigkeit stand, trug der für die Gerichte zuständige Beamte, der Wesir, den Titel „Priester der Maat".

Beim Totengericht wurde das Herz des Verstorbenen als Sitz von Verstand und Gedächtnis gegen die Straußenfeder aufgewogen, die die Göttin Maat als ihr Kennzeichen auf dem Kopf trägt.

Grundlage des Lebens
Landwirtschaft

„Siehe, ich höre, es sei in Ägypten Getreide zu haben; zieht hinab und kauft uns Getreide, dass wir leben und nicht sterben", sprach Jakob zu seinen Söhnen. Nicht nur für die Bibel galt Ägypten als Kornkammer, dessen Landwirtschaft die Grundlage für eine blühende Kultur bildete. Die Feldarbeiter stellten den zahlenmäßig größten Bevölkerungsanteil. Das Land, gedüngt mit fruchtbarem Nilschlamm, gab mindestens zwei Ernten im Jahr her. Eine während des Frühsommers, vorausgesetzt das Land wurde genügend bewässert, und eine infolge der Nilschwelle, die im August ihren Höhepunkt erreichte.

Säen und Ernten

Sobald das Wasser, das man durch das Schließen künstlicher Kanäle bis zum Oktober zurückgehalten hatte, abgelaufen war und dabei das Erdreich entsalzen hatte, begann man mit dem Säen von Hand. Schafe, Schweine oder Ziegen traten das Saatgut in die Furchen, die von Ochsen mit einem Pflug gezogen wurden. Neben Gerste wurden vor allem Weizenarten, Einkorn und Dinkel angebaut, für die zweite Ernte dann Hülsenfrüchte wie Erbsen, Linsen und Bohnen, aber auch Zwiebeln, Knoblauch, Lauch, Sellerie, Kohl, Salat und Gurken. War das Getreide im März oder April reif, wurde es

mit Handsicheln aus Holz, besetzt mit Feuersteinsplittern, direkt unter der Ähre geerntet – die Halme verwendete man später zum Korbflechten, bei der Lehmziegelherstellung oder als Brennmaterial. Als gebündelte Garben zur Tenne gebracht sorgten dann Esel und Rinder, die über die Ähren getrieben wurden, für das Dreschen. Nicht anders als noch Tausende von Jahren danach warf man dann beim Worfeln die Frucht in die Luft, wobei die Spreu davonflog, die Körner wieder zu Boden fielen. Nun musste sie noch gesiebt und mit Schaufeln in Silos gefüllt werden. Außer den verschiedenen Getreide- und Gemüsesorten kannte man den Anbau von Flachs zur Gewinnung von Fasern und Öl, von Trauben zur Weinherstellung, von

Feigen und Granatäpfeln und von Datteln, deren Fasern zur Herstellung von Tauen und Körben, die Frucht zur Würze von Wein und Bier dienten.

Grund und Boden

Eigentümer des größten Teils der Anbauflächen blieben der König oder die verschiedenen Tempel, nur zu Zeiten einer schwachen Regierung konnten Teile des zur Bewirtschaftung an Privatleute verliehenen Landes in deren Privatbesitz übergehen. In der Regel wurden die landwirtschaftlichen Betriebe in der Art von Domänen geführt, die abgabe- und steuerpflichtig gegenüber dem Eigentümer waren.

Bewässerung

Wahrscheinlich bereits während der prädynastischen Zeit (vor 3100 v. Chr.) wurden Kanäle gegraben, die die Reichweite des Nils vergrößerten. War der Höchststand der jährlichen Nilüberschwemmung erreicht, schlossen die Bauern die Schleusen und stauten die Flut. Währenddessen wurden die dadurch arbeitslosen Landarbeiter bei großen Bauprojekten eingesetzt. Im Nildelta erforderte die künstliche Bewässerung außerhalb der Überschwemmungszeiten wegen der zeitwei-

se einsetzenden Regenfälle weniger Aufwand als in Oberägypten, im Niltal. Anfangs dienten ein einfaches Joch mit daran hängenden Gefäßen zur Beförderung des Wassers auf die Felder. Im Neuen Reich (nach 1550 v. Chr.) wurde dann der Schaduf, ein Schöpfbrunnen mit einem Eimer an einer langen Ziehstange, erfunden, durch den sich die landwirtschaftliche Nutzfläche um ca. 15 Prozent vergrößerte. In der Ptolemäerzeit (305-30) folgte schließlich die Sakija, ein von Tieren angetriebenes Wasserrad.

*Das Dreschen des Getreides erfolgte durch Vieh,
das über das Getreide getrieben wurde, oder
per Hand wie auf dieser Wandmalerei im Grab
des Menna aus der Zeit um 1400 v. Chr.*

Aus Küche und Keller
Ernährung

Friedhöfe und Nekropolen waren ideale Nahrungsquellen für die Ägypter, denn gemäß ihrem Glauben, der das Jenseits als Fortsetzung des diesseitigen Lebens betrachtete, durften bei der Ausstattung der Gräber keinesfalls die Nahrungsmittel vergessen werden, die der Tote bereits im Leben zu sich genommen hatte.

Speisen und Getränke

Man aß vor allem, was die Äcker hergaben – zum garantierten Existenzminimum gehörten täglich fünf Brote. Dazu aßen die einfachen Leute Lauch, Gurke und vor allem Zwiebeln, die eher unseren Frühlingszwiebeln ähnelten. Abwechslung versprachen Kürbis, Melone, Radieschen, Knoblauch und längliche Salatsorten, wilder Sellerie und die Wurzeln des Papyrus kamen ebenfalls auf den Tisch. Oder man verwendete Hülsenfrüchte wie Saubohnen, Kichererbsen, Erbsen und Linsen, die bereits vor den Zeiten der Pharaonen angebaut wurden. Bäume wuchsen nur spärlich, sie trugen Nüsse, Datteln, die Sykomorenfeige, Granatäpfel und Äpfel, daneben gab es den Öl- und den Johannisbrotbaum, Tamariske, Persea, Christusdorn und Akazie, Maulbeeren und Johannisbeere. Aus Kleinasien hatten die Ägypter den Weinanbau übernommen. Die mit Lehm versiegelten Weinkrüge wurden nach Herkunft, Namen und Jahrgang gekennzeichnet. War dieses Getränk eher für die Reichen, spielten Bier und Milch für die Armen eine wichtige Rolle.

Fleisch war ein Luxus, den sich nur wenige leisten konnten. Es gab zwar Rinderherden, doch wurden sie meist als Tempelopfer gehalten. Wenn doch einmal Fleisch auf den Tisch der unteren Schichten kam, war es Hammel- oder Ziegen-, manchmal auch Schweinefleisch. Hühner, Enten, Gänse und wohl auch Pelikane waren Eierlieferanten. Geflügel gab es überhaupt in zahlreichen Varianten: Reiher, Ibisse, Kraniche, Kormorane und Flamingos lebten neben Enten und Gänsen am Nil. Dort und an der Deltaküste wurden Fische mit Schleppnetzen und Reusen gefangen und in regelrechten Fischfabriken durch Pökeln haltbar gemacht.

Öl, Salz und Honig

Nicht nur zum Kochen, sondern auch zum Beleuchten und für Salben und Medizin diente das Öl, das zum Beispiel aus Sesam- oder Leinsamen gewonnen wurde. Olivenöl aus Palästina ergänzte das Angebot. Ebenso wichtig war das Salz: Man brauchte es in seinen natürlichen Lagerstätten nur abzubauen oder Meerwasser zu sieden. Für den zum Süßen verwendeten Honig wurden Bienenstöcke aus Ton aufgestellt, das Wachs auch zum Beleuchten verbrannt. Honig war ein teurer Rohstoff, der sehr sparsam verwendet werden musste. Von seinem Geschmack könnte man sich heute noch überzeugen, wenn die Archäologen, die ihn in den Gräbern entdeckten, dies zuließen, denn er ist annähernd unbegrenzt haltbar.

Brot und Bier

Aus den am häufigsten angebauten Getreidearten, Gerste und Emmer, einer Weizenart, entstanden die beiden Grundnahrungsmittel der Ägypter, Bier und Brot. Das Brot war sehr grob, körnig und mit Sand durchsetzt, was mit den benutzten Mahlsteinen zu tun hat und dazu führte, dass viele Menschen nur noch über Zahnstummel verfügten. Die ägyptische Hausfrau mahlte selbst das Korn, fügte Wasser und Sauerteig hinzu und backte daraus ein Fladenbrot. Aber es gab auch andere Formen, manchmal mit Palmennüssen, Datteln oder Honig verfeinert. Auch für das Bier wurde zuerst ein Brotteig aus Gerste und Weizen hergestellt und leicht angebacken. Diese Brote wurden zerstampft, mit Wasser versetzt und zum Gären gebracht. Die so entstandene Suppe wurde gesiebt und in Tonkrüge abgefüllt.

Im Mittleren Reich war es üblich, den Toten kleine Holzmodelle von typischen Arbeits-situationen mit ins Grab zu geben. Dieses hier zeigt Männer beim Bierbrauen.

Zentralstaatlichkeit oder Föderalismus
Die Gaue

Wie lässt sich ein großes Land verwalten? Allein von dessen Hauptstadt aus? Selbst heute ist dies kaum zu bewältigen, ist eine Unterteilung des Staatsgebiets zum Beispiel in Regionen und Départements (Frankreich) oder Wojewodschaften (Polen) notwendig, um Aufgaben wie das Einsammeln der Steuern oder die Rechtsprechung bewältigen zu können. Noch mehr gilt dies für Zeiten, in denen es keine modernen Kommunikationsmittel gab, Gesetze, Anweisungen und Befehle per Boten übermittelt werden mussten.

Die Entstehung der Gaue

Die Lösung für Ägypten war das Ergebnis einer Entwicklung, deren Ausgangspunkt in vorgeschichtliche Zeiten fällt. Damals, vor dem Zusammenschluss von Ober- und Unterägypten zu einem vereinigten Königreich, war das Land in viele kleine Herrschaftsgebiete aufgeteilt, die von lokalen Fürsten regiert wurden. Aus diesen Fürstentümern entwickelten sich dann in frühdynastischer Zeit königliche Güter. Wurden sie anfangs anscheinend noch regelmäßig vom König besucht, um dort Recht zu sprechen und die Steuererhebung zu überwachen, delegierte er diese Aufgaben bald an Verwalter, die jedoch zuerst noch in der Residenz des Königs ansässig waren. Zu Beginn des Alten Reiches (um 2600 v. Chr.) waren schließlich aus den Domänen Verwaltungsbezirke oder Gaue geworden, 22 in Ober- und 16 in Unterägypten. Ihre Nummerierung erfolgte von Süden nach Norden, die Ägypter nannten sie „sepat", die Griechen „nomos".

Vor allem im Nildelta veränderten sich ihre Grenzen im Laufe der Geschichte, zuletzt waren es dort insgesamt 20 Gaue, während die Zahl in Oberägypten konstant blieb. Sie wurden jeweils von einem Gauvorsteher oder Gauverwalter regiert, der nun seinen Sitz in der jeweiligen Gauhauptstadt hatte. Für den ersten oberägyptischen Gau, den Nubierland-Gau, war dies zum Beispiel Assuan, für den sechsten oberägyptischen Gau, den Krokodils-gau, Dendera, für den vierzehnten, unterägyptischen Ostgau, Tanis. Jeder Gau verfügte über ein eigenes Gauzeichen und über eine zuständige Gottheit mit eigenem Mythos. Während ihre Ausdehnung in der Länge immer etwa 30-40 Kilometer umfasste, hing ihre Breite davon ab, ob das Niltal an dieser Stelle breit oder eng war. War es breit, begleitete jeweils ein Gau auf jeder Seite den Strom, begrenzt jeweils durch die Wüste, war es eng, so umfasste er das ganze Tal mit dem Fluss in der Mitte. Im Mittleren Reich (2025-1650) verloren die Gaue ihre Bedeutung, die Verwaltungseinheiten wurden weiter in kleinere Stadteinheiten zerstückelt. Trotzdem hielt man an den alten Bezeichnungen fest.

Gaufürsten

Die für einen Verwaltungsbezirk zuständigen Beamten führten zuerst den Titel eines Gauverwalters. Seit der 5. Dynastie (2494-2345) versuchten sie, sich mehr und mehr ihrer Macht bewusst werdend, ihre Position durch die Vererbung ihrer Stellung weiter zu verbessern. Die, denen das gelang, wurden zu Gaufürsten, sie trugen den Titel „Großes Gauoberhaupt". Ihr Streben nach Unabhängigkeit führte in Zeiten, in denen die zentrale Staatsgewalt zusammenbrach, schließlich zum

Erfolg. Am Ende der 6. Dynastie gelang es den Pharaonen nicht mehr, das Land zu regieren, das Alte Reich endete (2181 v. Chr.) in Not und Chaos, die Stunde der Gaufürsten war gekommen. Sie begründeten Dynastien, die über verschiedene Landesteile herrschten und bekämpften sich. Erst die 11. Dynastie machte dieser „Ersten Zwischenzeit" (2181-2025) genannten Epoche ein Ende. Das wiedererstarkte Königtum ersetzte in der Folge die Gaufürsten durch Militärbeamte, die den Rang eines Bürgermeisters bekleideten.

Mit dem Grab Sarenputs II., um 1900 v. Chr.
Gaufürst des 1. oberägyptischen Gaus, endete
die Belegung des Qubbet el-Hawa, des Gräber-
bergs von Assuan. Er gehörte zu den letzten
mächtigen Gaufürsten des Landes, bevor deren
Einfluss von den Königen der 12. Dynastie
zurückgedrängt wurde. Die zentrale Szene in der
Kultnische seines Grabes zeigt den Verstorbenen
an einem reich mit Opfergaben beladenen
Tisch sitzend.

Die Zeit der Pyramiden
Das Alte Reich (2686-2181 v. Chr.)

Mit dem Alten Reich, der „Pyramidenzeit", begann um 2686 v. Chr. ein Zeitabschnitt in der ägyptischen Geschichte, der durch einen gewaltigen wirtschaftlichen und kulturellen Aufschwung geprägt war. Nachrichten aus dieser Zeit sind spärlich, gesicherte Erkenntnisse konzentrieren sich zumeist auf die wichtigsten Projekte der Pharaonen, ihre Grabanlagen.

Die 3. und 4. Dynastie
Der Begründer der 3. Dynastie, Nebka, hatte die Tochter des letzten Königs der 2. Dynastie geheiratet. Doch nicht er, sondern sein Sohn, Djoser (2667-2648), ist heute noch berühmt. Er galt bereits im alten Ägypten als Neuerer im Umgang mit dem Material, das fürderhin Architektur und Bildhauerei bestimmte: Den Stein. Für ihn entwarf sein genialer Bauleiter, der später vergöttlichte Imhotep, um 2660 die erste monumentale Steinarchitektur, die Stufenpyramide von Sakkara (siehe S. 40). Zu dieser Zeit galt der König noch als göttlicher Herrscher, als menschgewordener Gott Horus. Dies wandelte sich mit den Pharaonen der 4. Dynastie, deren Begründer, Snofru (2613-2589), sich die ersten Pyramiden mit glatten Seitenwänden errichten ließ. Sie sahen sich nun als „Söhne des Re", die Sonnenreligion wurde zur Staatsreligion. Symbolisiert wird dies auch durch die Ausrichtung der großen Pyramiden von Giza, die nun dem Sonnenlauf entsprechend in Ost-West-Richtung erfolgte. Drei der fünf Nachfolger Snofrus, sein Sohn Cheops, sein Enkel Chephren und sein Urenkel Mykerinos, wählten sich diesen Ort als letzte Ruhestätte.

Die 5. und 6. Dynastie
Mit der 5. Dynastie (2494-2345), die Userkaf, ein Sohn des Mykerinos, begründete, wechselte der Bestattungsort nach Abusir oder Sakkara, wo sich auch alle Pyramiden und Gräber der 6. Dynastie (2345-2181) befinden. Deren Begründer, Teti (2345-2323), war Schwiegersohn des letzten Pharaos der 5. Dynastie. Zu dieser Zeit kam es auch zu einer entscheidenden Veränderung in der Verwaltung des Landes: Von nun an wurden die höchsten Verwaltungsämter nicht mehr von Mitgliedern des Königshauses, sondern von speziell ausgebildeten Beamten besetzt. Schon während der 5. Dynastie waren die Steuereinnahmen zurückgegangen, wohl eine Folge von klimatischen Veränderungen und der zunehmenden Befreiung der königlichen Güter von Abgaben. Gleichzeitig flossen Gelder in astronomischer Höhe in den Pyramidenbau. Spätestens mit dem Tod Pepis II. (2184 v. Chr.), der nach der Überlieferung 90 bis 94 Jahre regiert haben soll, brachen Verwaltung und Wirtschaft zusammen, die Gaufürsten rissen die Macht an sich, die Beamten konnten die Versorgung der Ägypter mit Nahrungsmitteln nicht mehr sicher stellen. Raubüberfälle durch Banden aus den Nachbarländern verunsicherten die Bevölkerung, das Recht hatte aufgehört zu existieren. Die ersten 1000 Jahre ägyptischer Geschichte waren vergangen. Die Erste Zwischenzeit begann.

Abusir
Das Dorf Abusir befindet sich wenige Kilometer südlich der großen Pyramiden von Giza. In seiner Nähe liegt eine große Nekropole des Alten Reichs, die vor allem die Reste von sieben Pyramiden der 5. Dynastie umfasst. In dem zur Pyramide Neferirkares (2475-2455) – mit ursprünglich 52 Metern das höchste Bauwerk Abusirs – gehörenden Totentempel gelang Archäologen der größte Fund von Papyri des Alten Reichs. Der nordwestlich davon gelegene Sonnentempel Userkafs, des ersten Pharaos der 5. Dynastie, gilt als ältester Bau von Abusir. In ihm stand ein riesiger Obelisk, der die Verbindung der Pharaonen zum Sonnengott Re symbolisierte.

In der Mastaba des Prinzen Rahotep, wahr-
scheinlich ein Sohn des Begründers der
4. Dynastie, König Snofrus (2613–2589), fand
Auguste Mariette zwei sehr lebendig wirkende
Sitzstatuen aus bemaltem Kalkstein. Sie stellen
Rahotep und seine Gemahlin Nofret dar.

Baumeister, Priester, Gott
Imhotep (um 2700 v. Chr.)

1932 begeisterte „Die Mumie", ein Horrorfilm über die Entdeckung eines mumifizierten ägyptischen Prinzen, der wieder zum Leben erwacht, die Zuschauer. Der Name des Untoten: Imhotep. Nicht umsonst wählten die Drehbuchautoren gerade diesen Namen, denn schon in der Antike war der oberste Baumeister und Ratgeber des Pharaos Djoser (2667-2648) so populär, dass er zum Gott erhoben wurde. Er gilt als erster bekannter Architekt der Geschichte.

Der historische Imhotep
Über seine Herkunft existieren nur Vermutungen. Die Tatsache, dass sein Name auf dem Sockel einer Statue König Djosers zu lesen ist, weist nach Ansicht einiger Forscher darauf hin, dass er mit diesem verwandt gewesen sein muss. Imhotep, sein Name bedeutet „der in Frieden kommt", leitete die Bauarbeiten an der Grabanlage für König Djoser in Sakkara mit der ersten Pyramide der Architekturgeschichte. Dies gelang nur durch eine Innovation: Das Bauen mit geglättetem, behauenem Stein. Mit ihm ließen sich bekannte Bauformen, die bisher mit vergänglichen Materialien wie Lehmziegel und Holz ausgeführt wurden, ins Monumentale steigern und für die Ewigkeit haltbar machen. Den hierfür nötigen, immensen Aufwand an Arbeitskräften deckte er mit Bauern, die in der Zeit, wenn der Nil über die Ufer trat und ein Arbeiten auf den Feldern unmöglich war, auf die Großbaustelle abkommandiert wurden. Eine Idee, die Furore machte. Imhotep, der auch Hohepriester des Gottes Ptah in Memphis und des Re in Heliopolis war, starb einige Jahre nach dem Tod seines Dienstherrn. Sein Grab wird in der Nähe der durch ihn erbauten Pyramide vermutet, es wurde bisher jedoch noch nicht entdeckt.

Der legendäre Imhotep
Manetho, im 3. Jh. v. Chr. Verfasser einer ägyptischen Geschichte, schreibt Imhotep überragende Fähigkeiten auch auf dem Gebiet der Medizin zu und spricht von ihm als Verfasser der ältesten, jedoch nicht erhaltenen Weisheitslehre. Als einflussreicher Berater des Pharaos wurde er zu einer Art Schutzherr für alle Schreiber, die Beamten des alten Ägypten. Für sie war es Brauch, ihm, vor Beginn ihrer Arbeit, einen Tropfen aus dem Wasserbehälter ihres Schreibzeugs zu weihen. Er galt ebenso als herausragender Arzt. Als Sohn des Gottes Ptah wurde er in Memphis und Theben als Gott der Medizin verehrt. Die Griechen setzten ihn ihrem Gott der Heilkunst, Asklepios, gleich. Daneben wurden ihm zahlreiche Erfindungen, wie die der Hieroglyphen, des Papyrus oder der Entnahme der Organe zur besseren Haltbarkeit von Mumien, nachgesagt.

Djoser
Mit Chasechemui (um 2686), dem letzten Herrscher der 2. Dynastie, endet für die Ägyptologen die frühdynastische Zeit. Die Königswürde wurde durch Nimaathap, wahrscheinlich seine Tochter, an deren Sohn, Djoser, vererbt, der damit an zweiter Stelle der neuen, der 3. Dynastie (2686-2613) steht, mit der das Alte Reich beginnt. Die älteste erhaltene lebensgroße Figur, eine Sitzstatue aus Kalkstein, stellt ihn dar. Die für den König errichtete Grabanlage in Sakkara ist in Teilen vermutlich eine für die Ewigkeit aus Stein errichtete Kopie seines irdischen Palastes. Das Areal von 544 x 277 m wurde von einer 10 m hohen, weißen Kalksteinmauer umgeben. In ihm befindet sich neben Tempel und Festhof vor allem die sechsstufige, etwa 60 m hohe Pyramide des Pharaos. Sein Grab, das nicht in, sondern unter der Pyramide angelegt wurde, ist Grabräubern zum Opfer gefallen. Während seiner Regierungszeit (2667-2648) wurde die Verwaltung des Landes neu geordnet, das Staatsgebiet in Gaue eingeteilt.

Imhotep, in dem eine spätere Überlieferung
auch den Sohn des Baumeisters Khanofer sieht,
wird hier in einem geöffneten Papyrus lesend
gezeigt. Solche Bronzefiguren des vergöttlichten
Architekten waren in der Spätzeit weit verbreitet.

Stein gewordener Glaube
Architektur

Verfallene Paläste, grandiose Tempel, Arenen und Theater, Gerichtsgebäude und sogar Kaufhäuser – die ganze Vielfalt der antiken Architektur bekommt geboten, wer Rom besucht. Wer jedoch das Land am Nil bereist, stellt fest, dass sich fast alles, was uns 3000 Jahre Geschichte hinterlassen haben, dem religiösen Bereich zuzuordnen ist. Die Erklärung ist leicht: Ägypter benutzten nur für solche Bauten ein dauerhaftes Material, die ihnen von Bedeutung waren. Häuser und Paläste gehörten offenbar nicht dazu, sie wurden aus Lehmziegeln errichtet, die bis auf wenige Ausnahmen längst zerfallen sind.

Material und Bautechnik

Die Steine fand man an den Rändern des Niltals, vor allem zwischen Kairo und Edfu. Die Vorbearbeitung des meist mit Meißeln gebrochenen Gesteins geschah in den Steinbrüchen. Im Normalfall per Schiff gelangte das Material dann auf die Baustelle, wo es mit Hilfe von Rampen aus Ziegelsteinen übereinandergesetzt wurde. Als Mörtel verwendete man gebrannten Gips. Die rohen Steinflächen wurden bemalt oder, wenn besonders verschwenderisch gearbeitet werden konnte, mit Gold-, Weißgold- oder Bronzeblech überzogen und sogar mit Lapislazuli verblendet.

Grundsätzlich jedoch gehorchen die Formen ägyptischer Architektur der jeweiligen Funktion, es existieren keine „Ordnungen" wie es sie in Griechenland gibt. Nur die Details folgten formalen Vorgaben und sind Träger einer vielfältigen Symbolik. Dabei wurden Elemente aus der Holz-, der Ziegel- und der Mattenarchitektur in Stein übersetzt oder gemäß religiöser Vorstellungen neu erfunden, wie der Obelisk oder die Pyramide. Alle herrschaftlichen Bauten, Palast, Königsgrab, Toten- und Göttertempel wurden üblicherweise von jedem Pharao neu errichtet, bedeutende Tempelanlagen jedoch auch manchmal nur erweitert.

Grab und Tempel

Wichtigster Architekturtypus war das Grab (siehe S. 102) als Wohnhaus des Toten: Es entwickelte sich von der einfachen rechteckigen Kammer, zu einem System aus vielen Kammern mit einem rechteckigen Grabhügel als Oberbau (Mastaba) und schließlich zur Pyramide. Seit dem Neuen Reich werden die Königsgräber dann aus dem Felsen ausgehöhlt. Der Tempel war der Wohnort des Heiligen, war Kultbühne und Opferstätte. Aus primitiven Rundhütten entwickelte er sich zu einem klassischen Typus. Aus dem Alten Reich haben sich Pyramidentempel, aus Taltempel, Aufweg und Verehrungstempel bestehende Anlagen bei den Pyramiden, und Sonnenheiligtümer in Resten erhalten. Sie bestanden aus einem offenen Hof, in dem ein Altar vor einem hohen Obelisken stand. Die Göttertempel des Mittleren Reichs, die sich bis zum Ende der Selbstständigkeit Ägyptens nicht grundlegend veränderten, boten dem Volk Platz in Säulenhallen und offenen Höfen, an die sich Magazinräume anschlossen. Vor den sich anschließenden Kulträumen, dem Naos, dem Hauptraum mit dem Götterbild und kleineren Kapellen an seiner Seite, diente ein Opfertischraum zur Versorgung der Götter. Als vorderer Abschluss der ganzen Anlage diente ein Pylon, ein den restlichen Tempel überragender doppeltürmiger Torbau.

> ### Säulen
> Die charakteristische ägyptische Säule ahmt die Natur nach. Anders als die griechische Säule zeigt sie nicht ihre tragende Funktion, sondern ist als Papyrus-, Lotos- oder Palmensäule ein Abbild des Ursumpfs, aus dem sich während der Schöpfung die Urhügel erhoben haben soll. Sie waren häufig mit bemalten Reliefs oder Inschriften dekoriert. Die ältesten stehen im Festhof der Tempelanlage König Djosers (2667-2648) in Sakkara.

Eine der großartigsten Schöpfungen ägyptischer
Baukunst ist die Tempelstadt von Karnak.
Sie bietet architektonische Höhepunkte aus
2000 Jahren. Besonders die 19. Dynastie hat
hier mit dem Amun-Tempel ihre kolossalen
Spuren hinterlassen.

Gebirge aus Stein
Die Pyramiden

Die etwa hundert bekannten Pyramiden dienten als Grabstätte des Königs oder von Mitgliedern seiner Familie, später schmückten auch Privatleute mit kleinen „Pyramidien" ihre Gräber. Durch ihre besondere Form, vier dreieckige Seitenflächen, deren Spitzen sich in einem Punkt treffen, sollte sie dem Verstorbenen den Aufstieg in den Himmel erleichtern. Es war die einfachste Konstruktion, um eine möglichst große Höhe zu erreichen. Die Ägypter nannten sie „mer", der heute verwendete Begriff kommt aus dem Griechischen und geht auf das Wort für „Weizenkuchen" zurück – er war vermutlich pyramidenförmig.

Von Djoser bis Ahmose

Die erste Pyramide, die des Pharaos Djoser in Sakkara, zeigt eine Stufenform. Im Gegensatz zur echten Pyramide, die plane Seitenflächen aufweist, streben hier die Seiten in großen Stufen hinauf zur Spitze. Auch seine Nachfolger, die Könige der 3. und 4. Dynastie (2613-2494), begannen sofort nach ihrem Regierungsantritt mit dem Pyramidenbau. Sie erhielten jetzt nicht nur eigene Namen, sondern auch die Form von „echten" Pyramiden und wurden üblicherweise jeweils von einem Toten- und einem Taltempel, einem beide verbindenden Aufgang und kleineren Nebenpyramiden ergänzt. Die größte Pyramide, gleichzeitig das höchste Bauwerk bis ins Mittelalter, entstand zu jener Zeit in Giza für Cheops, den zweiten Herrscher der 4. Dynastie. Sie besitzt gleich drei Grabkammern, üblich war nur eine unter dem Bau. Nach den Grabanlagen der 5. Dynastie (2494-2345) in Abusir, begann der Niedergang. Noch einmal, im 20. Jh. v. Chr., wurden vollständige Pyramidenbezirke erbaut, in der Zeit danach nur noch kleinere Exemplare aus Lehmziegeln, der Bau König Ahmoses in Abydos (16. Jh. v. Chr.) markierte das vorläufige Ende. Nur die schwarzen Pharaonen der 25. Dynastie (747-656) erneuerten noch einmal die Tradition.

Zur Entstehung der Pyramiden sind keine Bild- oder Textzeugnisse vorhanden. Daher existieren zahlreiche Vorstellungen vom Ablauf ihrer Errichtung. Bevor man mit den Bauarbeiten beginnen konnte, musste das Gelände eingeebnet werden. Dies erreichte man mit Wassergräben: Alles Gestein das über die Wasserlinie hinausragte, wurde abgetragen. Die Ausrichtung der Seiten erfolgte mit Hilfe astronomischer Kenntnisse. Sie zeigen exakt in die vier Himmelsrichtungen. Die Steinquader, aus denen die meisten der 100 ägyptischen Pyramiden bestehen – um Kosten zu sparen wurden später auch Lehmziegel verwendet –, wurden teilweise vor Ort gebrochen, teilweise per Schiff an die Baustelle gebracht. Wie sie dann an ihre Stelle im Bauwerk gelangten, ist umstritten, denkbar sind Hebel oder Rampen, der Flaschenzug war noch nicht erfunden. Am Ende stand die Glättung der Verkleidung und der Abbruch der Hilfskonstruktionen. Arbeitskräfte standen zumindest in den Zeiten der Nilschwelle ausreichend zur Verfügung, denn auf den Feldern war in dieser Zeit nichts zu tun. Daneben verfügte man über Baufachleute, die ganzjährig beschäftigt wurden. Sklaven kamen nicht zum Einsatz.

Pyramiden in anderen Ländern

Pyramidenförmige Anlagen gibt es auch außerhalb Ägyptens, besonders in der Neuen Welt. Als Stufenpyramiden angelegt und von den ägyptischen Anlagen unbeeinflusst dienten sie jedoch wie ihre fernen Schwestern, die Zikkurats Mesopotamiens, als Tempel und wurden erst zu einer Zeit erbaut, als die letzte der ägyptischen Pyramiden schon tausend Jahre alt war. Von den kleineren Pyramiden in Europa fungieren die Cestius-Pyramide in Rom, die Karlsruher Pyramide oder die Pyramide im Park Fürst Pücklers in bewusster Nachahmung der ägyptischen Vorbilder wie diese als Grabmahl.

The PYRAMIDS of EGYPT

were known 1000 years before the birth of Christ, Each side of the largest Pyramid A, is at the Base 682 feet, it rises in height 624 foot & the top is a square whose sides are each of them 16 foot long & yet composed but of 5 stones Herodotus says 10 000 men were employed 10 years in bringing ye materials of this Pyramid, & 20 years more are erecting it. B is the head of a Sphynx cut out of one stone, which if the same as mention'd by Pliny must formerly have been entire for he says the length of it was 143 foot. The figures C and D are added to shew the form of a Roman Sphynx with wings and of an Egyptian one without.

Printed for John Bowles at the Black Horse in Cornhill 1741.

Gabriele Capodilista beschrieb die Pyramiden 1458 als „Getreidespeicher des Pharaos, die in viereckiger Form aus bloßem Stein gebaut sind, aber viel höher als ein normaler Turm". Für ihren Erbauer hielt er den biblischen Josef, der damit die vorausgesagten sieben mageren Jahre überstehen wollte.

Friedhof der 100 Generationen
Sakkara

Über Jahrhunderte, ja sogar Jahrtausende hinweg war Sakkara, die Totenstadt von Memphis, eine der wichtigsten Nekropolen Ägyptens. Schon von der 1. Dynastie (3100-2890 v. Chr.) wurde sie genutzt und selbst aus christlicher Zeit (395-540 n. Chr.) sind dort noch Grabmäler zu finden.

Eine Stadt der Toten
Über die Totenstadt, etwa 30 km südlich von Kairo gelegen, herrschte der Gott Sokar, dessen Name im Ortsnamen fortlebt. Sie erstreckt sich etwa 7 km entlang der Libyschen Wüste, an ihrer breitesten Stelle misst sie etwa 1,5 km. Sakkara beherbergt alle Arten von Gräbern, Mastabas, Pyramiden, Schachtgräber und Galeriegräber, Gräber für Könige, Beamte, Bürger, aber auch für Tiere. Der Schwerpunkt liegt jedoch eindeutig auf den Grabanlagen des Alten Reichs mit der Stufenpyramide König Djosers als monumentalem Mittelpunkt. In dem sie umgebenden, von einer Umfassungsmauer begrenzten Grabbezirk wurden mehr als 40 000 Steingefäße entdeckt, die wohl aus älteren Gräbern stammen und hierher verbracht wurden. Auch sein Totentempel mit einer kleinen Statuenkammer, dem Serdab, befand sich hier. In ihr saß der König in Form einer Statue aus Kalkstein und konn-

te durch zwei gegenüberliegende Löcher zum Himmel blicken. Um diesen Komplex herum verteilt erheben sich weitere Pyramiden von Königen der 3., 5. und 6. Dynastie. In ihrem Umfeld gruppieren sich die Mastabas der memphitischen Oberschicht. Darunter sind so bedeutende wie das besonders schön dekorierte des Oberhoffriseurs Ti, das 32 reich ausgestattete Räume umfassende des Wesirs Mereruka oder das des Ptahhotep, des Verfassers einer berühmten Weisheitslehre. Mit dem Mittleren Reich endete die Zeit Sakkaras als

> ### Pyramidentexte
> *Die Pyramide des letzten Königs der 5. Dynastie, Unas (2375-2345) ist zwar die kleinste in Sakkara, sie birgt jedoch einen Schatz: Seine Grabkammer wurde erstmalig mit Hieroglyphen ausgeschmückt, die als die ältesten ägyptischen Totentexte gelten. Die sogenannten Pyramidentexte bestehen aus Sprüchen, die den König auf seiner Jenseitsreise beschützen sollen, aus Zaubersprüchen, Krönungstexten und Litaneien. Sie schmücken auch die Gräber von fünf weiteren Königen und drei Königinnen der folgenden Dynastien. Von den insgesamt rund 800 möglichen Sprüchen weist die Pyramide Pepis II. (2278-2184) mit 675 die größte Anzahl auf.*

Stätte von Königsgräbern, nun waren andere Orte gefragt. Doch Memphis blieb der eigentliche Regierungssitz und die Totenstadt am Nil sein Friedhof.

Der General und ein Stier
Seit 150 Jahren graben sich Archäologen durch den Wüstensand. Generationen von Forschern bietet die Nekropole Arbeit, noch vieles ist unentdeckt. Bereits 1851 gelang dem Franzosen Auguste Mariette ein bedeutender Fund: Er entdeckte das Serapeum (siehe S. 134), die unterirdischen Grüfte der heiligen Stiere des Gottes Apis. Die riesigen Sarkophage waren – bis auf einen – jedoch leer. Nicht weit davon fand man in ausgedehnten Katakomben Unmengen mumifizierter Tiere, Kühe, Paviane, Ibisse, Falken, Hunde und Katzen. Sie wurden dort in der Spätzeit (656-332) beigesetzt, galten sie doch als heilige Tiere verschiedener Götter. 125 Jahre später gelang eine weitere Sensation: Ein Forscherteam legte das Grab Haremhabs, General unter Tutanchamun und später sogar einer seiner Nachfolger, frei. Es ähnelt einem kleinen Tempel mit Pylon und Höfen. Es war leer, doch diesmal nicht von Grabräubern ausgeräumt, sondern unbenutzt, da Haremhab als Pharao das Recht besaß, im Tal der Könige in Theben beigesetzt zu werden.

Die Pyramide König Djosers in Sakkara ist das
Ergebnis der schrittweisen Vergrößerung einer
Mastaba mit einer Höhe von acht und einer
Seitenlänge von 63 m. Erst die zweite
Erweiterung führte zu dem heutigen Zustand,
einer sechsstufigen Pyramide.

Rauschhafte Lebensfreude
Feste

„Als erste haben die Ägypter Feste, Prozessionen und Opferfeiern abgehalten. Die Griechen haben das von ihnen übernommen ... Nicht nur einmal im Jahr feierten sie diese Feste, sondern sehr oft." (Herodot, grch. Historiker, 5. Jh. v. Chr.) Die Ägypter feierten gern. Mehr als 50 öffentliche Feste jährlich boten ihnen dazu reichlich Gelegenheit. Feste zu Ehren des Pharaos, der Götter oder ganz einfach, um die Ankunft des neuen Jahres, den Beginn einer Jahreszeit oder die Ernte zu feiern. Die größten, oft Wochen andauernden Feste fanden während der Nilüberschwemmung statt.

Das „schöne Fest von Opet"
Das Opet-Fest, der feierliche Besuch des Gottes Amun, seiner Gemahlin Mut und ihres Sohnes Chons im „Südlichen Heiligtum", ihrem Tempel in Luxor, war sicher am spektakulärsten. Dieses religiöse Volksfest begann am 15. Tag im zweiten Monat der Überschwemmungszeit und dauerte ursprünglich elf, später schließlich 27 Tage. Die Götterbilder wurden aus ihrem Tempel in Karnak auf drei Tragschreinen in Barkenform zum Fluss getragen und dort in Boote verladen. In Begleitung der Priester segelten sie flussaufwärts nach Luxor. An diesem Tag musste nicht gearbeitet werden, es war die einzige Möglichkeit für das Volk, den sonst im Allerheiligsten der Tempel verborgenen Göttern einmal nahe zu kommen. Bei ihrer Ankunft wurden sie von Tänzern und Musikern begrüßt. Im innersten Schrein des Tempels nahm dann der König an einem geheimen Ritual teil. Amun sollte sich im Sanktuarium mit der Mutter des Königs vereinigen, damit sie den ewigen Ka des Königs, eine Art Lebenskraft gebäre. Indem der König diesen Ka in sich aufnahm, wurde er zum Gott. Noch einige Tage wurden Rituale und Opfer ausgeführt, dann kehrte das Götterbild in feierlicher Prozession zurück.

Wein, Weib und Gesang
Ganz ähnlich verlief das „Fest der schönen Begegnung", bei dem die Himmelsgöttin Hathor im Mittelpunkt stand. Das Kultbild der für Liebe, Musik, Tanz und Freude zuständigen Göttin wurde dabei von Dendera nach Edfu gebracht, um dort zwei Wochen mit ihrem Gemahl Horus zu verbringen. Überall, wo das Schiff hielt, fanden Freudenfeste statt. Noch ausgelassener ging es bei einem anderen Fest der Göttin zu, das man in Dendera beging, dem „Tag der Trunkenheit". Das war durchaus wörtlich gemeint, denn Trunkenheit galt als Zeichen der Verehrung der Götter. Ein anderes großes Volksfest war das „Schöne Fest vom Wüstental". Es galt den Verstorbenen und wurde nach der Ernte gefeiert. Wie beim Opet-Fest verließ auch hier der Gott Amun seinen Tempel in Karnak, querte den Nil und besuchte in Theben-West die Gräber der Könige. Das Volk tat es ihm nach und brachte den Verstorbenen in den Totentempeln Brand-, Weihrauch-, Blumen- und Speiseopfer dar. Dabei ging es jedoch nicht andächtig und ruhig, sondern laut und ausgelassen zu, man tanzte, spielte und gab sich Trinkgelagen hin.

Das Sedfest
Neben der Krönung war das Sedfest, ägyptisch „Hebsed", das wichtigste Königsfest. Es wurde als eine Art Thronjubiläum erstmals nach 30-jähriger Regierungszeit und dann alle drei oder vier Jahre geteilt – so sollte es sein, tatsächlich aber wurden diese Zeiträume nicht immer eingehalten. Das der Erneuerung der physischen und magischen Kraft des Königs dienende Fest bestand aus einer Huldigung vor dem König, der die Welt erneut in Besitz nahm, und dessen rituellem Lauf, wobei er seine wiedergewonnene Kraft unter Beweis stellte. Der Name dieses während der gesamten Pharaonenzeit begangenen Festes leitet sich von der Schakalgottheit Sed her.

Wie die Gaben, die die Priester in Händen halten,
war auch das geschmückte Rind dazu bestimmt,
im Rahmen des Opet-Festes dem Amun geopfert
zu werden. Es wurde im Prozessionszug, der auf
Reliefs im Luxor-Tempel zu sehen ist, mitgeführt.

Die Sprache der Töne
Musik und Tanz

Es hat nichts zu bedeuten, dass es im Ägyptischen keinen Begriff für das Wort „Musik" gab: Ob Götterprozessionen, Feste des Königs oder private Gastmähler, Musik durfte nicht fehlen. Niemand weiß, wie sie geklungen haben mag, dass es sie gab, dafür bieten – neben schriftlichen Überlieferungen – Darstellungen von Banketten mit Musik, Gesang und Tanz vielfältige Beweise. Sie sind auf Tempelwänden und in Gräbern zu studieren, in denen man auch echte, zum Teil noch spielbare Instrumente fand. Durch sie ist es möglich, eine Ahnung vom Tonsystem der Ägypter zu erlangen.

Die ersten Musiker

Ägyptische Arbeits- und Brauchtums-, Liebes-, Toten- und Unterhaltungslieder lassen sich nicht rekonstruieren, denn es haben sich keine Hinweise darauf erhalten, zu welchen Melodien sie gesungen wurden, ein Notensystem war noch nicht erfunden. Vermutlich genügten den Musikern Handzeichen, um zu wissen, wie der Verlauf der Melodie, Tempo und Rhythmus sein sollten. Der Takt wurde von Schlaginstrumenten, Klappern und Rasseln, von Trommeln und Tamburinen erzeugt. Für die Melodie waren Saiteninstrumente wie eine Art Laute und eine siebensaitige Leier zuständig, vor allem aber die Harfe. Auch Blasinstru-

mente wurden bereits in vielfältiger Weise eingesetzt. Die Schilfrohrflöte mit drei bis fünf Grifflöchern ebenso wie Flöten aus Metall oder eine Rohrklarinette wie sie noch heute als „Zummara" benutzt wird. Ungewöhnlich erscheint uns eine Oboe mit Doppelrohrblatt, die gleichzeitig von zwei Personen bedient wurde: Die eine erzeugte einen Brummton, die andere spielte dazu die Melodie. Besonders beeindruckend klangen jedoch sicherlich die Trompeten, von denen prachtvolle Exemplare im Grab Tutanchamuns gefunden wurden. Während alle anderen Instrumente in unterschiedlichen Besetzungen – beliebt war eine Kombination aus Doppelflöte, Laute und Harfe – bei verschiedensten Anlässen gespielt wurden, scheinen sie überwiegend bei militärischen oder religiösen Feiern geblasen worden zu sein. Auch über die Menschen, die die Instrumente

beherrschten, ist einiges bekannt: Sie wurden in speziellen Schulen ausgebildet und genossen ein hohes Ansehen. Chufuanch, Musikdirektor, Sänger und Flötist zur Zeit König Userkafs (25. Jh. v. Chr.), ist der erste namentlich bekannte Musiker überhaupt.

Zur Musik gehörte der Tanz. Auch er spielte bei bestimmten Festen und religiösen Veranstaltungen eine große Rolle. Meistens von Tänzerinnen dargeboten, waren besonders komplizierte Tänze oder Tänze in militärischen Zusammenhängen den Männern vorbehalten. Eine gleichzeitige Darbietung durch Männer und Frauen scheint es nicht gegeben zu haben. Wie diese Tänze aussahen, lässt sich kaum vorstellen, die erhaltenen Abbildungen legen eine Vermischung von Tanz und Akrobatik nahe und verhehlen nicht die erotisierende Wirkung von rauschhaften Darbietungen.

Das Sistrum

Als Göttin der Liebe aber auch von Musik und Tanz galt Hathor. Mit ihrem Kult war ein besonderes Rasselinstrument verbunden, das Sistrum. Es besteht aus einem langgestreckten, bogenförmigen, manchmal auch rechteckigen Rahmen, durch den drei, später vier Stäbe durchgezogen sind. Ihre Enden stehen über den Rahmen *hinaus und sind umgebogen. Mit Hilfe eines oft mit dem Kopf der Göttin verzierten Handgriffs lässt sich die Rassel schütteln, die Stäbe rutschen hin und her und erzeugen ein Geräusch. Der Sohn der Hathor, der Musikgott Ihi, wird als Kind mit dem Sistrum dargestellt. Gespielt wurde es hauptsächlich von Frauen, aber auch vom Pharao, wenn er Hathor opferte.*

Musik und Tanz gehörten auch für Nebamun, aus
dessen um 1350 v. Chr. entstandenen Grab diese
Szene stammt, zu einem gelungenen Bankett.
Musikerinnen und Gäste tragen Salbkegel auf
dem Kopf: Es wird vermutet, dass diese
mit Myrrhe aromatisierten Gebilde langsam
schmolzen und dabei Wohlgerüche freisetzten.

Die größten Grabmäler der Welt
Giza – Gise – Gizeh

Der König war sicherlich nicht gerade erfreut, als man ihm meldete, dass seine Pyramide in Dahschur bei Sakkara in sich zusammenstürzte. Es war die erste „echte" Pyramide der Geschichte, ein Bauwerk mit glatten und nicht mit stufigen Außenwänden. Snofru (2613-2589), der erste König der 4. Dynastie, ließ sie dennoch fertig stellen, wenn auch mit einem Knick in halber Höhe, um die statische Last zu verringern. Der weiche Untergrund war schuld, sonst wäre dies wohl die höchste aller ägyptischen Pyramiden geworden.

Die Architekten seines Sohnes lernten daraus und wählten imentet „den Westen", ein bereits seit mehreren Generationen als Begräbnisort genutztes Felsplateau am Westufer des Nils als Baugrund für das gigantischste Grabmal, das die Welt je sah – der Name des Sohnes war: Cheops. Erst Jahrtausende nachdem die wichtigsten Bauwerke dort in den Himmel empor gewachsen waren, erhielt der Ort den Namen eines nahegelegenen Dorfes, das, inzwischen Großstadt, direkt in die Millionenmetropole Kairo übergeht. Giza war die nördlichste Nekropole von Memphis, der alten Hauptstadt. Hier, 14 Kilometer nördlich von Sakkara, ragen die von Grabräubern geleerten Pyramiden des Cheops (2589-2566), seines Sohnes Chephren (2558-2532) und dessen Sohnes Mykerinos (2532-2503) in die Höhe. Ergänzt werden sie von den dazugehörenden Kultbauten, dem Totentempel vor jeder Pyramide, einem mit Reliefs und Malereien geschmückten Aufweg und einem Taltempel an dessen Beginn. Er diente nach der Beisetzung dem Kult des verstorbenen Königs. Eine Besonderheit stellt der Große Sphinx dar, der den Aufweg der mittleren, der Chephren-Pyramide, bewacht. Auf dem etwa 2000 x 1000 m messenden Gräberfeld befinden sich außerdem sieben kleinere, die Königinnenpyramiden, sowie Mastaben von weiteren Angehörigen der königlichen Familie und der hohen Beamtenschaft. Sie besitzen alle in etwa die gleiche Größe und sind westlich, südlich und östlich der Cheops-Pyramide in regelmäßigen Reihen angeordnet.

Ein Schiff für die Ewigkeit

Obwohl Giza schon in altägyptischer Zeit von Touristen besucht und seit den Expeditionen Napoleons auch wissenschaftlich erforscht wird, birgt die Nekropole noch Geheimnisse. Eine besondere Entdeckung gelang 1954 zwei Archäologen bei Säuberungsarbeiten an der Südseite der Cheops-Pyramide: Zwei hermetisch mit jeweils 40 riesigen Kalksteinblöcken verschlossene Gruben, in denen sich, in mehr als tausend Einzelteile zerlegte Barken befanden. Zu einem 43 Meter langen Schiff zusammengesetzt lässt sich eines, in einem Museum in der Nähe ihres Fundortes bewundern (siehe Abb. S. 13). Seine Funktion, ob Totenschiff oder Barke des Sonnengottes Re, bleibt ungeklärt.

Die Sieben Weltwunder

Von den etwa achtzig bekannten Pyramiden in Ägypten, die in einem Zeitraum von 1000 Jahren entstanden, sind die Bauten in Giza die am besten erhaltenen und die größten. Diese Erkenntnis galt bereits in der Antike, als im 2. Jh. v. Chr. ein kurzes Gedicht des Antipatros von Sidon sieben Weltwunder nannte, darunter die Pyramiden von Giza. Schon Herodot (um 484-425 v. Chr.), der

Vater der Geschichtsschreibung, zählte sie aufgrund ihrer Größe, Erhabenheit und Schönheit zu den bewunderungswürdigen Bauwerken. Änderte sich die Liste auch mit den Zeiten, die Pyramiden blieben. Heute sind sie das einzige der seit der Renaissance endgültig fixierten sieben Weltwunder der Antike, zu denen auf ägyptischem Boden auch noch der Leuchtturm „Pharos" (siehe S. 188) von Alexandria zählte, das noch existiert.

*Die Pyramiden von Giza von Süden aus gesehen.
Im Vordergrund, vor der Pyramide des Mykerinos,
drei kleine Königinnenpyramiden, dahinter die
Chephren- und die Cheops-Pyramide. Nur an der
Pyramide des Chephren hat sich ein Teil der
Außenverkleidung aus Tura-Kalkstein erhalten.*

„Horizont des Cheops"
Die Große Pyramide

Die Große Pyramide von Giza wurde für König Chufu, auf griechisch Cheops (2589-2566), von dessen Neffen, dem Wesir Hemiunu, erbaut. 2 300 000 Kalksteinblöcke mit einem durchschnittlichen Gewicht von zweieinhalb Tonnen wurden dafür verwendet. Sie wurden zum größten Teil in einem Steinbruch in der Nähe gebrochen, zum kleineren Teil, verbaut im Außenmauerwerk, in Mokatam auf der anderen Nilseite aus dem Fels gehauen. Insbesondere für die Auskleidung der Grabkammer, für die rosa Granit verwendet wurde, und für die heute fehlende äußere Verkleidung aus weißem Tura-Kalkstein musste auf entferntere Fundstätten zurückgegriffen werden. Die Blöcke maßen in der Höhe etwa 50 cm, die größten, die in den oberen der 210 Lagen zu finden sind, waren bis zu 150 cm hoch. Wie sie an Ort und Stelle kamen, ist umstritten. Wahrscheinlich war es eine Kombination aus Hebeln und Rampen, auf der die Blöcke mittels Bohlen nach oben geschafft wurden.

Ein Wald aus Steinen
Der „Horizont des Cheops", so der antike Name der Pyramide, ist fast perfekt nach Norden ausgerichtet. Der Bauplatz wurde nicht ganz eingeebnet, im Zentrum ließ man gewachsenen Fels stehen und nutzte ihn als massiven Kern. Die Grundfläche ist so groß, dass darauf die Dome von Florenz und Mailand, die Peterskirche in Rom, Westminster Abbey und St. Paul's Cathedral in London Platz fänden. Auf 230 m langen Seiten wuchs ein Wald aus Steinen bis auf ursprünglich fast 147 m empor, kaum niedriger als der Dom zu Köln. Vom Bau der Knickpyramide König Snofrus in Dahschur hatten die Baumeister gelernt, das ein zu großer Neigungswinkel die Statik beeinträchtigen konnte. So wählten sie mit 51,5 Grad bewusst einen flacheren Neigungsgrad.

Ein Labyrinth aus Gängen
Der Eingang befindet sich auf einer Höhe von etwa 15 m in der Nordwand. Von ihm führen Gänge zur Großen Galerie und in gleich drei Kammern. Die untere, unvollendete, wurde unter der Pyramide in den Fels geschlagen, der fälschlicherweise Königinnenkammer genannte Raum liegt zwischen ihr und der im Zentrum eingebauten Grabkammer des Pharaos. In ihr liegt der schmucklose Sarkophag aus rotem Granit. Die Decke des ca. 10 x 5 m messenden, 5,80 m hohen Raumes besteht aus tonnenschweren Granittafeln, über denen sich weitere fünf Hohlräume auftürmen. Sie sollen das Gewicht verringern, das auf der Grabkammer lastet. Die einzige Inschrift der Pyramide fand sich dort, in der obersten Entlastungskammer: Cheops' Name und das Jahr seines Regierungsbeginns. Etwa 20-30 Jahre muss es gedauert haben, bis die Pyramide inklusive aller Nebengebäude, also Totentempel, Aufgang und Taltempel, fertiggestellt war. Circa 5000 Personen waren vor Ort, 10 000 in den Steinbrüchen beschäftigt, etwa 5000 kümmerten sich um den Transport der Steinblöcke, 5000 weitere um die Versorgung der Arbeiter. Es handelt sich um Durchschnittswerte, denn während der Überschwemmungszeiten waren die als Hilfskräfte beschäftigten Bauern arbeitslos und darum in größerer Zahl verfügbar.

Cheops

So gewaltig die Pyramide des zweiten Pharaos der 4. Dynastie in Giza auch ist, so klein dagegen das einzige Bildnis, das wir von ihm haben: Eine 9 cm hohe Statuette aus Elfenbein, gefunden im Osiris-Tempel von Abydos. Er war der Sohn und Nachfolger des Snofru und der Hetepheres und regierte als König Chufu von 2589-2566 v. Chr. über das Reich am Nil. Historische Fakten sind von ihm kaum überliefert. Seine Söhne Djedefre und Chephren folgten ihm auf dem Thron.

Eine 7,5 cm hohe Elfenbeinstatuette aus Abydos ist das einzige bekannte Bildnis von König Cheops, dem Erbauer der größten Pyramide von Giza.

Ein düsteres Kapitel?
Sklaverei in Ägypten

„Cheops hat das Land ins tiefste Unglück gestürzt … Er hat alle Ägypter gezwungen, für ihn zu arbeiten. Die einen mussten aus den Steinbrüchen im arabischen Gebirge Steinblöcke bis an den Nil schleifen. Über den Strom wurden sie auf Schiffe gesetzt, und andere mussten die Steine weiterziehen bis hin zu den sogenannten libyschen Bergen …" Sklaverei war für den antiken griechischen Historiker Herodot nichts Ungewöhnliches und wie sonst als mit Zwang war es möglich Menschen dazu zu bringen, solche Steinmassen zu bewegen. Doch diese Vorstellung gehört in den Bereich der Legende. Es waren vorwiegend Architekten, Astronomen und Mathematiker, Facharbeiter und Handwerker beschäftigt sowie zeitweise auch Bauern, für die es allerdings eine Ehre gewesen sein muss, an einem so wichtigen Kultbau Hand anzulegen.

Hörige Bauern
Der größte Teil der ägyptischen Bevölkerung war traditionell und wirtschaftlich ans Land gebunden. Da es im Besitz des Königs oder von Tempeln war, waren die Männer und Frauen in gewisser Weise dem König, den Tempel-Priestern oder auch hohen Beamten hörig, nicht frei in dem, was sie anbauten bzw. ob sie überhaupt etwas anbauten, denn es wurde von ihnen eine Steuerzahlung erwartet. Doch waren sie rechtlich nicht an das Land gebunden, verfügten also über die Freiheit, ihre Scholle zu verlassen, was in der Realität aber kaum zu verwirklichen war. Darum jedoch von Sklaverei zu reden, wäre verfehlt, eher ließe sich der für das europäische Feudalzeitalter geprägte Begriff der Hörigkeit verwenden.

Echte Sklaverei, also ein Eigentum an Menschen, die selber rechtlos waren, scheint in größerem Umfang erst aufgekommen zu sein, als die griechische Dynastie der Ptolemäer (305-30 v. Chr.) den Pharaonenthron besetzte und mit ihnen griechische Sitten Eingang in

> ### Die Josefslegende
> Eine berühmte Episode aus dem Alten Testament, die Josefslegende, erwähnt neben vielen anderen Details auch die Sklaverei im Land des Pharaos. So berichtet das 1. Buch Mose in Kapitel 37, Vers 28ff., davon, wie Jakobs Sohn Josef von seinen Brüdern an vorbeiziehende arabische Nomaden verschachert wird, die ihn nach Ägypten bringen und dort dem Potifar, dem Obersten der Leibwache des Pharaos, verkaufen. Später rettet er das Land vor der Hungersnot und wird Wesir des Pharaos.

das alte Reich am Nil fanden. Schon vorher, im Mittleren Reich (2025-1650), war es allerdings üblich, Kriegsgefangene an die siegreichen Offiziere zu verteilen. Zumeist waren es vorderasiatische Männer, die Sklavendienste leisten mussten. Doch es war keineswegs ein exklusives Recht des Militär, sich diese günstigen Arbeitskräfte zu halten, auch Zivilisten konnte davon profitieren, indem sie sich, zumindest tageweise, einen Sklaven liehen. Es kam sogar vor, dass sich kinderlose Paare eine Sklavin kauften, die dann als Nebenfrau für den Nachwuchs sorgte. Weibliche Sklaven waren teurer als männliche, ihre Behandlung üblicherweise gut, es wurde ihnen sogar erlaubt, Grund und Boden zu besitzen. Selbst die Eheschließung mit einer freien Frau war Sklaven möglich. War der Herr zufrieden, so konnte er den Sklaven in die Freiheit entlassen.

Gelangten durch einen florierenden Sklavenhandel, in der Folge militärischer Auseinandersetzungen oder auf der Flucht in den letzten Jahrhunderten der Unabhängigkeit, viele Menschen als Sklaven nach Ägypten, so gab es natürlich auch den umgekehrten Fall. Manch ein Ägypter war zudem gezwungen, sich, um Schulden abzuzahlen oder den Lebensunterhalt zu sichern, als Sklave in die Hände reicher Mitbürger zu begeben.

Die Regierungszeit Ramses III. (1184–1153) ist durch Darstellungen an seinem Totentempel in Medinet Habu gut dokumentiert. Er besiegte die Seevölker und machte dabei viele Gefangene, darunter auch diese Philister mit Federkronen, die ihre Arme im Unterwerfungsgestus erheben und in die Sklaverei geführt wurden.

Stadt des Sonnengottes
Heliopolis

„Gegrüßt seist du, Re, bei deinem Aufgang, Atum bei deinem Untergang. Du bist Herr des Himmels, der Herr der Erde ... Einziger Gott, der im Anbeginn entstand, der die Länder schuf und die Menschheit hervorbrachte, der eine Große mit den vielen Gestalten." Diese Sätze aus einem Hymnus aus der Zeit des Neuen Reichs rufen den Sonnengott an, der eine zentrale Rolle in der Götterwelt Ägyptens spielte. Dessen älteste und bedeutendste Kultstätte war Iunu, die „Stätte des Pfeilers", von den Griechen umgetauft in Heliopolis, „Stadt der Sonne". Im Alten Testament wird der Ort On genannt. Dort wird im 1. Buch Mose berichtet, dass Josef, der Sohn Jakobs, in Ägypten Asenath, die Tochter des Hohenpriesters von On, heiratet.

Vom Einfangen der Sonnenstrahlen
Vom altehrwürdigen Heiligtum des Re und der zugehörigen Stadt ist fast nichts mehr vorhanden. Heliopolis, einst Hauptstadt des 13. unterägyptischen „Gaus des unversehrten Zepters", war neben Theben und Memphis eines der drei geistigen Zentren des Landes. Fundstücke machen deutlich, dass hier seit der 3. Dynastie an den üppig ausgestatteten Kultbauten des Sonnengottes gearbeitet wurde. Im Innersten seines Tempels hoch verehrt wurde der Benben-Stein, auf den die Tradition zurückgeht, Obelisken aufzustellen. Der monolithische, sich auf quadratischem Grundriss nach oben verjüngende Stein war ein uraltes Kultmal und wurde als die Stelle angesehen, auf die die ersten Sonnenstrahlen getroffen waren. Mindestens 16 Obelisken versuchten mit ihren vergoldeten Spitzen es ihm nachzutun. Heute steht hier, zwölf Kilometer nordöstlich von Kairo, als einziger würdevoller Rest noch einer von zwei Obelisken, die Sesostris I.

Re

Der Sonnengott Re gilt neben Amun und Osiris als wichtigster der zahlreichen Götter Ägyptens. Er erschien je nach Tageszeit in anderer Gestalt: am Tage falkenköpfig mit von einer Kobra umwundenen Sonnenscheibe als Re-Harachte, am A|bend in Menschengestalt als Atum-Re und am Morgen in der Gestalt eines Skarabäus als Chepre. Als Weltenlenker fährt er in der Sonnenbarke über den himmlischen Ozean, als Amun-Re auch durch die Unterwelt, wo er widderköpfig erscheint. Der Titel „Sohn des Re" wurde in der 4. Dynastie in die Titulatur der Pharaonen (siehe S. 178) aufgenommen. Die Sonnenreligion wurde in der 5. Dynastie zur Staatsreligion.

---

um 1942 v. Chr. anlässlich seines Regierungsjubiläums aufstellen ließ – es ist das älteste noch an Ort und Stelle stehende Exemplar in Ägypten. Sein unter Ramses II. errichtetes, mit 20,40 m gleich hohes Gegenstück gelangte als Beutestück der Römer unter Kaiser Augustus nach Rom und wurde dort im Circus Maximus aufgestellt. Zwei weitere Obelisken, 13 m hoch und aus rotem Granit, die einst Thutmosis III. anfertigen ließ, zieren seit dem 19. Jahrhundert das Londoner Themseufer und den Central Park in New York.

Schöpfungsmythos von Heliopolis
Auch Atum, der Schöpfergott, wurde in Heliopolis angebetet. Er soll hier auf dem Urhügel erschienen sein, der aus dem chaotischen Urwasser Nun aufgetaucht war. Als Atum-Re schuf er das Licht. Ihm wurden nicht nur Tempel errichtet, es wurde auch ein „Hohe Sand" genannter Hügel von etwa 600 m Durchmesser aufgeschüttet, der den Urhügel symbolisieren sollte.

All das ist längst Vergangenheit. Was von den Römern nicht weggeschafft wurde, verfiel nach dem Schließen der Tempel. Die Steine nutzte man zur Befestigung der nahen Stadt Kairo. Die kommenden Jahrhunderte begruben die Überreste mit Sand.

Das einzige Monument, das sich an
Ort und Stelle in Heliopolis erhalten hat,
ist der Obelisk Sesostris' I. (1965–1920).
Als ältester der vier noch aufrecht stehenden
„Nadeln der Pharaonen" in Ägypten steht er in
Sichtweite der Pyramiden von Giza.

Wächter der Pyramiden
Der Sphinx von Giza

Auf einer Stele, die Thutmosis IV. (1400-1390) zu Füßen des Sphinx von Giza aufstellen ließ, berichtet er von einem Traum, den er als Prinz hatte, während er sich dort, am östlichen Ende des Aufgangs zur Chephren-Pyramide ausruhte. Ihn träumte, dass ihm der Sonnengott den Thron versprach, wenn er sein Bildnis davor rette, im Wüstensand zu versinken.

Der Löwe von Ägypten

In Sphingen sahen die Ägypter die Macht des Königs verkörpert. Sie wurden meist mit Löwenleib und Menschenkopf, manchmal auch widder- oder falkenköpfig dargestellt, selbst Kombinationen mit Krokodilen, Schlangen und Schakalen waren möglich. Seit dem Neuen Reich säumten sie die Prozessionswege zu vielen Tempeln, wie in Karnak und in Luxor. Das größte (Länge: 72,5, Breite: 19,1 und Höhe: 20,2 m) und berühmteste Exemplar, der Große Sphinx von Giza, jedoch ist 1000 Jahre älter. Er wurde wahrscheinlich schon während der Herrschaft König Chephrens (2558-2532) aus einem stehen gebliebenen Kalksteinblock des Plateaus von Giza geschlagen. Da er neben dem Taltempel seiner Pyramide sitzt, trägt er vermutlich auch des Königs Züge. Die Proportionen des Sphinx, der genau nach Osten schaut – ein Hinweis auf den Sonnengott Re,

den er ebenfalls verkörpert – sind disharmonisch, der Löwenkörper viel zu lang. Schuld daran sind vermutlich Verwerfungen im Fels, die eine realistischere Darstellung verhinderten. Auch die Sandsteinverkleidungen, die ihm schon während der 18. Dynastie (1550-1295) zum Schutz vor Erosion um den Leib gemauert wurden, verwischen das Bild.

Der Zahn der Zeit

Mindestens sechs Restaurierungen wurden bislang vorgenommen, denn über die Jahrtausende verwitterte das weiche Gestein – das des Körpers mehr als der mit dem gestreiften Nemes-Kopftuch bedeckte Kopf. Von ihm sind im Laufe der Zeit Teile der aufgerichteten Kobra, der Kinnbart und – durch Vandalismus – die Nase abgefallen. Auch vom Sand musste das majestätische Monument immer wieder

befreit werden. Bei dessen Schleifeffekt kein Wunder, dass auch von der einstigen Bemalung nur noch Spuren roter Farbe an den Wangen erhalten blieben. Aktuell ist der Sphinx vom steigenden Grundwasser besonders bedroht, das ihn durch Salzausblühungen zerfallen lässt – eine Folge des Staudammbaus von Assuan.

Die Funktion der mächtigen Skulptur ist umstritten. Unter den unterschiedlichen Erklärungen scheint diejenige am plausibelsten, die sie als Wächterfigur deutet, die die Pyramiden gegen die Kräfte des Bösen verteidigt. Ihr Standort hat sich dabei vielleicht per Zufall ergeben, aufgrund der Form des Felsblocks, um den herum man die Steine für die Tempel am Beginn des Aufgangs zur Chephren-Pyramide gebrochen hatte. Einen eigenen Kult um den Sphinx hat es jedenfalls nie gegeben.

Der oder die Sphinx?

Seinen Namen erhielt der Sphinx von den Griechen, denn er erinnerte sie an eine Mischgestalt aus ihrer eigenen Mythologie. Allerdings war er dort weiblichen Geschlechts, halb Frau, halb geflügelter Löwe, und saß auf einem Felsen vor der mittelgriechischen Stadt Theben. Sie gab dort allen Vorübergehenden ein Rätsel auf und erwürg- *te (sphingo, grch. „erwürgen") sie, wenn sie die falsche Antwort gaben. Erst Ödipus gelang es, ihr Rätsel zu lösen. Zur Belohnung wurde er König von Theben, die Sphinx aber stürzte sich von einem Felsen. Zur korrekten Unterscheidung versieht man beide Sphingen deshalb mit verschiedenen Artikeln, je nachdem ob man den ägyptischen oder die griechische Sphinx meint.*

Die Granitstele Thutmosis' IV. zwischen den bereits in römischer Zeit stark restaurierten Pranken des Sphinx kam erst 1798 wieder zum Vorschein, als die Wissenschaftler der Ägyptischen Expedition Napoleons das Monument vom Sand befreiten.

Das Gold der Pharaonen
Metalle

Zusammenschlüsse von Handwerkern in der Art mittelalterlicher Zünfte gab es nicht. Töpfer, Tischler, Steinmetze, Weber und Metallarbeiter – um nur einige zu nennen – arbeiteten in Werkstätten und mit Werkzeugen, die nicht ihnen, sondern dem König, den Tempeln oder der wohlhabenden Oberschicht gehörten. Ein wertvoller Werkstoff schon seit prädynastischer Zeit war Metall, zuerst Kupfer und Bronze, später Gold und Silber und schließlich, eine eher untergeordnete Rolle spielend, das Eisen.

Kupfer, Bronze und das Himmelserz

Kupfer wurde vor allem auf dem Sinai abgebaut, zunächst kalt gehämmert und spätestens ab dem 4. Jt. v. Chr. in der Kupferschmelze gewonnen. Die Technik zur Erzeugung hoher Temperaturen durch das Einblasen von Luft kannte man aus der Keramikproduktion. Das zerkleinerte Erz wurde mit Holzkohle gemischt, in Grubenöfen gezündet, das flüssige Metall in eine weitere Grube geleitet. Als frühes Meisterwerk aus Kupfer gilt die um einen Holzkern gehämmerte Statue Pepis I., eines Pharaos der 2. Dynastie. Noch leichter handzuhaben ist Bronze, eine Legierung aus Kupfer und Zinn, einem Metall, das eingeführt werden musste. Sie besitzt eine bessere Gussfähigkeit und größere Härte. Das Verfahren wurde aus Vorderasien importiert und erstmals während des Mittleren Reichs angewendet.

Kostbarer als Gold war Eisen, denn es konnte anfangs nur aus Meteoriten gewonnen werden und war deshalb äußerst selten. Aus dem „Himmelserz" stellte man Schmuckperlen und Geräte für das Mundöffnungsritual (siehe S. 106) her. Im 2. Jt. v. Chr. entdeckten die Hethiter dann die Verhüttung des Eisens, übten bis 1200 ein Monopol darin aus und versorgten die Nachbarvölker mit dem gefragten Material.

Fleisch und Knochen der Götter

Ägypten galt in der Antike als das Goldland. Gefördert wurde es in der Arabischen Wüste und in Nubien. Das „Fleisch der Götter" korrodierte nicht, besitzt die Farbe der Sonne und galt darum wie sie als Garant für Dauerhaftigkeit und das Weiterleben nach dem Tod. Der König wurde mit „Das Goldgebirge, das die ganze Erde überstrahlt" tituliert, seine Sargkammer auch das „Goldhaus" genannt. Heute ist von all den goldbeschlagenen Tempelwänden, den vergoldeten Flaggenmasten, den goldenen Spitzen der Obelisken und den massiven Goldfiguren der Götter fast nichts mehr zu sehen. Einen Eindruck von der großen Kunst der Goldverarbeitung, dem Geschick der Goldschmiede, vermittelt der Grabschatz Tutanchamuns (siehe S. 154ff.), besonders seine goldene Mumienmaske ist berühmt.

War das Fleisch der Götter aus Gold, so ihre Knochen aus Silber – so der Glaube der Ägypter. Das weiß glänzende Metall musste aus fernen Ländern importiert werden, obwohl es im Elektron, einer in Ägypten vorkommenden, natürlichen Gold-Silber-Legierung, zu etwa 20-30 Prozent enthalten ist, doch gelang es nicht, beide Metalle zu trennen. So war Silber bis zum Beginn des Neuen Reiches wertvoller als Gold. Man verarbeitete es vor allem zu Schmuck und verwendete es besonders in der Spiegelherstellung.

Keramik

Eine alte, hochentwickelte Technik war die Töpferei. Das dazu notwendige Material gab es in Hülle und Fülle im Niltal: den Nilton. Er wurde im gebrannten Zustand rotbraun und für einfachere Gebrauchsware verwendet. Wesentlich härter waren die grauen Töpferwaren aus dem seltenen Mergel- oder Wüstenton. Einen großen Fortschritt in der Verarbeitung bedeutete die Erfindung der handbetriebenen Töpferscheibe, die seit dem Alten Reich bekannt ist und erst um 500 v. Chr. von der fußbetriebenen abgelöst wurde.

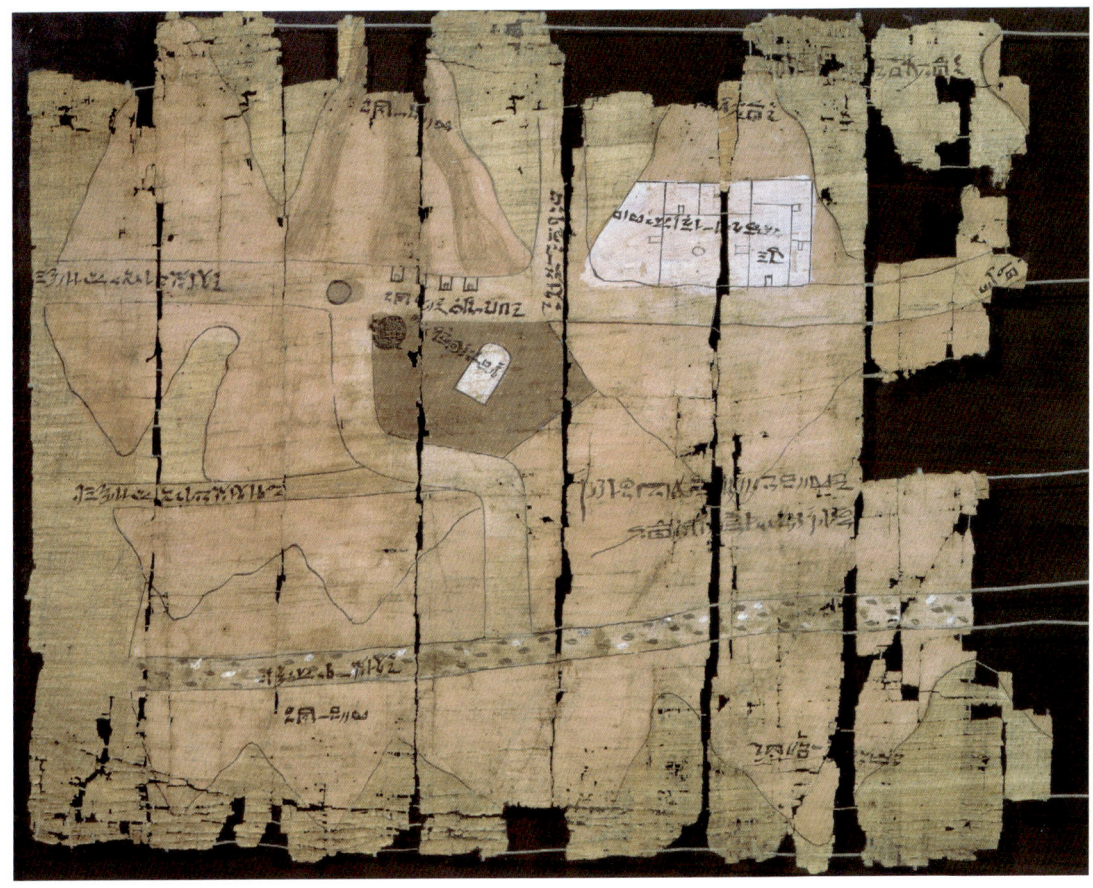

*Die einzig bekannte Landkarte (um 1280 v. Chr.)
aus dem alten Ägypten zeigt das Gebiet der
Goldminen im Wadi Hammamat. Arbeiterhäuser,
ein Tempel und eine Stele Sethos' I. sind weiß
markiert, ein Brunnen schwarz. Wege und Goldminen wurden in hieratischer Schrift angegeben.*

Ein dunkles Zeitalter
Die Erste Zwischenzeit (2181-2025 v. Chr.)

„Das Land ist voll von Banden. Man geht zum Pflügen mit dem Schild bewaffnet. Das Land dreht sich wie eine Töpferscheibe. Groß und klein sagt: Ich wünschte, ich wäre tot." In dieser unruhigen Zeit, in der Ägypten wieder in mehrere Teile zerfiel und deren Herrscher in schneller Folge wechselten, blühte einzig die Klageliteratur, wie hier die „Mahnworte eines ägyptischen Weisen".

Könige für einen Tag

Die Autorität, die die letzten Könige der 6. Dynastie (2345-2181) noch besaßen, war leeres Ritual. Längst waren die Gaufürsten ein bedeutender Machtfaktor geworden, auf deren Unterstützung die in rascher Folge wechselnden Könige der 7. Dynastie angewiesen waren – der ägyptische Historiker Manetho schreibt 70 von ihnen sogar nur eine Regierungszeit von je einem Tag zu. Auch den vier oder fünf Königen der 8. Dynastie war nur wenig Zeit gegeben. Trotzdem gelang es ihnen, sich, wenn auch vergleichsweise ärmliche, Pyramiden in Sakkara (siehe S. 40) zu errichten. Obwohl die in Memphis residierenden Herrscher für sich die alte Königstitulatur verwendeten, scheint es so gewesen zu sein, dass beide Landesteile, Ober- und Unterägypten, schon wieder eigene Wege gingen. Eine in He-

rakleopolis ansässige Bezirksfürstenfamilie übernahm demnach die Herrschaft über den Norden, Manetho zählt ihre 19 Könige als 9. und 10. Dynastie (2160-2025). Als Adressat der „Lehre für König Merikare", einer berühmten Weisheitslehre, ist dieser als einziges Mitglied seiner Dynastien erwähnenswert. Während ihrer 100-jährigen Herrschaft kamen die „Herakleopoliten" mit den gleichzeitig im Süden regierenden Fürsten, einem aus Theben stammenden Geschlecht, in Konflikt. Einer der ihren, Antef I. (2125-2112), nahm den Königstitel an, obwohl er nur über ein recht kleines Gebiet in Oberägypten gebot. Er und seine zuerst nur dort herrschenden Nachfolger zählen als 11. Dynastie (2125-1985).

Ein Fall von Wiedervereinigung

Sie erhoben bald Anspruch auf das ganze Land. Auf Kosten angrenzender Bezirksfürsten gelang es ihnen, ihr Gebiet immer weiter auszudehnen, bis es, nach einer Stabilisierungsphase, Montuhotep II. (2055-2004) schließlich wagen konnte, den Norden anzugreifen. Er siegte und eroberte zuletzt auch Herakleopolis (um 2025 v. Chr.). Der Rest von Unterägypten unterwarf sich ihm daraufhin kampflos. Seinen Sieg dokumentierte er mit seinem neuen Namen „Der die beiden Länder

vereinigt hat". Wie tausend Jahre vor ihm der sagenhafte König Menes ging er als Reichseiniger in die Geschichte Ägyptens ein. Eine Epoche des allgemeinen Niedergangs, in Wirtschaft, Gesellschaft und Kunst, war vorüber. Eine Zeit von Elend und Not, in der für viele ein Weltbild, das auf die Ewigkeit angelegt war, zerbrochen war, wich einer hoffnungsvollen Zukunft. In ihr hatten auch die Götter wieder ihren Platz. Die Magie jedoch, in unruhigen Zeiten immer hoch gehandelt, verlor ihren Einfluss. Eine 130 Jahre während Phase der Instabilität, die Erste Zwischenzeit (2181-2025), war Vergangenheit.

Montuhotep II., dem 4. Herrscher der 11. thebanischen Dynastie, gelang es das Reich zu einigen. Er ließ sich in Deir el-Bahari einen ungewöhnlichen Totentempel errichten, Vorbild für den daneben liegenden Terrassentempel der Hatschepsut.

Keimzelle des Staates
Die Ehe

„Nimm dir eine Frau, solange du jung bist, sie soll dir einen Sohn bringen und Kinder bekommen, solange du noch ein junger Mann bist," empfiehlt der Schreiber Ani (frühe 18. Dynastie) seinem Sohn. Damals war es für Männer üblich im Alter von etwa 20 Jahren, nach Beendigung ihrer Ausbildung, zu heiraten. Die Frauen oder besser Mädchen gingen oft schon mit Erreichen der Geschlechtsreife den Bund der Ehe ein. Die Ehestiftung übernahmen häufig die Eltern. Andernfalls war es nötig, das Einverständnis des Vaters einzuholen.

Gleich und gleich gesellt sich gern

Üblich, schon aus wirtschaftlichen Gründen, war die Einehe, nur wohlhabende Ägypter und der König hielten sich einen Harem. Dort traten die Nebenfrauen im Rang jedoch hinter der Hauptfrau zurück.

Der Bund fürs Leben wurde üblicherweise in derselben gesellschaftlichen Ebene geschlossen, aber auch Ehen zwischen Freien und Sklaven oder mit Ausländern waren möglich. Auch enge verwandtschaftliche Beziehungen stellten kein Hindernis dar, wobei es bis zur Ptolemäerzeit keine Geschwisterehen, allenfalls Ehen zwischen Halbgeschwistern gab. Erst als es mit Ptolemaios II. (285-246) zur Regel wurde, dass der Herrscher seine leibliche Schwester heiratete, können auch in der Bevölkerung Geschwisterehen registriert werden. Zur Eheschließung waren weder staatliche, noch religiöse Akte notwendig, für eine Mitwirkung von Priestern fehlt jeder Beweis. Die Ehe war kein Sakrament, die Eheschließung wurde anscheinend nicht einmal im privaten Umfeld gefeiert, sondern lediglich dadurch besiegelt, dass ein gemeinsamer Hausstand gegründet wurde – dies war auch die Umschreibung des Wortes „heiraten" auf ägyptisch. Da die Frau ihren Besitz mit einbrachte, wurde es vor allem in den höheren Gesellschaftsschichten seit dem 7. Jh. v. Chr. üblich, Eheurkunden oder Eheverträge zu schließen. Sie legten besonders für den Fall der Scheidung fest, wie die Ehefrau und eventuell vorhandene Kinder versorgt werden sollen, welche Güter ihr zustanden. Solange die Ehe bestand, behielt sie rechtlich den Besitz an dem, was sie in den Haushalt eingebracht hatte. Bei einer Scheidung – außer bei Ehebruch – erhielt sie ihr Eigentum zurück sowie ihren Anteil am gemeinsam erworbenen Vermögen. Scheidungen waren nicht selten, Gründe wie Ehemüdigkeit, Kinderlosigkeit oder der Wunsch, jemand anderen zu heiraten allgemein akzeptiert. Da es für die Eheschließung keinen Formalakt gab, verlief auch eine Trennung auf rein privater Ebene, indem der Mann seine Frau verstieß. Der umgekehrte Fall war auch möglich, es liegen jedoch bisher keine Zeugnisse darüber vor.

Familie

„Wenn du wohlhabend bist, einen Hausstand gegründet hast und deine Frau recht liebst, dann fülle ihren Leib und kleide ihren Rücken. Erfreue ihr Herz, solange du lebst, denn ein fruchtbarer Acker ist sie für ihren Herrn." So lautet ein Spruch aus der Weisheitslehre des Ptahhotep. Die Ägypter hatten einen ausgeprägten Familiensinn, der sie nicht nur mit ihren Nachkommen, sondern auch dem Vorfahren verband. Ziel der Ehe war die Familiengründung, wurde sie nicht erreicht, kam es vor, dass sich der Hausherr eine Sklavin nahm, um mit ihr die nötigen Nachkommen zu zeugen. Kinder waren nicht nur als Erben von Wichtigkeit, sondern galten als Garant für die Ausübung des notwendigen Totendienstes, durch den ein Weiterleben im Jenseits gesichert wurde. Die Aufgabenverteilung in der Familie unterschied sich nicht von den traditionellen europäischen Vorstellungen: Der Mann sorgte als Familienoberhaupt für den Unterhalt der Familie, die Frau führte den Haushalt und versorgte die Kinder.

*Wie die Tradition es vorschreibt, sitzen auf diesem
Grabgemälde Mann und Frau hintereinander.
Wabet, Frau des Baumeisters Onuri-cha, legt ihrem
Mann die Hand auf die Schulter und demonstriert
damit eine Verbundenheit, wie sie auch zu den um
sie herum spielenden Enkeln besteht.*

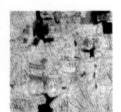

Die körperliche Seite der Liebe
Sexualität

„Wenn du die Lieder in das Haus der Geliebten bringst, und du zu wild ihre ‚Höhle' bestürmst, dann wird der Zugang zu ihr (sofort) erschwert, und ihre Hausherrin macht ihnen ein Ende. Statte die Lieder doch aus mit Musik und Tanz, dazu Wein und Bier!" Die im Neuen Reich aufkommende Liebeslyrik verherrlichte Liebe und Erotik, reine Lebensfreude spricht aus ihr. Sexualität war für Ägypter auch schon vorher ein Thema, sie gingen mit ihr offen und unverkrampft um. Das bedeutete keinesfalls Zügellosigkeit – Ehebruch war ein schweres Vergehen, der Geschlechtsakt in heiligen Bezirken verboten. Es gab viele Statuetten ko-

Hathor

Die Himmelsgöttin Hathor, dargestellt als Kuh, in Menschengestalt mit Kuhohren oder mit einer Sonnenscheibe zwischen Kuhhörnern, war auch die Herrin der Liebe, der Musik, des Tanzes und der Freude, außerdem Göttin des Türkises und der Fayence. Ihr Hauptkultort war Dendera, ihr Kultinstrument das Sistrum. Die Göttin, deren Name „Haus des Horus" bedeutet, galt einerseits als Gattin, überwiegend aber als Mutter dieses Gottes. Da die Pharaonen mit Horus identifiziert wurden, führten sie den Beinamen „Sohn der Hathor".

pulierender Paare oder von Männern mit übergroßem Penis, der Fruchtbarkeitsgott Min wurde mit erigiertem Phallus dargestellt, die Hieroglyphe für „koitieren" zeigte überdeutlich einen Penis, der in eine Vulva eindringt. In der Grab- und selbst der Tempelkunst finden sich viele Anspielungen auf den Geschlechtsakt, offen gezeigt wurde er dagegen seltener, auch wenn er Teil von Göttermythen war. So ist die Vereinigung von Isis und Osiris Symbol für Erneuerung und Wiedergeburt, die Geburt der Könige (siehe S. 178) das Ergebnis des Geschlechtsakts zwischen einem menschlichen und einem göttlichen Elternteil.

Empfängnis und ihre Verhütung

Prostitution war nicht unbekannt, es gab Bordelle und auf den käuflichen Liebesakt wurden in späterer Zeit sogar Steuern erhoben. Gegen ungewollte Schwangerschaften empfahlen die Ärzte eine Spülung mit Sauermilch oder das Einführen einer auf eine Mullbinde aufgetragene Mischung aus Honig, gemahlenen Akazienspitzen und Datteln. In gleicher Weise sollte auch mit in Essig getränktem Kameldung verfahren werden. Generell kannten sich die Mediziner besser mit den männlichen Geschlechtsorganen aus als mit den weiblichen Genitalien. Man wusste, dass der Samen

der Beitrag des Mannes zur Empfängnis war, glaubte aber, er stamme aus dessen Knochen und sorge für das Knochengerüst des Kindes, während die Frau für die Weichteile zuständig schien. Wegen seiner Ähnlichkeit mit dem männlichen Samen wurde Min Lattich geopfert.

Pornografische Kunst?

Lange Zeit sorgten zahlreiche, in Gräbern von Männern wie von Frauen gefundene Statuetten, aus Ton, Holz oder Stein, für Verwirrung, denn sie zeigten stark vereinfachte Frauengestalten mit hervorgehobenen Geschlechtsmerkmalen. Inzwischen sieht sie die Mehrheitsmeinung als Symbole für Regeneration und Wiedergeburt. Ähnliche Merkmale weisen auch zahlreiche kleine Tonplatten mit Reliefabbildungen nackter Frauen auf. Auch sie sind stilisiert dargestellt, häufig mit großer Perücke und wirken, als wären sie zum Sexualakt bereit. Forscher deuten sie als magische Täfelchen, deren Besitzer sich eine Partnerin wünschten.

Zur Homosexualität schweigen die Quellen fast ganz und öffnen Interpretationsversuchen Tür und Tor. Jedoch geht man heute davon aus, dass sie zwar existierte, gesellschaftlich aber verpönt war.

Der vermutlich aus Theben stammende Papyrus Turin zeigt in zwölf Vignetten lüsterne, ungepflegte alte Männer beim Geschlechtsverkehr mit fast nackten jungen Frauen, bei denen es sich vielleicht um Prostituierte handelt.

Schöner Wohnen
Haus und Garten

Die Häuser der gewöhnlichen Ägypter waren viereckig und besaßen ein bis zwei Stockwerke mit jeweils drei bis vier Räumen. Sie wurden aus luftgetrockneten Lehmziegeln erbaut, die anschließend mit Lehm verputzt wurden. Holz war Mangelware, neben gespaltenen Dattelpalmenstämmen, die als Dachbalken dienten, war man auf Importware, die sich nur reichere Familien leisten konnte, angewiesen. Auch das Bauen mit Steinen war so aufwändig, dass dieses Material einzig für die Türrahmen und einen Sockel gegen die aufsteigende Nässe verwendet wurde. Der Eingang wurde mit stabilen Holztüren verschlossen, die mit Bolzen verriegelt wurden. Andere Lüftungsöffnungen waren hoch angesetzt und mit Holzgittern verschlossen. Zum Schutz vor Staub und Sand konnte man sie mit Leinenbahnen verhängen – Glasscheiben waren unbekannt. Die Fenster wurden vor allem an der Nordseite angebracht, da der Wind meist aus dieser Richtung wehte. Um ihn einzufangen versah man das flache Dach manchmal auch mit einem Windfang, der den Luftstrom ins Innere leitete. Hier oben spielte sich unter schattenspendenden Markisen aus Rohrgeflecht ein großer Teil des Lebens ab, da es im Haus stickig war.

Ratten und Moskitos

Die Wände waren mit Nischen zur Aufstellung von Götterfiguren versehen und manchmal bemalt, der Boden gestampft oder mit Kacheln ausgelegt, Decken und Außenwände weiß getüncht. Das Innere bestand aus drei Grundelementen: einem Eingangsbereich, dem zentralen Wohnbereich und einer sich daran anschließenden Küche mit Vorratsräumen, die sich auch im Keller befinden konnten. Gekocht wurde auf kleinen Kohlebecken, die transportabel waren und auch im Hof oder auf dem Dach genutzt werden konnten. Brannten sie im Innern, war das Haus aufgrund der kleinen Fensteröffnungen schnell verraucht – bei Mumien entdeckte man häufig Rußablagerungen in den Lungen. Das enge Zusammenleben vieler Menschen auf engstem Raum und die Nähe des Flusses führte dazu, dass sich Ungeziefer breit machte, auch Ratten bevölkerten die eng gebauten Hütten der einfachen Leute. Die hygienischen Verhältnisse waren einfach, fließendes Wasser gab es auch für die Reichen nicht. Als Abort musste normalerweise ein sandgefüllter Topf in einer Ecke des Zimmers genügen.

Besonderen Wert legten die Ägypter auf viel Grün, denn es symbolisierte das Leben. Sie liebten Gärten und unternahmen in Bezug auf die Bewässerung viel, um sie bunt und üppig aussehen zu lassen. Natürlich ist auch hier ein starkes Gefälle zwischen Arm und Reich zu beobachten, doch selbst in den Arbeitersiedlungen gab es Grundstücke, die für den Anbau von Gemüse reserviert waren, mit dem die Bewohner sich den Speiseplan ergänzten.

Möbel

Die Einrichtung des Hauses hing vom Wohlstand des Hausherrn ab. Die einfachste Möblierung bestand aus einem Holztisch, einigen Hockern oder entsprechenden fest eingebauten Podien aus Ton und Binsenmatten zum Schlafen. Zur Ausstattung gehörten weiterhin einfache Gefäße aus Nilton und Körbe aus geflochtenen Palmblättern. Licht spendete Öl in einer Stein- oder Tonschale, in die ein Docht aus gezwirntem Flachs oder Papyrus getaucht war. Reiche Ägypter besaßen Holztruhen, Stühle und Betten mit Bettwäsche aus Leinen. Gerade das Bett war ein deutlicher Hinweis auf den Wohlstand des Hauses. Es bestand aus einem Holzrahmen mit einem Einsatz aus Binsenmatten und ruhte auf vier Füßen. Statt auf ein Kopfkissen bettete man seinen Kopf auf eine hölzerne Kopfstütze.

Nur wenige Möbel haben sich erhalten. Zu vergänglich ist das Material, aus dem sie gefertigt wurden. Dieser Sessel gehört zum Grabschatz Tutanchamuns und diente dem kleinen Prinzen vermutlich als Thron. Besonders auffällig sind die Elfenbeineinlagen in der Rückenlehne und die vergoldeten Paneele der Armlehnen.

Haute Couture am Nil
Kleidung

Auch im alten Ägypten spiegelte die Kleidung den sozialen Status wieder. Während die Kleidung der einfachen Leute vor allem zweckmäßig war, ist sie bei den wohlhabenderen Schichten der Mode unterworfen und wird tendenziell im Laufe der Zeit immer aufwändiger, raffinierter. In der Römerzeit hatte Kleidung aus Ägypten dann in etwa den Stellenwert, den in der Mode heute französische Haute Couture genießt.

Leinen, Leinen und nochmals Leinen

Das älteste Kleidungsstück, das sich durch das günstige Klima in einer Mastaba erhalten hat, ist knapp 5000 Jahre alt. Es ist ein Leinenhemd oder -kleid mit plissierter Passe und Ärmeln, die mit Schussfäden daran angenäht waren. Als Rohstoff für die verschiedenen Gewebe diente vor allem der Flachs. Er wurde gekämmt, zu Fäden gesponnen und konnte danach von grobem Sackleinen bis zu hauchzartem Batist verwoben werden. Manchmal riffelte man den Stoff dann noch mit dichten Falten, man plissierte ihn, wozu ein spezielles Gerät zum Einsatz kam. Dies geschah in Werkstätten, deren Produkte Abnehmer in den gehobenen Kreisen fanden, in den unteren Gesellschaftsschichten versorgte man sich selbst, die Herstellung der Kleidung war hier Aufgabe der Frauen. Generell mussten die Kleidungsstücke möglichst leicht, luftig und einfach zu hand-haben sein. Obwohl die Ägypter auch Wolle, Leder und seit der Spätzeit (656-332) auch Baumwolle kannten, war leichtes Leinen das bevorzugte Gewebe. Es kühlte in der Hitze und wärmte an kalten Abenden.

Von Kopf bis Fuß

Da sich keiner am Anblick nackter Haut störte, genügte den auf dem Feld oder in Werkstätten arbeitenden Männern ein Lendenschurz. Gefertigt aus einem Stück Stoff, das um den Körper gewickelt und verknotet wurde, wurde er auch in besseren Kreisen getragen, zumindest im häuslichen Bereich. Er konnte in Länge, Schnitt und Fältelung variieren. Auch für die Frau mussten die Kleidungsstücke möglichst einfach, fließend und nahtlos sein – Variationsmöglichkeiten ergaben sich durch das Übereinandertragen, die verschiedenen Arten der Drapierung und des Verknotens, durch die Verwendung plissierten Stoffs, von einem oder zwei Trägern und dem Ansetzen von Ärmeln.

Schuhe wurden selten getragen. Wenn nötig kamen Sandalen zum Einsatz, die aus Leder, geflochtenen Binsen oder Papyrusblättern und einem Riemen, der zwischen dem großen und dem zweiten Zeh verlief, bestanden. Auch Berufstrachten waren ungewöhnlich und neben den Soldaten, hohen Beamten sowie Priestern vorbehalten. So trug der Sem-Priester, der im Totenritual eine Rolle spielte, ein Panther- oder Leopardenfell.

Haare

Üppig glänzende, dichte schwarze Haare galten als Statussymbol. Wer es sich leisten konnte, beschäftigte einen Friseur. Es wurde gewaschen, parfümiert und, falls es ausfiel oder grau wurde, mit besonderen Mixturen aus schwarzen Schlangen, Rabeneiern oder Löwenfett behandelt. Selbst bei einfachen Leuten ergänzten Haarteile die eigene Pracht, während die Oberschicht für verschiedene Anlässe Perücken verwendete. Sie waren oft kunstvoll gelockt oder zu Zöpfen geflochten, ein erhaltenes Exemplar besteht aus mit Wachs bestrichenen 120 000 Menschenhaaren. Gesichtsbehaarung hingegen war als barbarisch verpönt, Rasiermesser schon vor den Pharaonen in Verwendung. Priester benutzten sie, um sich damit aus Demut vor den Göttern den ganzen Körper zu rasieren.

Organische Materialien haben sich in Tarchan, dem größten bisher entdeckten Gräberfeld aus der Zeit der ersten Reichseinigung (um 3000 v. Chr.), besonders gut erhalten. Hier, 50 km südlich von Kairo, entdeckte Sir Flinders Petrie auch das älteste erhaltene Kleidungs-stück, ein plissiertes Gewand aus Leinen.

Millionenstadt am Nil
Theben

An keinem anderen Ort des Landes am Nil konzentrieren sich die Reste der altägyptischen Kultur so massiv wie in dem Ort, der heute Luxor heißt. Das „hunderttorige" Theben, wie Homer ihren griechischen Namen in der Ilias überlieferte, hieß auf ägyptisch Waset. Das nach der gleichnamigen griechischen Stadt in Böotien getaufte Theben fungierte über viele Jahrhunderte als Hauptstadt des Pharaonen-Reichs und zählte zur Zeit der größten Ausdehnung, während des Neuen Reichs, rund 1 Millionen Einwohner.

Aufstieg zur Metropole
Nach eher bescheidenen Anfängen stand Theben erstmals während der Ersten Zwischenzeit im Brennpunkt der Geschichte, als die Herrscher der 11. Dynastie (2125-2055) diesen Ort in der oberägyptischen Provinz zu ihrem Sitz erwählten. Obwohl die Könige der folgenden Dynastie das Land von einem anderen Ort regierten, blieb Theben als Kultort des Gottes Amun in religiöser und als Hauptstadt Oberägyptens auch in politischer Hinsicht von größter Bedeutung. Ihre absolute Blütezeit erlebte die Stadt am Nil jedoch unter einer thebanischen, der 17. Dynastie. Sie vertrieb die Hyksos (siehe S. 80), die die Macht während der Zweiten Zwischenzeit (1650-1550) an sich gerissen hatten und vereinte das Land erneut. Theben wurde wieder zur Hauptstadt. Überall entstanden neue Bauwerke, alte wurden restauriert. Die Nekropole, traditionell auf der Westseite des Nils angelegt, erreichte an Bedeutung die von Sakkara bei Memphis. Spätestens seit Thutmosis I. (1504-1492) nutzte man zur Bestattung der Pharaonen das in einem entlegenen Felseinschnitt gelegene Tal der Könige. An den Ufern des Nils reihten sich die Totentempel. Sie waren von Siedlungen umgeben, in denen die Menschen wohnten, die zum Totendienst, zum Bau und zur Instandhaltung nötig waren: Priester, Beamte und Arbeiter. Auf dem Ostufer entstanden riesige Paläste und Tempelbezirke wie der des Reichsgottes Amun in Karnak (siehe S. 160) oder der als Luxor-Tempel bekannte Bau König Amenophis' III. (1390-1352).

Abstieg und Zerstörung
Mit der Dritten Zwischenzeit (1069-747) begann der Niedergang. Bereits die Könige der Ramessidenzeit (1295-1069) hatten den Regierungssitz nach Unterägypten ins Delta verlegt. Tanis war die kommende Metropole. Erst recht, als sich die Könige der 21. und 22. Dynastie (1069-747) auch dort begraben ließen. Doch noch immer war Theben das wichtigste religiöse Zentrum des Landes. Von der Verwüstung durch die Assyrer 652 v. Chr. hat sich die einst so mächtige Stadt nie mehr erholt. Zu Beginn der römischen Ära ließ der Statthalter Cornelius Gallus den Ort, der unter den Ptolemäern (305-30) nur noch ein verschlafenes Nest war, zerstören.

Amun
Spätestens seit der 11. Dynastie wurde Amun als Lokalgottheit in Theben verehrt. Mit dem politischen Aufstieg der hiesigen Herrscher zu Königen von ganz Ägypten verband sich auch sein Aufstieg zum „König der Götter". Als Reichsgott erwählte er neben den Göttern Re und Ptah den irdischen König. Sein Name bedeutet wahrscheinlich „der Verborgene", dargestellt wird er meist in Menschengestalt mit Doppelfederkrone. Mit Mut und Chons bildet er die Triade von Theben, der das jährliche Opet-Fest gilt. Als Amun-Re besaß er die Fähigkeit zu beständiger Erneuerung und galt als Förderer der Ausdehnung Ägyptens nach Süden und in die Levante. Die Hohenpriester von Theben nutzten sein Prestige, um während der Dritten Zwischenzeit (siehe S. 174) die Macht über einen Teil des Landes an sich zu reißen.

*Der riesige Tempel des Amun im heutigen Karnak
machte Theben zum religiösen Zentrum des
ganzen Landes. Seinen Haupteingang markiert
ein gigantischer Pylon, mit 113 m Breite der
gewaltigste, der je errichtet wurde.*

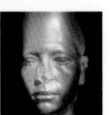

Ein goldenes Zeitalter
Das Mittlere Reich (2025-1650 v. Chr.)

Der Zeitabschnitt, der ungefähr die mittleren 400 Jahre innerhalb der Geschichte Ägyptens umfasst, wird Mittleres Reich genannt. Es beginnt 2025 v. Chr. mit der Wiedervereinigung der beiden Landesteile durch den vierten Herrschers der 11. Dynastie, Montuhotep II. (2055-2004), und endet 1650 v. Chr. mit dem letzten König der 14. Dynastie.

Die 12. Dynastie

Möglicherweise war es der Wesir Montuhoteps IV., der den Thron an sich riss und als Amenemhat I. (1985-1955) die 12. Dynastie begründete. Er gab Theben als Residenzstadt auf und erbaute sich mit Itjtaui, der „Beherrscherin der zwei Länder", eine neue Hauptstadt, die bislang noch immer nicht genau lokalisiert werden konnte. Amenemhat I. war es auch, der die Pyramide wieder als Begräbnisstätte der Herrscher einführte. Die sieben Könige der neuen Dynastie konsolidierten ihre Macht auf Kosten der Gaufürsten, deren Aufgaben nun von Beamten übernommen wurden, verbesserten die Verwaltung, führten eine Berufsarmee ein und förderten den Ausbau der Großoase Faijum (siehe S. 76) südwestlich von Memphis zu einem Wasserreservoir, das während der Nilüberschwemmung gefüllt wurde und von großem Nutzen für die Land-

wirtschaft war. Vor allem Sesostris III. (1874-1855) war ein erfolgreicher Herrscher: Mit seinen militärischen Eroberungszügen gelang ihm die Annektierung eines Teils von Nubien. Um das bis südlich des zweiten Nilkatarakts reichende und wegen seiner Rohstoffvorkommen begehrte Land besser ausbeuten zu können, ließ der Pharao einen Kanal durch den ersten Katarakt bei Assuan graben. Die Schifffahrt wurde so von Nubien bis zum Mittel-

> ### Steuern
>
> *Spätestens seit dem Alten Reich wurden Steuern auf die landwirtschaftlichen Erträge und Viehbesitz erhoben. Alle zwei Jahre fanden hierzu Zählungen statt. Beamte vermaßen das Land und registrierten sämtliches Nutzvieh. Dabei errechneten sich die in Naturalien erhobenen Abgaben – die Geldwirtschaft wurde erst gegen Ende der Pharaonenzeit eingeführt – auch nach der Lage der Anbaufläche zum Nil. Wenn zwischen den erwarteten und den tatsächlichen Erträgen Differenzen auftraten, konnte es ebenso zu drakonischen Strafen kommen wie bei der Weigerung des Bauern, die festgesetzte Menge abzuliefern. Schließlich wurde die Steuer in die königlichen Speicher gebracht und von ihr die Staatsausgaben geleistet.*

meer ungehindert möglich. Mit dem Tod Amenemhats III. (1855-1808), dem König mit der längsten Regierungszeit der 12. Dynastie, war die goldene Periode zu Ende. Mit seinem Sohn und dessen Schwestergemahlin endete die Herrschaft dieses bedeutenden Geschlechts.

145 Jahre – 136 Könige

Es folgte nun die vielleicht verworrenste und dunkelste Periode (1795-1650) der ägytischen Geschichte. Manetho berichtet von einer 13. Dynastie mit 60, jeweils nur kurz regierenden thebanischen Königen und einer 14. Dynastie mit 76 Königen aus einer Stadt im Delta. Beide Dynastien folgten nicht aufeinander, sondern regierten in den letzten 70 Jahren parallel, die 14. Dynastie jedoch nur im Norden des Landes. Während dieser Zeit musste die Grenze zum freien Teil Nubiens wieder auf die alte Linie zurückgezogen werden, das von Amenemhat I. errichtete System von Wachtürmen und Befestigungsanlagen, das den Osten des Nildeltas gegen eindringende asiatische Völker schützen sollte, wurde durchlässig. Von dort drangen schließlich die Hyksos (siehe S. 80) nach Ägypten ein, die von den einheimischen Königen die Macht übernahmen. Mit ihnen begann eine neue Epoche, die Zweite Zwischenzeit.

*Die lange Regierungszeit Amenemhats III.
(1855-1808) - hier angetan mit der Weißen Krone
Oberägyptens - markiert die Mitte des Mittleren
Reichs. Das Land erstreckte sich über 1500
Nilkilometer, es herrschten Frieden und Wohlstand.
Wegen seiner Verdienste um das Faijum wurde
er dort später als Landesgott verehrt.*

Liebeslieder und Totenklagen
Die Literatur

In einem Land, in dem nur die wenigsten Lesen und Schreiben konnten, kam dem gesprochenen Wort größte Bedeutung zu. Die Totentexte rezitierte ein Priester, Göttermythen wurden durch Schauspieler vorgeführt und Märchenerzähler gab es auf den Märkten. In den Schulen wurden vor allem die Weisheitslehren, Unterweisungen in Spruchform, abgeschrieben und auswendig gelernt, aber auch Erzählungen, Hymnen und natürlich das erste Schulbuch der Welt, das „Kemit". Neben der eigentlichen Literatur haben sich auch wissenschaftliche Werke sowie Alltagstexte in Form von Briefen und Dokumenten erhalten.

Von Menschen und Göttern

Den größten Raum innerhalb der überlieferten Literatur nehmen religiöse Texte ein. Als Pyramidentexte (sieh S. 40) bedecken sie die Wände vieler Königsgräber des Alten Reichs. Aus dieser Periode haben sich daneben erste Biographien erhalten, kurze, teils auch poetische Abrisse über Karriere und Tugenden von Verstorbenen, nichts jedoch über deren Privatleben. Um Tugenden geht es ebenfalls bei den Weisheitslehren (siehe S. 24), deren erste von der wir Kenntnis haben, die des Imhotep, zwar nicht erhalten ist, jedoch auch aus dem Alten Reich stammt. Unterhaltsamer wird es dann im Mittleren Reich (2025-1650), der Blütezeit der altägyptischen Literatur. Als ergiebige Quellen zur Erforschung des ägyptischen Alltags von Historikern genutzt wurden damals einige Erzählungen zu Papyrus gebracht, die vorgaben, historische Berichte zu sein und der Erbauung dienen sollten: So das „Märchen des Schiffbrüchigen", die „Geschichte vom beredten Bauern", die „Wundergeschichten vom Hof des Königs Cheops" und – am populärsten – die „Geschichte des Sinuhe". Aber es gab auch eine schwermütige Seite. Titel wie „Streitgespräch des Lebensmüden mit seiner Seele" oder „Die Klagen des Bauern" zeigen die Reaktion der Nilbewohner auf die dunkle Epoche der Ersten Zwischenzeit. Wie auch sonst in der bildenden Kunst Ägyptens bleiben die Künstler, hier die Verfasser, anonym.

Im Neuen Reich (1550-1069) schlägt dann die Stunde der Märchen und Tierfabeln. Andere Gattungen, wie Gebete und Hymnen, Totentexte und Grabbiographien werden weiterentwickelt, die nun zu Allgemeingut gewordenen Pyramidentexte zieren jetzt als Sargtexte die Gräber von Privatleuten, werden ihnen schließlich nur noch als Papyrusrolle beigelegt. Anekdoten aus den syrischen Eroberungskriegen und mythische Göttererzählungen dokumentieren die orientalische Kunst des Fabulierens. Über die Zeiten gerettet haben sich auch viele Liebesgedichte und Trinklieder, die uns einen Blick auf das Leben im alten Ägypten ermöglichen. Es mag Zufall sein, doch aufgrund des zunehmenden Austauschs mit den Nachbarländern auch nicht verwundern, dass nun Motive homerischer Heldenepen oder Themen griechischer Prosa und Dichtung Einlass in die Literatur finden.

Sinuhe, der Ägypter

„Er sagt" – so beginnt die „Geschichte des Sinuhe", der bekanntesten Figur der ägyptischen Literatur. Am Anfang steht dessen Flucht aus Ägypten, denn als königlicher Haremsbeamter fürchtet er, von Sesostris I. der Mitwisserschaft am Mord an dessen Vater Amenemhat I. bezichtigt zu werden. Ein Fürst nimmt ihn in Palästina auf, gibt ihm seine Tochter zur Frau und schenkt ihm seine schönsten Länder. Er könnte nun in Frieden sein Leben beschließen, doch die Sehnsucht und ein Brief Sesostris' lassen ihn schließlich nach Ägypten zurückkehren, wo er, nach einigen Missverständnissen, in großer Gnade aufgenommen wird. Der finnische Schriftsteller Mika Waltari adaptierte den 4000 Jahre alten Stoff 1945 und landete mit „Sinuhe, der Ägypter" einen Weltbestseller.

Eines der beliebtesten literarischen Werke der
Ägypter ist die fiktive Autobiographie des Sinuhe.
Es galt als Beispiel guten Stils und wurde entsprechend häufig kopiert. Als Schreibmaterial
diente dabei oft ein Ostrakon, eine Tonscherbe
oder – wie hier – ein Stück Kalkstein.

Vergnügen und Leidenschaft
Spiele

Königin Nefertari tat es, der Wesir Mereruka und auch Tutanchamun. Sie spielten. So jedenfalls lassen sich Grabdarstellungen und -beigaben deuten, die selbst die Pharaonen beim Spielen zeigen und sie, gegen die Langeweile im Jenseits, mit Spielen, Spieltischen und -steinen versorgen. Damit standen sie nicht alleine: Auch der einfache Ägypter war vermutlich leidenschaftlich dem Spiel ergeben.

Das älteste Brettspiel der Welt
Gerade dem beliebtesten aller ägyptischen Brettspiele, dem Senet-Spiel, lag vermutlich auch ein religiöser Sinn zugrunde. Das Spiel des „Durchschreitens", so die Übersetzung, versinnbildlichte möglicherweise den Weg des Verstorbenen durch das Reich des Todes. Auch wenn die Spielregeln nicht überliefert sind,

lässt sich anhand seines Aufbaus ungefähr rekonstruieren, wie man es spielte: Die Spielfläche war in drei parallele Reihen zu je zehn Feldern eingeteilt. Fünf Felder waren besonders markiert und bedeuteten Glück oder Pech. Beide Spieler hatten die gleiche Anzahl von Spielsteinen, gewöhnlich sieben, die sich in Form oder Farbe unterschieden. Die Züge wurden bestimmt durch das Werfen von markierten Stäben oder Astragalen, Wirbelknochen, die als vierseitige Würfel benutzt wurden. Die Steine mussten im Zickzack bewegt werden, traf man dabei auf ein Hindernis, war man gezwungen zurückzugehen und erneut zu beginnen. War man geschickt, rückte man schnell vorwärts und behinderte gleichzeitig den Gegner. Gespielt werden konnte Senet überall: Ein Spielfeld war schnell in den Sand

gezeichnet oder in Stein geritzt. Die erhaltenen Exemplare, von denen die ältesten über 5000 Jahre alt sind, wurden aus Holz, Stein oder Fayence gefertigt, die Luxusversionen mit Elfenbeineinlagen versehen. Manche Bretter waren als Teil von Spielkästen gefertigt, die gleichzeitig zur Aufbewahrung der Spielsteine dienten, andere waren beidseitig verwendbar, die eine Seite als Senet-, die andere als Zwanziger-Spiel.

Gänse- und Schlangenspiel
Beim Tschau oder Zwanziger-Spiel war das Spielfeld ebenfalls in drei Reihen unterteilt, von denen die beiden äußeren jedoch je vier, die innere zwölf Felder enthielt. Jeder Spieler hatte hier fünf Spielsteine, mit denen er versuchen musste, das Spielfeld zu durchschreiten und den anderen möglichst geschickt zu blockieren. Ein Vorläufer unseres Gänsespiels ist Mehen (dt. „eingerollt"), das Schlangenspiel. Das runde Spielbrett ist wie eine eingerollte Schlange gestaltet, deren Körper von Querstegen unterteilt ist. Die Zahl der dabei entstehenden Felder kann variieren. Neben zwei Sätzen aus löwenförmigen Spielsteinen scheinen auch Kugeln zu dem Spiel zu gehören. Möglicherweise wurde es um 2300 v. Chr. verboten, denn es taucht erst 700 v. Chr. wieder auf.

Sport
„Sich vergnügen" oder „das Herz erfreuen" waren die Umschreibungen, die der Ägypter für das moderne Wort „Sport" verwendete. Anders als in Griechenland mit seinen Olympischen und anderen Nationalspielen, gab es im Reich der Pharaonen keine Großveranstaltungen und auch keinen Leistungssport. Aber selbst die Pharaonen übten sich in zahlreichen Sportarten, die, wie das Bo-

genschießen, das Speerwerfen und das Reiten, oft aus der Jagd entstanden waren. Am Fest zu Ehren ihrer Regierungsjubiläen, dem Sed-Fest, mussten sie ihre erneuerte Stärke durch einen Kultlauf demonstrieren. Daneben wurde geturnt, gerudert, gesprungen und geschwommen. Zum besonders beliebten Zweikampf gehörten außer dem Boxen und dem Fechten mit Stöcken auch das Ringen.

Eine der vielen Malereien im Grab der Königin
Nofretiri, der Lieblingsgemahlin Ramses' II., im Tal
der Königinnen zeigt sie beim Senet-Spiel. Es
symbolisiert im Totenbuch die Wirren und
Probleme, die der Verstorbene zu überwinden
hatte, bevor er das Reich Osiris' betreten konnte.

Der Garten Ägyptens
Das Faijum

Etwa 90 km südwestlich der ägyptischen Hauptstadt breitet sich in einer Senke der Libyschen Wüste eine Großoase aus: das Faijum. Der „Gemüsegarten Kairos" umfasst dabei mit 1827 km² ein Gebiet, das zweimal der Fläche Berlins entspricht. Mit dem Nil ist es durch den Josefskanal, den Bahr Jussuf, einem kanalisierten natürlichen Seitenarm, verbunden. Er beginnt beim mittelägyptischen Deirut, verläuft dann 300 km parallel zur Lebensader des Landes und endet im abflusslosen Karun-See. Dessen Becken liegt in einer Senke, 45 m unter dem Meeresspiegel, und gilt als Überbleibsel des durch Verdunstung und Verlandung geschrumpften Moiris-Sees, eines unter den Pharaonen angelegten, künstlichen Gewässers, dessen Name schlicht „Großer See" bedeutet.

Das heilige Krokodil

Bewachsen von riesigen Papyrus- und Schilfdickichten bot das Faijum bereits in vordynastischer Zeit Jägern und Sammlern einen idealen Siedlungsplatz. Selbst im Alten Reich war es noch eine Sumpf- und Seenlandschaft, in der es von Krokodilen nur so wimmelte. Verständlicherweise wurde der dort verehrte Gott Sobek in Gestalt eines solchen Reptils dargestellt. In der Hauptstadt der Oase, Schedet,

ließ ihm Amenemhat III. (1855-1808) ein Heiligtum errichten, in dem heilige Krokodile gehalten wurden. Ebenso wie von der ganzen Stadt, die die Griechen Crocodilopolis nannten, ist von dem Tempel kaum etwas erhalten. Schon die Vorgänger Amenemhats hatten die große Bedeutung des Faijum für die Versorgung Ägyptens erkannt und versuchten es urbar zu machen. Sesostris II. (1880-1874), Großvater Amenemhats, nahm diese Aufgabe in Angriff, indem er zahlreiche Dämme und

> ### Jagd
>
> *Die ursprüngliche Aufgabe der Jagd war die der Nahrungsbeschaffung. Wie in anderen Kulturen auch wurden Fische harpuniert, Vögel mit Wurfhölzern und später Netzen gefangen und das Wild der Wüste mit Pfeil und Bogen erlegt. Mit der Einführung der Nutztierhaltung im Alten Reich trat dieses Motiv in den Hintergrund. Aus sportlichen und rituellen Gründen pflegte man noch die Treibjagd, mit dem Aufkommen von Pferd und Wagen im Neuen Reich dann auch die Hetzjagd. Das Töten von Großwild wie Löwen, Elefanten und Nilpferden war ein Privileg der königlichen Familie und der hohen Beamten, denn Eigenschaften der erlegten Tiere gingen - so glaubte man - auf den Jäger über.*

Kanäle anlegen ließ. Die Schwierigkeit dabei war, einerseits das morastige Gelände zu entwässern, andererseits aber auch für eine sinnvolle Bewässerung zu sorgen. Erreicht wurde dies durch das Aufstauen des Moiris-Sees und einen Damm am Eingang zur Oase, der das Wasser des Josefskanals bei sinkendem Pegelstand des Nils zurückhielt. War dies bereits eine ingenieurtechnische Meisterleistung, so umso mehr, als ein ausgeklügeltes Kanalsystem dafür sorgte, eine Versalzung des intensiv bewirtschafteten Bodens zu verhindern.

Das siebte Weltwunder?

Amenemhat III. fühlte sich dem Faijum so verbunden, dass er dort, wie schon Sesostris II., seine Pyramide errichten ließ. Sein Totentempel, zahlreiche Höfe, Säle und Säulengänge auf einer Fläche von 60000 m², erschien Besuchern wie das Labyrinth auf Kreta und stellte – so Herodot – die Pyramiden in den Schatten. Der römische Gelehrte Plinius der Ältere zählte ihn gar zu den sieben Weltwundern. Während der Erforschung der Grabanlagen stießen Archäologen in der Nähe auf Mumien aus der Römerzeit, in deren Hüllen Holztafeln mit den Porträts der Verstorbenen integriert waren. Sie gehören zu den besten Beispielen antiker Malerei.

*Mit dem Wurfholz in der Linken macht sich
Nebamun, begleitet von Faru und Tochter sowie
seiner Hauskatze, auf die Jagd nach Vögeln.
Grabmalerei in Theben-West, um 1350 v. Chr.*

Land des Goldes
Nubien

„Ich kehrte zurück mit 300 Eseln, beladen mit Weihrauch, Ebenholz, Ölen, Leopardenfellen, Elfenbein, Wurfhölzern und vielen guten Dingen", so berichtet der Leiter einer Expedition in das südliche Nachbarland Ägyptens zur Zeit der 6. Dynastie in seiner Grabinschrift. Bei dieser Aufzählung fehlt ein entscheidender Rohstoff, der das Land, das die Ägypter Ta-seti nannten, unwiderstehlich machte – das Gold.

Der Königssohn von Kusch
Gelegen zwischen dem 1. Katarakt bei Elephantine und dem 4. Katarakt des Nils bei Napata, war auch Nubien, dessen Gebiet heute zum Sudan gehört, eine Flussoase, allerdings mit einem extremeren Klima als der nördliche Nachbar. Sein Hauptverkehrsweg, der Mittlere Nil, machte den „Korridor nach Afrika" schon in alter Zeit zum Bindeglied zwischen Mittelmeerraum und dem Zentrum des schwarzen Kontinents. Die militärische Überlegenheit Ägyptens verleitete deren Herrscher während der 12. Dynastie dazu, die Grenzen bis zum 2. Katarakt vorzuschieben und ganz Unternubien ihrem Reich einzuverleiben. Sie ließen eine Reihe Festungen bauen, die auch als Lager genutzt werden konnten. Außerdem errichteten sie am 2. Katarakt eine Gleitbahn, über die die Schiffe gezogen wurden, um die Stromschnellen zu umgehen. Dann beuteten sie das Land aus, exportierten Gold, Elfenbein, Ebenholz, Edelsteine, Tiere und Sklaven. Die politischen Wirren im Ägypten der Zweiten Zwischenzeit (1650-1550) konnten einheimische Kulturen nur kurz für sich nutzen, bevor ihr sich von Obernubien ausbreitendes Reich, das die Ägypter Kusch nannten, von den Pharaonen der 18. Dynastie wieder zerschlagen wurde. Ganz Nubien wurde nun zur Kolonie,

> ### Elephantine
> *Abu, „Elefantenland", nannten die Ägypter die Insel, die bei Assuan den Schiffsverkehr auf dem Nil an der Grenze zu Nubien kontrollierte. Hier am 1. Katarakt des Stromes siedelten seit etwa 3500 v. Chr. Menschen. Ihre Sakralbauten konzentrierten sich auf die Südspitze der etwa 1,5 km langen und maximal 500 m breiten Insel. Dort befanden sich auch die Heiligtümer des widderköpfigen Schöpfergottes Chnum, dem Hauptgott der ganzen Gegend, und der Satet, seiner Gemahlin, der „Herrin über Elephantine". Am Ostufer des mit Uferbefestigungen aus griechisch-römischer Zeit geschützten Eilands hat sich ein Nilometer, eine zum Fluss führende Treppe, an der der Nilstand abgelesen werden konnte, erhalten.*

ein sogenannter „Königssohn von Kusch" verwaltete die nun als Wawat (Unternubien) und Kusch (Obernubien) eingegliederten Provinzen für den Pharao. Der Lohn: 304 kg Gold alleine in einem Jahr aus Wawat zur Zeit Thutmosis' III. (1479-1425).

Ägypten wird Provinz
Über 400 Jahre und zahlreiche Aufstände der unterdrückten Nubier später wiederholte sich die Geschichte: Erneut war die ägyptische Zentralgewalt, von innenpolitischen Auseinandersetzungen geschüttelt, so schwach, dass sie die Formierung eines neuen Großreiches im Süden nicht verhindern konnte. Seit dem 10. Jh. v. Chr. hatte es sich über ganz Nubien ausgedehnt, sein Einflussbereich reichte im Norden bis Theben. Es war nur noch ein Frage der Zeit, bis sich die „schwarzen Pharaonen" (25. Dynastie, 747-656) ganz Ägypten unterwarfen. Wie ihre Vorgänger ließen sie sich in Pyramiden bestatten, die sie jedoch nicht in ihrer Kolonie, sondern in der Umgebung von Napata, am 4. Nilkatarakt, erbauen ließen. Auch als die kuschitische Dynastie 90 Jahre später von den nun aus Assyrien stammenden neuen Herrschern verdrängt wurde, hielten die Könige Nubiens an dieser Tradition fest. Sie blieben von nun an von Ägypten unabhängig.

Im Grab von Rechmire, Wesir unter Thutmosis III. und Amenophis II., sind die Tribute ferner Länder dargestellt. Über den Syrern, die mit Pferd und Panther gezeigt werden, sind Nubier in Begleitung verschiedener Tiere dargestellt. Sie bringen Elfenbein, Tierfelle und Gold.

Herrscher der Fremdländer
Die Zweite Zwischenzeit (1650-1550 v. Chr.)

Die auf das Mittlere Reich folgenden 100 Jahre (1650-1550) bestimmten Könige, die aus Vorderasien nach Ägypten kamen und von den Einheimischen Hyksos, „Fremdlandherrscher", genannt wurden. Sechs von ihnen, die 15. Dynastie, übten eine Art Oberherrschaft über ganz Ägypten, von Palästina bis Nubien, aus, andere, als 16. Dynastie zusammengefasst, fungierten als Vasallenfürsten und regierten jeweils nur über kleinere Territorien in Unterägypten. Es war fast eine Art föderales System, denn in Theben hielten sich, ebenfalls zur gleichen Zeit, einheimische Fürsten, die sich selbst als legitime Nachfolger der ägyptischen Könige des Mittleren Reichs sahen und als 17. Dynastie gezählt werden.

Die Hyksos und ihre Wunderwaffe
Wie die Hyksos an die Macht kamen, ist ungeklärt. Ob sie als Folge einer Art früher Völkerwanderung in der ersten Hälfte des 17. Jh. einfach einsickerten, das Land mit Gewalt, aber ohne Schlacht einnahmen, wie Manetho berichtet, oder, als Söldner von den schwachen letzten Herrschern der 14. Dynastie gerufen, sich den Thron einfach nahmen, ist nicht mehr festzustellen. Aber mit Sicherheit spielte dabei ihre Wunderwaffe, der von Pferden gezogene und von Berufskriegern gelenkte Streitwagen,

eine Rolle. Mit ihm war das Militär schneller und wendiger als die bisher üblichen Fußtruppen. Die Unterwerfung Ägyptens wurde mit der Krönung des ersten Hyksoskönigs im ehrwürdigen Memphis besiegelt. Regiert wurde jedoch von Auaris aus, einer Neugründung im Deltagebiet. Zu ihrem Hauptgott machten sie den gewalttätigen Seth, der den Fruchtbarkeits- und Wettergott Baal, den sie aus ihrer Heimat mitgebracht hatten, ersetzte. Ansonsten versuchten sich die fremden Herrscher bei den Ägyptern eher dadurch beliebt zu machen, dass sie die Gewohnheiten ihrer Vorgänger übernahmen, Verwaltung und Recht pflegten.

Der thebanische Sonderweg
Die thebanischen Vasallenkönige der 17. Dynastie, deren Gebiet sich zwischen Qjs (Kousai, Cusae) und Elephantine ausdehnte, fühlten sich zwischen dem Reich von Kusch in Nubien und dem der Hyksoskönige, denen sie tributpflichtig waren, eingekeilt und rüsteten auf. Es kam zu Provokationen, die Sekenenre, gezählt als 14. König der 17. Dynastie, dazu veranlassten, loszuschlagen. Doch er fiel schon kurz darauf. Sein Sohn Kamose führte die Auseinandersetzungen fort und vermied einen Zweifrontenkrieg, indem er sich zuerst gegen Nubien wandte, bevor er es wagte, auch in den Norden vorzurücken. Kamoses Bruder, Ahmose, setzte den Befreiungskampf schließlich erfolgreich fort und zählt bereits als erster König einer neuen, der 18. Dynastie, mit der die glanzvollste Epoche der ägyptischen Geschichte, das Neue Reich (1550-1069) begann.

Hyksos
„Hekau-Chasut" – Herrscher der Fremdländer – nannten die Ägypter des Mittleren Reichs die Kleinfürsten Palästinas ebenso wie nubische Häuptlinge. Dementsprechend meint das daraus abgeleitete griechische Wort „Hyksos" kein Volk, sondern bestimmte Herrscher. Grammatikalisch nicht ganz korrekt ist es darum, wenn Ägyptologen bei der 15. Dynastie (1650-1550) von „Große" und

der gleichzeitig regierenden 16. Dynastie von „Kleine Hyksos" sprechen. Ihre genaue Herkunft ist ungewiss, aufgrund ihrer Namen gilt als sicher, dass sie semitischen Ursprungs sind und aus Vorderasien stammen. Trotz der nur 100-jährigen Herrschaft über Ägypten reicht ihr Einfluss sehr weit: Durch sie wurde das Land weltoffener und musste sich von nun an besonders intensiv mit seinen vorderasiatischen Nachbarn auseinandersetzen.

Die zweirädrigen Streitwagen, die von den Hyksos
eingeführt wurden, waren auch für die Jagd
sehr geeignet. Der mit Goldblech verkleidete
Straußenfedernfächer des Tutanchamun zeigt
wie der König selbst die zur Bestückung des
Fächerblatts notwendigen Großvögel erlegt.

Weltmacht am Nil
Das Neue Reich (1550-1069 v. Chr.)

Mit den militärtechnischen Neuerungen, die den Hyksos (siehe S. 80) zu verdanken waren, hatte Ägypten die Mittel in der Hand, um zum Weltreich zu wachsen. Gleichzeitig konsolidierte es sich im Inneren, Kultur und Wirtschaft boomten, ein wahrhaft Neues Reich (1550-1069) brach an.

Frieden und Wohlstand

Bisher waren die Nachbarn an den Grenzen nur als Handelspartner von Interesse gewesen, das Eindringen der Hyksos hatte nun aber verdeutlicht, dass eine intensivere Auseinandersetzung nötig war. Die Könige der 18. Dynastie (1550-1295) entschieden sich für eine aktive Rolle. Ihre kriegerische Expansionspolitik war bald von Erfolgen gekrönt: Unter Thutmosis III. (1479-1425, siehe S. 122) reichte das mehr oder weniger von Ägypten kontrollierte Gebiet vom Euphrat (Syrien) bis zum 4. Katarakt des Nils im Goldland Nubien. Theben wurde zu dieser Zeit wieder Hauptstadt des Reiches, der dortige Amun-Tempel zum Reichsheiligtum. Steuern und Tributzahlungen flossen reichlich, immense Bautätigkeit und eine verschwenderische Prachtentfaltung waren die Folge. Eine lange Zeit des Friedens und des Wohlstands war bedroht, als Amenophis IV. (1352-1336) eine radikale Änderung befahl: Von nun an sollte nur noch ein einziger Gott, Aton, verehrt werden, dessen Verkünder der Pharao, der sich nun den Namen Echnaton (siehe S. 138) gab, sei. Er verlegte den Regierungssitz nach Achetaton (Amarna), ließ die Staatsgeschäfte immer mehr schleifen und war bald nur noch von Gegnern umgeben. Wie er starb, ist unbekannt. Schon sein Nachfolger, Tutanchamun (siehe S. 154ff.), kehrte nach Theben und zur alten Religion zurück. Mit ihm starb das alte Königsgeschlecht aus. Unter seinem zweiten Nachfolger, dem ehemaligen General Haremhab, mit dem das Militär an die Spitze des Staates aufrückte, endete die ruhmreiche 18. Dynastie.

Piramesse

Fast an der Nordost-Grenze Ägyptens, im östlichen Nil-Delta, breitete sich auf zehn Quadratkilometern die Hauptstadt Ramses' II. aus, Piramesse („Haus des Ramses"). Die weitläufige Stadt, deren Grenzen auch die einstige Hauptstadt der Hyksos, Auaris, umschlossen, verlor ihre Funktion als Residenz erst zum Ende des Neuen Reichs ans nahe Tanis, einige ihrer Bauwerke wurden dorthin versetzt. Mit der Verlandung des pelusischen Nil-Arms, der Lebensader Piramesses, war das Schicksal der Stadt besiegelt.

11 x Ramses

Stetige Grenzstreitigkeiten und Aufstände ließen es Haremhab für angezeigt erscheinen, einen Nachfolger aus den eigenen Reihen aufzubauen. So wurde Paramessu, Offizier und später Wesir des Pharaos, unter dem Namen Ramses I. zum Begründer einer neuen, der 19. Dynastie. Mit einer rekordverdächtigen Regierungszeit von 67 Jahren war der zweite König dieses Namens, Ramses II. (1279-1213, siehe S. 166), zugleich der bedeutendste der ganzen Epoche: Er einigte sich mit den gefährlichen Nachbarn im Norden, den Hethitern, ließ unablässig Tempel und Kolossalstatuen errichten und sich als lebendigem Gott huldigen. In den 27 folgenden Jahren wechselten fünf weitere Könige auf dem Thron, die Lage im Innern wurde instabil, das Land war finanziell ausgeblutet, Korruption und Ämterkauf waren an der Tagesordnung. Auch den neun Ramses-Königen, die in der 20. Dynastie (1186-1069) aufeinander folgten, gelang es nicht den Fall zu bremsen, im Gegenteil: am Ende der Ramessidenzeit wurden die sechs südlichsten Gaue, die Thebais, zum Gottesstaat, im Namen Amuns regiert durch dessen Hohenpriester in Theben. Der Traum von der Weltmacht war ausgeträumt. Er sollte es für immer bleiben.

Das wohl radikalste Ereignis des Neuen Reichs war die Einführung eines neuen Glaubens. Auf Geheiß König Echnatons sollte nur noch Aton, dargestellt als Sonnenscheibe, verehrt werden. Das Familienbildnis zeigt den Pharao mit seiner Gemahlin Nofretete und den Töchtern Meritaton, Meketaton und Anchesenpaaton beschützt von den Strahlen des Gottes.

Reichseiniger und Befreier
Ahmose (um 1550-1525 v. Chr.)

Ahmose, der Gründer der glorreichen 18. Dynastie, galt für die Ägypter als dritter Reichseiniger nach Menes und Montuhotep II. Während seiner 25-jährigen Regierungszeit gelang es ihm, das Land am Nil von der Fremdherrschaft der Hyksos (siehe S. 80) zu befreien. Geboren wurde Ahmose wahrscheinlich um 1560 als Sohn des vorletzten Pharaos der 17. Dynastie, Taa II. und der Ahhotep. Sein Bruder, Kamose, war sein direkter Vorgänger auf dem Thron. Nachdem er Vater und Bruder innerhalb von fünf Jahren verloren hatte, gelangte er, mit zehn Jahren noch ein Kind, auf den Thron von Theben. Von dort aus herrschte er über den südlichen Teil Ägyptens und war den Hyksoskönigen tributpflichtig.

Krieg nach allen Seiten
Ahmose („der Mond ist geboren"), der den Thronnamen Nebpehtire („der Herr der Kraft ist Re") annahm, führte den Befreiungskampf gegen die Hyksos fort. Seine Strategie war es, nicht alle Kräfte auf eine Entscheidungsschlacht zu konzentrieren, sondern den Feind dort zu treffen, wo er verwundbar war. Nach langer Belagerung gelang ihm zwischen dem 12. und 15. Jahr seiner Regierung, die Hauptstadt der Hyksos, das im Nil-Delta gelegene Auaris, einzunehmen. Das Datum gilt als Beginn der neuen Dynastie. Danach wandte er sich nach Süden, um Nubien zu erobern. Er gelangte bis zum 2. Katarakt und sicherte das besetzte Gebiet, indem er die alten Festungen aus dem Mittleren Reich reaktivierte. Für die neue Provinz schuf er ein neues Amt, einen „Aufseher der südlichen Länder" oder, wie man es später nannte, den „Königssohn von Kusch". Wie die anderen religiösen und weltlichen Ämter war es erblich. Anders als früher, gestattete der neue Pharao jedoch nun auch den Ämterverkauf, eine Neuerung, die sich künftig als Fehler erweisen sollte.

Familienangelegenheiten
Ahmose heiratete seine Schwester oder Nichte, Ahmose-Nofretiri, für die er die neue Position einer „Gottesgemahlin des Amun" schuf. Sie schenkte ihm sieben namentlich bekannte Kinder, darunter den Thronfolger Amenhotep („Amun ist gnädig"), dessen Name heute in seiner griechischen Form „Amenophis" geläufiger ist. Schon Ahmoses Großmutter, Tetischeri, und seine Mutter, Ahhotep, galten als besonders tatkräftig und mutig und wurden verehrt. Doch Ahmose-Nofretiri übertraf sie beide. Inschriften, in denen sie erwähnt wird, sind Legion. Sie starb erst, als bereits der Nachfolger ihres Sohnes König war. Ahmose, ihrem Gemahl, dagegen war kein langes Leben vergönnt. Der Befreier des Landes wurde nur etwa 35 Jahre alt. Zu seinem Gedächtnis errichtete man ihm eine Pyramide in Abydos, in Ägypten die letzte für einen Pharao. Über die Lage seines Grabs in Theben-West existieren bisher nur Vermutungen, doch seine Mumie wurde in der sogenannten Cachette von Deir el-Bahari entdeckt.

Gottesgemahlin des Amun
Die erste fiktive Gemahlin des Gottes Amun war Ahmose-Nofretiri. Ihr Gemahl, König Ahmose, schenkte oder verkaufte ihr dieses künftig von den Großen Königlichen Gemahlinnen ausgeübte Amt, das aus dem eines zweiten Priesters am Amun-Tempel in Karnak hervorging. Der Thronfolger konnte sich ab jetzt gleich doppelt legiti- *mieren: Zum einen war er der Sohn eines Königs und über seine Mutter der eines Gottes. Seit dem 12. Jh. übernahm statt der Königin jeweils eine Tochter des Königs das Amt. Sie lebten zölibatär an einem eigenen Hof in Theben und gaben ihr Amt per Adoption weiter. Von 750-525 herrschten sie in der Nachfolge der Hohenpriester des Amun über einen großen Teil Oberägyptens.*

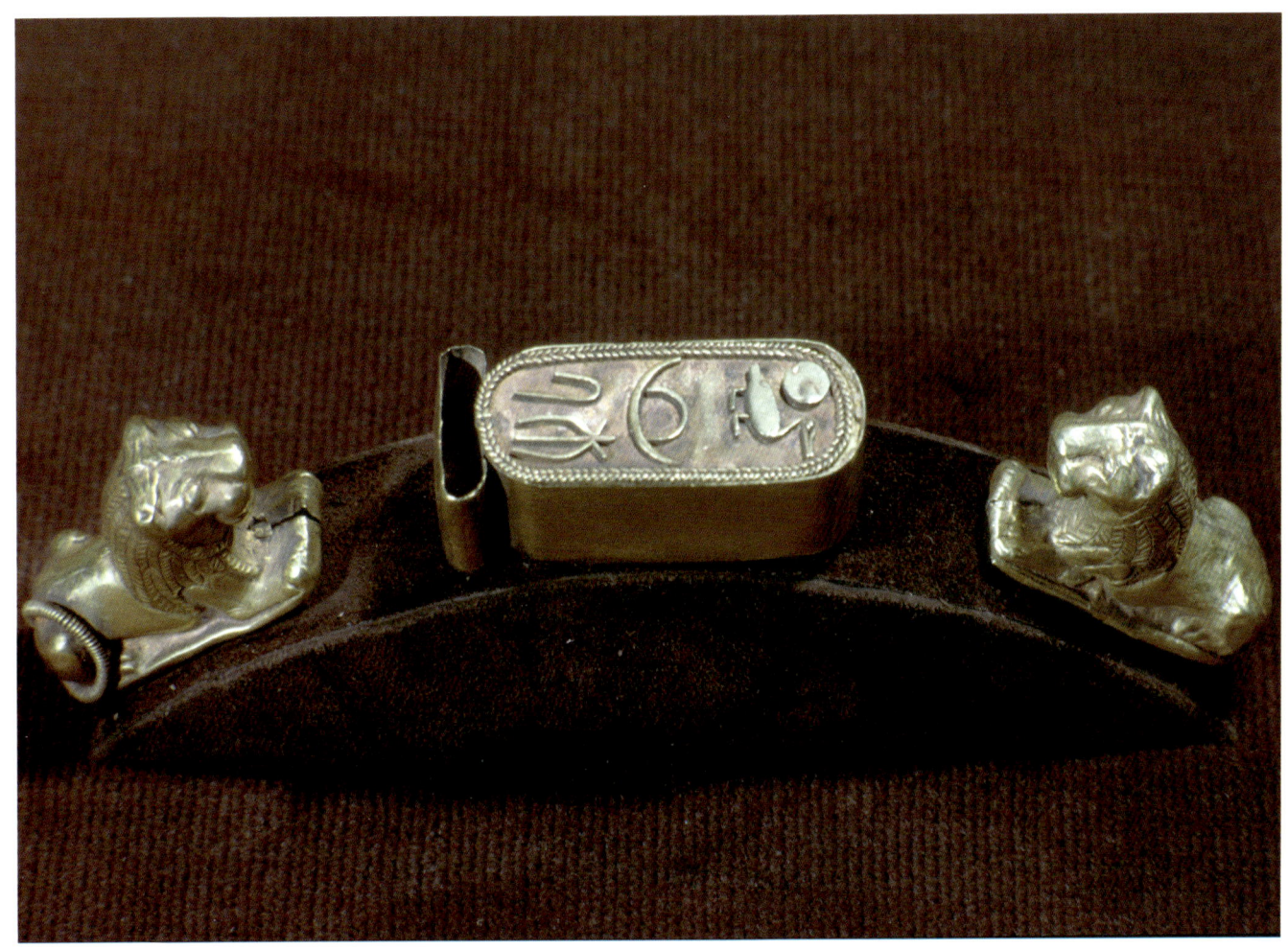

Im Sarg der Königin Ahhotep fanden sich zahlreiche Schmuckstücke, darunter ein Armreif mit der Namenskartusche ihres Sohnes, König Ahmoses.

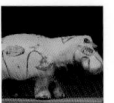

Glänzende Kostbarkeit
Fayence

Die Forscher waren begeistert: Waren sie doch bei ihren Ausgrabungen auf Ringe, Perlen, Amulette, ja sogar Kacheln und kleine menschliche Figuren gestoßen, die ihnen in leuchtenden Farben entgegen schimmerten. Sie fühlten sich an die im italienischen Faenza seit dem 15. Jh. n. Chr. hergestellten Töpferwaren mit Zinnglasur erinnert, an Fayencen. So gaben sie der altägyptischen Keramik auch diesen „modernen" Namen, obwohl sie sich in der Herstellung von der europäischen Tonware grundsätzlich unterschied.

Die Grundmasse für die ägyptische Fayence bestand bis zu 99 Prozent aus feinem, zerriebenen Quarzsand oder Quarzsplit, der mit kleinen Mengen Kalk und Pflanzenasche oder Natron als Bindemittel vermischt wurde. Dazu gab man Kupfer-, Kobalt- und Manganverbindungen oder eisenhaltige Substanzen als Farbgeber. Versetzt mit Wasser entstand ein Brei, der von Hand modelliert oder in Modeln gepresst werden konnte. Besonders für die Produktion von Schmuck-Perlen, Ringen und Amuletten hat man solche Formen in großer Zahl gefunden. Die gewünschte Glasur, meist leuchtend hellblau oder grün, bestand aus einem Kalk-Kieselerde-Soda-Gemisch, das auf verschiedene Weise beim Brennen schmolz und sich mit dem Quarzkern verband. Doch auch andere Farben ließen sich erzielen, selbst die Herstellung von mehrfarbigen Stücken gelang.

Zu allen Zeiten geschätzt

Schon immer waren die Ägypter von dem schimmernden Glanz der Glasuren fasziniert. Ursprünglich diente die Fayence, die die Ägypter tjehenet („glänzend", „funkelnd") nannten, vermutlich dazu, kostbare Schmucksteine wie Malachit, Lapislazuli und Türkis nachzuahmen. Schon aus prädynastischer Zeit haben sich Beispiele erhalten. Im Alten Reich dann wurde die Produktion im großen Stil ausgeweitet, um die Nachfrage zu befriedigen. Alleine für die unterirdischen Räume seiner Stufenpyramide in Sakkara benötigte König Djoser im 27. Jh. v. Chr. 36000 türkisblaue Kacheln – ihr Farbton symbolisierte Fruchtbarkeit und Wiedergeburt. Begünstigt durch die Massenproduktion kam das Material auch in der Mode zum Einsatz: Die Röhrenperlen, aus denen die großen Schmuckkragen gefertigt wurden, die sich die modebewusste Frau um den Hals legte, bestehen üblicherweise aus Fayence. In der Blütezeit der Fayencekunst, dem Neuen Reich, ermöglichte es der routinierte Umgang mit dem Material neben architektonischen Ornamenten und Intarsien ganze Figuren und Sphingen zu fertigen, die in den verschiedensten Farben schim-

merten. Die Herstellung von Rundplastiken aus verschiedenen Gesteinssorten, Glas und Fayence, war für die Bildhauer eine willkommene Erweiterung ihrer künstlerischen Möglichkeiten. Dabei wurden insbesondere Kronen und Perückenteile aus dem keramischen Material gefertigt.

Glas

Bereits in prädynastischer Zeit gelang den Ägyptern die Produktion von Fayence, Keramik, deren Kern aus Quarzsand mit Glas überzogen war. Doch erst um 1500 v. Chr. erreichte das Wissen um die Herstellung von Glasgefäßen Ägypten. Quarzsand, Kalk und Natron wurden gemischt, eine Kupferverbindung, Zinn- oder Bleioxyd als Farbgeber hinzugefügt und alles auf 1100 °C erhitzt. In die glutflüssige Masse konnte ein Tonkern eingetaucht werden, der aus dem abgekühlten Gefäß herausgekratzt wurde. Kompakte Glasfiguren erhielt man durch das Drücken der Glaspaste in Formen, es konnte außerdem kalt geschnitten werden. Schmuckgegenstände oder kleine Gefäße aus Glas galten als Luxusprodukte. Erst seit dem 1. Jh. v. Chr., seit der Erfindung des Glasblasens, konnte auch klares Glas in größeren Mengen hergestellt werden.

Auch wenn Nilpferde allgemein als Schädlinge
galten, da sie die Felder zertrampelten und
die Feldfrüchte fraßen, wurden während des
Mittleren Reichs Unmengen aus blauer Fayence
hergestellt. Als Grabbeigaben symbolisierten
sie die Fruchtbarkeit des Nils.

Warenaustausch ohne Geld
Der Handel

Das Lexikon definiert Handel als gewerbsmäßig betriebene Anschaffung und Weiterveräußerung von Gütern. Einen solchen Handel hat es im Alten Ägypten lange Zeit nicht gegeben. Erst im Neuen Reich (1550-1069) tauchten Kaufleute auf, meist Ausländer. Bis dahin waren die Bewohner des Pharaonenreichs darauf angewiesen, dass ihnen der Staat als Entlohnung für geleistete Arbeit zuteilte, was sie zum Leben brauchten. Alles, was darüber hinaus ging, mussten sie eintauschen, denn Geld (siehe S. 174) war noch unbekannt.

Tauschgeschäfte

Getreide gegen Leinwand, Leinwand gegen Sandalen, Sandalen gegen Gemüse – so ähnlich waren die Geschäfte, die auf dem Markt abgeschlossen werden konnten. Die Landarbeiter boten die Erträge ihrer Privatgärten, die Handwerker einen Teil ihrer Produkte an. Als einheitlicher Wertmaßstab diente spätestens im Neuen Reich ein genormtes Gewicht aus Metall, das man in Deben ausdrückte, etwa 91 Gramm. Am gebräuchlichsten und im Wert am geringsten war das Kupfer, mit dem sich kleinere Tauschgeschäfte berechnen ließen. Ein hundertfaches davon zählte ein Silberdeben, denn dieses Edelmetall war äußerst rar und musste, im Gegensatz zu Gold, aus Asien

importiert werden. So ließ sich über diesen Zwischenschritt, die Umrechnung in Kupfer-, Gold- oder Silberdeben, der „Preis" für alles ermitteln, was an Gütern für das tägliche Leben zu tauschen war. Dabei kam es sicherlich auch zu einer Form des Zwischenhandels, wenn die zum Tausch angebotene Ware nicht direkt genutzt wurde, sondern sich für ein weiteres Tauschgeschäft eignete.

Gold, Weihrauch und Myrrhe

Der Handel mit dem Ausland unterlag einem staatlichen Monopol. Auch er vollzog sich hauptsächlich als Tauschhandel. Mit einigen Staaten des Mittelmeerraumes und des Nahen Ostens, die spezielle Luxusgüter herstellten oder über Rohstoffe verfügten, die in Ägypten nicht vorkamen, wurden außerdem Geschenke ausgetauscht. Sicherlich versuchte man auch hier, nicht übervorteilt zu werden. Die auf diese Weise erlangten Güter verteilte der König als besondere Auszeichnung an loyale Beamte. „Eingekauft" wurde aus dem Libanon Bauholz und zum Einbalsamieren das Harz der Nadelbäume. Syrien lieferte Öl, Kupfer und Halbedelsteine, Punt, ein Land im Osten Afrikas, Weihrauch und Myrrhe, daneben, wie Nubien, Gold, Elfenbein, Ebenholz und Tierfelle. Als Tauschobjekte dienten Waffen,

Erzeugnisse des Kunsthandwerks und Getreide, in asiatischen Ländern war vor allem Gold sehr begehrt. Als Transportmittel dienten Schiffe, die an den Küsten des Mittelmeers und Roten Meers entlang segelten. Für Landtransporte auf den Karawanenstraßen nach Nubien oder in die angrenzenden Wüsten, wo Salz, Natron und andere Mineralien zu tauschen waren, wurden Esel eingesetzt. Die mitfahrenden Händler waren Staatsangestellte.

Maße und Gewichte

Maße und Gewichte waren für ein funktionierendes Abgabensystem, die Landvermessung und den Handel unerlässlich. Das Hauptlängenmaß war die Königselle (etwa 52 cm), unterteilt in sieben Handbreiten zu je vier Fingern. Sie wurde mit einer Hieroglyphe geschrieben, die einen Unterarm zeigt. Auf ihr beruhte auch das Flächenmaß Arure, das 100 x 100 Ellen umfasste. Daneben gab es die kleine Elle zu sechs Handbreiten und den Iteru, der sich aus 20 000 Ellen (10,5 km) ergab. Gewogen wurden im Allgemeinen nur Metalle, der Deben, 91 g, ließ sich in 10 Kite unterteilen. Alles andere, Getreide und Granulate, wurden wie Flüssigkeiten mit Hohlmaßen gemessen. Das Normalmaß waren hier 4,8 Liter, ein Hin ein Zehntel dieses Werts.

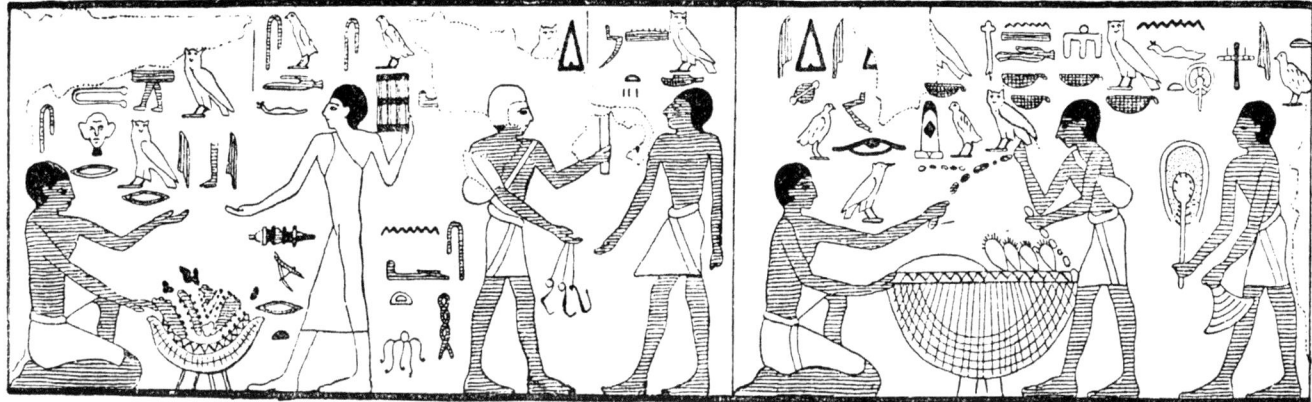

*Nicht nur die auf dem Boden sitzenden Händler
boten ihre Waren feil, auch die „Käufer"
mussten mehr als nur eine Geldbörse mit sich
führen, um das zu bekommen, was sie auf
dem Markt suchten. Holzschnitt nach einem
Grabrelief der 15. Dynastie.*

Magie und Wissenschaft
Die Medizin

Eingeklemmte Weisheitszähne, Kinderlähmung, Tuberkulose und Arteriosklerose sind nur einige der Krankheiten, die man heute noch an Mumien diagnostizieren kann. Und wie heute gab es schon damals Fachmediziner, die sich auf Augen- oder Zahnkrankheiten, auf das Verdauungssystem oder auf Tiere spezialisiert hatten. Die Chirurgen nannten sich „Priester der Sachmet" – sie wandten eine Mischung aus religiösen Beschwörungen, Magie und medizinischem Wissen an, um eine der ihnen etwa 200 bekannten Krankheiten zu heilen.

Herz und Hirn
Ägyptische Ärzte waren weltberühmt und wurden von ausländischen Herrschern gerne angefordert. Sie galten als Väter der medizinischen Wissenschaft und man sollte annehmen, dass sie ihr Handwerk verstanden, denn mussten sie nicht hervorragend über den menschlichen Körper Bescheid wissen, da sie ihn zur Mumifizierung öffnen, die Organe entnehmen mussten? Weit gefehlt, denn die Einbalsamierung der Toten geschah in Abwesenheit der Mediziner, sie war Aufgabe der Anubispriester. Bekannt war ihnen, dass Verletzungen des Gehirns Lähmungen verursachen, dass es etwas mit dem Denken zu tun hat, hingegen nicht. Als der Sitz des Verstandes galt vielmehr das Herz. Von ihm glaubte man, dass es mit allen Körperteilen direkt verbunden sei, kam es zu Blockaden oder Verunreinigungen waren Krankheiten die Folge. Erhaltene Papyri überliefern dennoch Erstaunliches: Da ist von einem Schwangerschaftstest die Rede, bei dem Gerste und Emmer mit dem Urin der Frau befeuchtet werden soll. Wenn sie nicht wüchsen, sei sie nicht schwanger – zumindest für die Gerste wurde dies wissenschaftlich bestätigt! Auch die Wirkung zahlreicher von ägyptischen Ärzten verabreichter Kräuterheilmittel ist durch moderne Methoden bewiesen worden und es erstaunt, dass sie sich vor Operationen nicht nur gründlich wuschen, sondern auch Skalpelle und Metallsonden erhitzten. Doch der Eindruck täuscht, die Mediziner nahmen nicht die Erkenntnisse der Hygieneforschung des 19. Jh. vorweg, sondern reinigten sich aus rituellen Gründen und erhitzten ihre Instrumente, um die Blutungen zu stillen.

Ein Besuch beim Arzt
Im Idealfall war eine medizinische Untersuchung im Land der Pharaonen eine gründliche Angelegenheit: Der Arzt stellte Fragen, roch und fühlte, die Patienten mussten sich vor ihm bewegen, auf und ab gehen und die Stelle lokalisieren, wo ihr Schmerz saß. Je nach Diagnose verordnete er das Tragen eines Amuletts, eine magische Beschwörung oder ein Arzneimittel. Brüche wurden geschient, Wunden genäht, geklammert oder gepflastert, selbst an Schädelöffnungen traute man sich heran. Wieviel die Patienten dabei zu leiden hatten, ist nicht überliefert!

Das Herz
Für die Ägypter ist das Herz der Mittelpunkt des Körpers. Es ist Sitz der Vernunft und des Verstandes, des Gedächtnisses, von Charaktereigenschaften und dem Gefühlsleben. Zu ihm und von ihm führen zahlreiche Gefäße, auch der Atem kommt zum Herz. Es ist das Organ, durch das Gott zum Menschen spricht, durch das er Gott erkennen kann. Auch deshalb muss es bei der Mumifizierung an seinem Platz im Körper bleiben. Da es Sitz des Gedächtnisses ist, muss es beim Totengericht für den Verstorbenen aussagen. Zudem wird es gegen die Maat, die göttliche Ordnung, aufgewogen. War es leicht und unbelastet, konnte der Verstorbene ins Jenseits eingehen, wog es schwerer als die Feder der Maat, wurde es einem Ungeheuer vorgeworfen – der Mensch hörte endgültig auf zu existieren.

Eine von ursprünglich 108 Kolumnen der
größten Buchrolle zur Heilkunde Ägyptens, dem
Papyrus Ebers. Sie stammt aus dem 16. Jh. v. Chr.
und enthält 877 magische Formeln und Heil-
mittel. Benannt wurde sie nach dem Berliner
Ägyptologen Moritz Ebers (1837-1898), der den
Papyrus 1873 in Luxor erwarb.

Heilige Einmeißelungen
Die Schrift

Dem sagenhaften ersten König von Ägypten, Menes (siehe S. 22), wird der Ausspruch in den Mund gelegt, mit der Erfindung der Schrift werde das Gedächtnis der Menschen schlechter. Die Griechen glaubten gar, er habe die Schrift selbst erfunden. In beidem steckt ein Körnchen Wahrheit, denn das geschriebene Wort gilt als Gedächtnis der Menschheit, es markiert den Übergang von der vorgeschichtlichen zur geschichtlichen Zeit, an dem Menes gelebt haben soll.

Sprache
Wie auch die semitischen Sprachen, zum Beispiel Hebräisch und Arabisch, gehört das Ägyptische zu den Afroasiatischen Sprachen. Es wurde, zuletzt in Form des Koptischen, noch bis zum 17. Jh. n. Chr. gesprochen. Als Kirchensprache der ägyptischen Christen hat es bis heute überlebt und gilt damit als älteste Sprache der Erde. Mehr als 8000 Wörter sind bekannt, einige davon haben, wenn auch in veränderter Form, Einlass ins Deutsche gefunden: Ammoniak, Gummi, Ibis, Lilie, Papier, Senf und vielleicht auch Kuchen. Gemäß der historischen Einteilung in Reiche spricht man von Alt-, Mittel- und Neuägyptisch, danach von Koptisch. Als klassische Literatursprache gilt das Mittelägyptische.

Ob die Schrift in Ägypten erfunden wurde, ist umstritten. Die ältesten Tontafeln mit Schriftzeichen, die man in Mesopotamien fand, stammen aus dem 32. Jh. v. Chr., sie galten bis 1984 als die ältesten Zeugnisse einer Schrift. Damals fanden Archäologen in einem prädynastischen Königsgrab in Abydos mehrere hundert Elfenbeintäfelchen mit Hieroglyphen zur Beschilderung von Alltagsgegenständen, die mit ins Grab gelegt wurden. Sie sollen etwa 100 Jahre älter sein. Wahrscheinlich jedoch sind beide Schriftsysteme parallel entstanden, sie unterscheiden sich erheblich.

Nofretete oder Nefertiti?
Wesentliches Merkmal der ägyptischen Lautsprache und der ihr folgenden Schrift ist die Bedeutungslosigkeit der Vokale. Das Wort wird von der Reihenfolge der Konsonanten bestimmt, die Pharaonin Nfrtt kann als Nofretete oder – wie in der englischsprachigen Literatur – Nefertiti gelesen werden. Mit 800 Hieroglyphen („Heilige Einmeißelungen") ließen sich, da es sich bei ihnen nicht nur um Bild-, sondern um Lautzeichen handelt, alle Aufgaben erfüllen, die einer Schrift im staatlichen, religiösen und privaten Bereich gestellt werden. Sie war jedoch so komplex und aufwändig zu schreiben, dass sich schon im Alten

Reich eine von den Griechen als Hieratisch („heilige Schrift") bezeichnete Schrift herausbildete, die für das Schreiben mit Binse auf Papyrus oder Scherben aus Kalkstein oder Ton (Ostraka) viel besser geeignet war. Sie diente zuerst ausschließlich profanen Zwecken. Gab es schon für das Schreiben mit Hieroglyphen kaum allgemeine Regeln – was schön war, war richtig –, erschwerten auch beim Hieratischen die individuellen Züge die Lesbarkeit. So sah man sich im 7. Jh. v. Chr. gezwungen, noch einen weiteren Schritt zur Vereinfachung zu tun und führte als offizielle Schrift nun das Demotische („volkstümlich") ein. Kürzel ersetzten nun häufig benutzte Wörter, andere wurden aus Einkonsonanten-Zeichen in der Art eines Alphabets zusammengesetzt. Der mittlere Text auf dem Stein von Rosette (siehe S. 204), mit dem die Enträtselung der Hieroglyphen gelang, wurde in demotischer Schrift geschrieben. Von hier aus war es kein großer Schritt mehr zur letzten Stufe des Ägyptischen, dem Koptischen, das seit etwa 200 n. Chr. benutzt wurde und in den folgenden zwei Jahrhunderten die alten Schriften ganz verdrängte. Es war eine Kombination aus dem griechischen und sieben zusätzlichen Zeichen aus dem demotischen Alphabet, mit denen man der ägyptischen Sprache Rechnung trug.

Der Thronname Ramses' II., Usermaatre Setepenre,
„reich an Maat des Re, erkoren von Re", setzt sich
aus sechs Zeichen zusammen. Kopf und Hals
eines Schakals bedeuten „wsr", die sitzende Frau
mit Feder auf dem Kopf ist die Göttin „Maat", die
Sonnenscheibe steht für „Re". Setepenre wird aus
dem Dreikonsonantenzeichen für „stp", einem
landwirtschaftlichen Gerät, der Wasserlinie „n"
und einer zweiten Sonnenscheibe gebildet.

Ein sicherer Job
Der Schreiber

„Schreiber der Verwaltung. Schreiber der Weide der gescheckten Kühe, Schreiber der Urkundenabteilung, Aufseher der staatlichen Schreiber, Schreiber der staatlichen Urkunden, Schreiber der königlichen Expeditionen", mit all diesen Titeln schmückte sich Kaaper, ein

---

Schreibmaterial

Hieroglyphen waren eine Denkmalschrift, sie wurden als öffentliche Verlautbarungen und als Inschriften in Tempelwände, Säulen, Obelisken oder Stelen aus Stein gemeißelt, manchmal auch in Holz geschnitzt. Für alltägliche Notizen, Schreibübungen und Skizzen genügten Ton- oder Schieferscherben, kostenloses Material, das als Ostraka (siehe S. 114) zusammengefasst wird, oder auch weiß getünchte Holztafeln, die abgewischt werden konnten. Für wichtigere Texte nutzte man den Papyrus, dessen Herstellung von den Ägyptern erfunden wurde. Das Mark der Papyruspflanze wurde in Streifen geschnitten, zwei rechtwinklig versetzte Lagen übereinander gelegt, dann gepresst und gehämmert bis das Ganze verklebte. Ein getrocknetes und beschnittenes Blatt maß zwischen 20 und 50 cm in der Höhe und 15 bis 40 cm in der Breite, meist 20 Blätter wurden zu einer Rolle zusammen geklebt.

Schreiber, der in der 5. Dynastie (um 2400 v. Chr.) lebte, in seinem Grab. Schreiber wurden überall in der Verwaltung benötigt. Neben der Fähigkeit, schreiben zu können, mussten sie auch das Zählen und Rechnen beherrschen, denn als Schreiber wurden auch diejenigen Beamten bezeichnet, die Steuern schätzten, Gewinne verzeichneten und die Erträge verteilten.

Das Handwerkszeug des Schreibers
Der Schutzpatron der Schreiber war der „Schreiber der Götter", der Mondgott Thot (siehe S. 122), der als Schöpfer der Sprachen und der Schrift, vor allem der Hieroglyphen, der Wissenschaft und der Magie galt. Sein Tier war der Pavian, der in der Spätzeit das Wort „Schreiber" darstellte. Zuvor zeigte das entsprechende Hieroglyphenzeichen in stilisierter Form das Handwerkszeug eines Schreibers: Eine Palette aus Stein oder Holz mit Vertiefungen für die Farbpaste, einen Lederbeutel oder Napf für das zum Anrühren benötigte Wasser, einen kleinen Beutel für die farbigen Pigmentbrocken und einen Satz Schreibbinsen.

Die Ausbildung
Die Schreiber besaßen ein hohes gesellschaftliches Renommée, sie waren der einzige Be-

rufsstand, der im Alten Reich künstlerische Beachtung fand, sowohl im Relief als auch in der Plastik. Für die Oberschicht war es en vogue sich im Schneidersitz hockend, mit aufrechtem Oberkörper, in der Hand eine Papyrusrolle haltend verewigen zu lassen, selbst wenn man nie als Schreiber tätig gewesen war. Ihre Bedeutung nahm noch zu, als sich im Mittleren Reich der Gebrauch von Schrift und Büchern stark erweiterte. Um Beamter oder Priester zu werden, war die Kenntnis des Schreibens jetzt unabdingbare Voraussetzung. Sie konnte an Hof- und Tempelschulen erworben werden, an denen schon Acht- bis Zehnjährige aufgenommen wurden. Hier wurden berühmte Werke der Literatur und religiöse Texte abgeschrieben, Musterbriefe studiert und Vokabellisten mit Fachwörtern gelernt. Das Rechnen war ebenso Teil der Ausbildung wie, für begabte Schüler, das Erlernen von Fremdsprachen oder der Keilschrift. Es war der einzige Beruf, zu dem es eine Berufsausbildung gab. Die Mitglieder dieses Berufsstands waren bestrebt, ganze Schreiberdynastien zu begründen. Sie handelten im Bewusstsein dessen, womit der königliche Domänenverwalter Ramose seinen Sohn belehrte: „Siehe, nicht gibt es einen Beruf ohne Vorgesetzten außer den Schreiber, denn der ist Vorgesetzter."

Der hockende Schreiber mit der Papyrusrolle ist ein herausragendes Beispiel ägyptischer Plastik. Er stammt aus der 5. Dynastie, ist also bereits etwa 4500 Jahre alt. Die bemalte Grabfigur besteht aus Kalkstein, seine mit Kupfer umrandeten Augen aus Bergkristall und Alabaster.

Stützen des Staates
Das Beamtentum

Nicht erst die Organisation architektonischer Großprojekte, sondern allein die geographische Lage Ägyptens erforderte eine effektive Verwaltung. Die Überschwemmungen des Nils, von denen der Wohlstand der Anrainer abhing, mussten durch Kanalsysteme gesteuert werden. Jahre mit niedrigem Wasserstand und daraus folgenden geringen Erträgen mussten durch eine effektive Vorratshaltung überstanden, die stetig wachsende Bevölkerung regiert, organisiert und verwaltet werden.

Der Königssohn von Kusch

Schon in frühester Zeit lassen Dokumente und Grabbeigaben auf ein Beamtentum schließen. Bereits im Alten Reich (2686–2181 v. Chr.) entstanden zwei oberste Staatsämter, das Wesirat und das des Vorstehers der königlichen Arbeiten. Daneben etablierte sich eine ganze Ämterhierarchie, die von den Gouverneuren der 42 Gaue bis zu Bürgermeistern von Städten und Dörfern und schließlich zu den einfachen Schreibern und Unterschreibern reichte – es sind etwa 1600 Amtsbezeichnungen belegt. Galt anfangs noch die Zugehörigkeit zur königlichen Familie als notwendige Voraussetzung für das Ausüben eines Amtes, genügte bereits seit dem Ende der 4. Dynastie eine entsprechende Ausbildung: Ein Beamter musste lesen und schreiben können, das Zählen, den Umgang mit mathematischen Operationen und das Berechnen von Flächen und Volumen beherrschen. Verwandtschaftliche Beziehungen waren nicht hinderlich: So gab es Ämter, die über Jahrhunderte in einer Familie erblich waren. Insbesondere durch die großen Pharaonen der 18. Dynastie erlebte das Beamtentum einen systematischen Ausbau. Neue Ämter wurden geschaffen, den Beamten deren Weiterverkauf erlaubt. Man schuf ein neues Organ, den „Königssohn von Kusch", eine Art Vizekönig für das im Süden angrenzende Nubien. Zur höchsten Beamtengruppe gehörten ferner der Schatzhausvorsteher, der Scheunenvorsteher, der königliche Oberdomänenvorsteher, der Oberbefehlshaber von Heer und Marine sowie die zwei Wesire – wegen der Fülle der Aufgaben war das alte Amt geteilt worden.

Den Menschen verpflichtet

Die Basis bildeten weiterhin die Schreiber der verschiedenen Institutionen. Ein junger Absolvent einer der Schreiberschulen begann hier normalerweise seine Laufbahn, die ihn, je nach Einfluss seiner Familie und Eignung bis in die höchsten Positionen tragen konnte. Die Beamten waren nicht nur ihren Vorgesetzten verpflichtet, sondern – zumindest in der Theorie – vor allem den von ihnen verwalteten Menschen. In literarischen Zeugnissen findet sich immer wieder ein Verhaltenskodex, der den Staatsdienern vorschreibt, die Schwachen zu schützen, sie zuvorkommend und einfühlsam zu behandeln und den negativen Begleiterscheinungen von Macht und Reichtum einen Riegel vorzuschieben. Grundlagen des Beamtentums waren zudem das Prinzip der Nützlichkeit allen Tuns für die Gesellschaft und die Zügelung der eigenen Gier.

Zahlen

Das Zahlensystem war dezimal. Jede der ersten sieben Zehnerpotenzen besaß ein eigenes Zeichen, das so oft geschrieben wurde, wie der Zahlenwert der entsprechenden Potenz war. Zogen mit Ramses II. also 20 000 Mann in die Schlacht bei Kadesch, musste, um die Zahl der Kämpfenden zu notieren, zweimal das Zeichen für die 10 000 und einmal das für die Eins – der Pharao kämpfte mit – geschrieben werden. Da es die Null nicht gab, ließ man zwischen den Zeichen eine größere Lücke. Diese Schreibweise führte spätestens dann zu einer hohen Fehlerquote, wenn Zahlen wie 85 617 mit immerhin 27 Zeichen geschrieben werden mussten.

*Eine der wichtigsten Aufgaben der Beamten
war es, die Versorgung der Bevölkerung sicher
zu stellen. Zu diesem Zweck führten sie die
Aufsicht über große Lager, in denen die in
Naturalien bezahlten Steuern nach sorgfältiger
Registrierung gesammelt wurden. Szene aus
dem 2001 entdeckten Grab des Meryneith,
Hohepriester des Aton, in Sakkara.*

Diener der Götter
Der Priester

Die Öffentlichkeit war ausgeschlossen, wenn das tägliche Ritual begann. Die Gottheit musste wie ein König bedient werden, glichen ihre Bedürfnisse doch denjenigen eines Menschen. Nachdem der höchste Priester genau in dem Augenblick, da die Sonne am Horizont erschien, die Tore geöffnet hatte, wurde im geheimsten, dunkelsten und niedrigsten Raum des Tempels der Gott mit einem feststehenden Hymnus geweckt. Dazu öffnete der Priester mit den Worten „Du erwachst schön in Frieden" den über Nacht versiegelten Schrein, warf sich zu Boden und nahm dann die Götterstatue heraus. Dann stellte er sich als be-

fugter Gottesdiener vor, denn in der Theorie war nur der König berechtigt, mit den Göttern zu verkehren. Danach wurden die Kleider des Gottes gewechselt, er wurde mit Ölen gesalbt, mit ausgewählten Opfergaben gespeist und ihm mit Weihrauch geräuchert. Anschließend stellte man ihn wieder in den Schrein zurück, während der Vorlesepriester noch immer heilige Sprüche aus der Festrolle verlas. Der Priester durfte sich nun, rückwärts gehend und dabei den Boden fegend, entfernen. Nur an Festtagen wurde die Kultstatue dem Volk gezeigt und bei Prozessionen herumgetragen.

Der Zwang zur Komplettrasur

So oder so ähnlich wurde das Ritual seit dem Neuen Reich tagtäglich in allen Tempeln vollzogen. Voraussetzung für die Handlungen war die Reinheit der anwesenden Priester, sie mussten allmorgendlich rituelle Waschungen im heiligen See des Tempels oder einem Brunnen vornehmen, den Mund spülen und vor dem Betreten des heiligen Bodens Schuhe anziehen. Zur Reinlichkeit gehörte daneben auch, dass die Priester beschnitten und kahlköpfig, ja sogar frei von allen übrigen Körperhaaren waren. Auch die altertümlichen Kultschurze, die sie trugen, mussten immer frisch gewaschen sein. Sie vollzogen ihren

täglichen Dienst, um die Gottheit zu veranlassen, in ihrem Haus zu weilen, dem Land ihren Segen zu erteilen und für Gebete ansprechbar zu sein. Der Kult wurde zum Besten des Volkes vollzogen, das von ihm weniger wusste als wir heute.

Ein profanes Amt

Da der Priester nur der Vertreter des Königs war, genügte es, wenn er die Kulthandlungen beherrschte und die richtigen Opfer darbrachte. Er war nicht der Mittler zwischen Gott und den Menschen, wie seine heutigen Nachfolger in verschiedenen Religionen, darum musste er auch nicht besonders fromm oder theologisch ausgebildet sein. Sein Amt war normalerweise erblich und, in den oberen Rängen, sehr lukrativ, denn die Tempel verfügten meist über großen Landbesitz. Viele einfache Priester waren verheiratet und wohnten in einem Haus am Rande des Tempelbezirks. Sie konnten weltlichen Berufen nachgehen und mussten nur temporär Tempeldienst leisten. Entlohnt wurden sie durch die Opfergaben, an denen ihnen ein Nutzungsrecht zustand.

Seit alter Zeit versahen auch Priesterinnen ihren Dienst. Sie findet man jedoch eher in solchen Funktionen, die denen von spezialisiertem Dienstpersonal gleichkamen.

Prophet

Prophet, die moderne, in der Ägyptologie gebräuchliche Übersetzung des ägyptischen Wortes für Gottesdiener, „hem netjer", folgt der griechischen Übersetzung in alten Schriften aus der Ptolemäerzeit (305-30). Darin wird der Begriff als „prophetes" wiedergegeben, statt vom Priester also vom Propheten gesprochen. Der Oberpriester oder Hohepriester entspricht daher dem Ersten Propheten eines Tempels. Er war der Vorsteher des Gotteshauses, während der Zweite Prophet für die Tempelverwaltung zuständig zeichnete.

Durch die hervorragenden klimatischen
Bedingungen in den abgeschlossenen Gräbern
haben sich sogar über 4500 Jahre alte Holz-
statuen wie die des Kaaper, eines Priesters und
hohen Beamten des Alten Reichs, erhalten, der
fälschlicherweise auch „Scheich el-Beled"
genannt wird. Als die Figur 1860 in einer Mastaba
in Sakkara gefunden wurde, gaben die
einheimischen Helfer, da sie in ihr ihren Bürger-
meister zu erkennen glaubten, diesen Namen;
er bedeutet übersetzt „Dorfschulze".

Das ewige Leben
Jenseitsvorstellungen

Ist nur sehr wenig über das Brauchtum bei der Geburt bekannt, nichts über das bei einer Hochzeit (siehe S. 60), so umso mehr von dem, was Sterben und Tod betrifft. Von den Vorstellungen, die die Ägypter mit Tod, Begräbnis und dem Jenseits verbanden, ist zudem nicht wenig in den christlichen Glauben übergegangen. Im besten Fall ist der Tod für die Ägypter nur eine Unterbrechung des Le-

bens, das im Jenseits fortgesetzt werden kann, wenn bestimmte Vorkehrungen getroffen werden. Um sie kümmerte sich der Wesir wie der einfache Landarbeiter schon während seines Lebens, denn man wollte es im Tod so bequem wie möglich haben. Da das Jenseits dem Diesseits glich, stattete man sein Grab mit allem aus, was man alltäglich brauchte. Um auch nach der Beendigung der Lebenszeit, nach dem Einhauchen der Abberufung durch Boten des Totengottes ins linke Ohr, seiner Organe und Sinne mächtig zu bleiben, war eine fachgerechte Mumifizierung vonnöten. Groß war darum die Angst davor, im Ausland zu sterben oder etwa zu ertrinken. Ohne den Leichnam war nicht an ein Weiterleben zu denken, der Tote verschwand im Nichts.

Angeklage vor dem Totengericht

Waren alle Vorkehrungen getroffen, der Tote im Idealfall in einer Nekropole begraben, begann das Totengericht. Der Gott der Begräbniszeremonien, der schakalköpfige Anubis, geleitete den Verstorbenen zum Gott der Unterwelt, Osiris, dem vier Söhne des Gottes Horus und 42 Berater zur Seite standen. Eine Liste von Vergehen, die er leugnen musste, wurde dem Toten vorgetragen oder er legte

eine Art Beichte ab, die er den seinem Grab beigelegten Totenbüchern entnehmen konnte. Ob der Verstorbene die Wahrheit sagte, erkannte Anubis mittels einer Waage, auf deren einer Schale das Herz als Sitz des geheimen Wissens, der Gedanken und des Bewusstseins, auf der anderen eine Straußenfeder als Sinnbild der Maat (siehe S. 24), der Wahrheit, lag. Der ibisköpfige Schreibergott Thot (siehe S. 122) verzeichnete den Ausschlag: War die Waage im Gleichgewicht, das Herz leicht wie eine Feder, galt der Tote als sündenfrei und konnte in der Unterwelt verweilen, zu einem Stern werden oder ins Paradies eintreten. Dazu stellte er sich auf seine Beine und trat in den Himmel ein.

Doch wo ein Himmel ist, gibt es auch eine Hölle. Hatte der Verstorbene gefehlt, kein gottgefälliges Leben geführt, so fiel er der Verdamnis anheim. Allein der Gnade des Totengottes blieb es, so zuletzt der Glaube, vorbehalten, den Toten vor der Höllenpein zu retten. Hier, an einem stinkenden Ort, dessen ewige Finsternis nur durch alles verzehrende Feuer gemildert wurde, mussten die Verdammten unbeschreibliche Qualen erleiden. Sie mussten einen zweiten Tod sterben, indem sie der Schöpfungsmasse beigemischt wurden und dadurch jegliche Individualität verloren.

Ka, Ba und Ach

Nach altägyptischen Vorstellungen bestand der Mensch, den wir uns heute aus Leib, Seele und Geist zusammengesetzt vorstellen, aus Körper und Ka, einer Art Lebenskraft, die mit dem Menschen geboren wird und den Leichnam verlässt – sie kann sich durch die Gabe von Opfern wieder mit ihm vereinigen. Im Mittleren Reich wurde der Ka-Glaube zurückgedrängt und mehr und mehr durch den Ba abgelöst. Er wurde als Vogel mit Menschenkopf dargestellt, der, gelockt durch Wasserstellen, allnächtlich zum Grab fliegt, um sich mit dem gut konservierten Körper zu vereinigen, damit der Verstorbene wieder atmen kann. Als Ach, eine Art Gespenst, erscheint der Verstorbene den Lebenden und besitzt die Kraft, den Gefahren des Jenseits zu begegnen.

*Im Totenbuch des Maiherperi (um 1450 v. Chr.)
wird unter den Augen des Totengottes Osiris
das Herz des Toten gegen Wahrheit und
Gerechtigkeit aufgewogen. Ein Pavian, Symbol
des Totenrichters Thot, überprüft das Ergebnis.
Gleichzeitig verlässt der Ba-Vogel das Grab.*

Tor zur Ewigkeit
Das Grab

Es war gar nicht so leicht und vor allem teuer für ein geeignetes Grab, das als „ewiges Haus" den Zugang zur Unterwelt bieten sollte, zu sorgen. Selten kümmerte sich der König auch um Gräber für Privatleute, etwa wenn sie ihm treu gedient hatten, und nur bis zum Ende der 1. Dynastie nahm er einen Teil seiner Dienerschaft nicht nur symbolisch mit ins Jenseits – auch für deren Gräber war damit gesorgt. Grundsätzlich blieb die Form des Grabes während der gesamten Pharaonenzeit gleich. Es befand sich – mit wenigen Ausnahmen – immer unter der Erde, bestand aus einer Kammer aus Lehmziegeln oder Stein, einer Felskammer oder einer einfachen Grube, in der der Leichnam – wenn bezahlbar – mumifiziert in einem Sarg beigesetzt wurde.

Eine Bank als Grab

Aus dem Grubengrab, über dem zur Kennzeichnung und zum Schutz vor wilden Tieren Hügel errichtet wurden, entwickelte sich ein Grabtyp mit leicht abgeschrägtem Oberbau, der einer Bank ähnelte: die Mastaba (arab. „Bank"). In ihr wurden die ersten Könige begraben, später, als die Pyramiden aufkamen, die nichtkönigliche Oberschicht. Über der eigentlichen, unterirdischen Grabkammer, die den Sarg beherbergte, befand sich die Kapelle, die ursprünglich vorgelagert, später in den Bau integriert war. An der in ihr angebrachten Scheintür, einer Nische, die wie eine Tür gestaltet wurde, konnten Opfer dargebracht und der Totenkult abgehalten werden. Neben der Kapelle befand sich außerdem der Serdab, ein besonderer Raum für die Kultfiguren des Grabinhabers. Mit der Zeit entstanden darüber hinaus in dem einstmals massiven Oberbau der Mastaba noch weitere Räume für Grabbeigaben, bis zu 50 wurden bei den größten von ihnen gezählt. Als private Begräbnisstätte war sie bis zum Ende des Alten Reichs in Gebrauch.

Uschebti

„O mein Uschebti, wenn ich verpflichtet werde, irgendeine Arbeit zu leisten, die dort im Totenreich geleistet wird … dann sollst du dich verpflichten zu dem, was dort getan werden muss … ‚Ich will es tun, hier bin ich', sollst du sagen." Mit diesen Worten beschreibt das Totenbuch die Aufgabe der Uschebtis („Antworter"). Seit dem Mittleren Reich wurden den Toten bis zu 365 kleine, mumiengestaltig ausgeführte Figuren meist aus Fayence beigegeben. Sie fungierten als Stellvertreter des Toten und sollten ihm bei den im Jenseits anfallenden Arbeiten helfen.

Von den Pyramiden zum Felsgrab

Die Pharaonen verlangten nach monumentaleren Bauwerken und türmten bereits während der 3. Dynastie mehrere Mastabas mit unterschiedlichen Seitenlängen aufeinander. Von dieser Stufenpyramide war es dann nur noch ein kleiner Schritt zur echten Pyramide, der bevorzugten Begräbnisform der Könige für über 1000 Jahre. Auch hier wurde meist unter der Erde, nicht im Pyramideninnern bestattet. Die Kapelle, Ort des Opfers und des Gebets, enthielt ein eigenes Gebäude neben der Pyramide, den Totentempel.
Noch während der Pyramidenzeit entwickelte sich bei den Privatgräbern ein neuer Typus, der später dann auch von den Königen übernommen wurde, das Felsgrab. Es hatte zuerst die Form einer in Stein gehauenen Mastaba, seit der 11. Dynastie fand es zu einem dann bis ins Neue Reich beibehaltenen eigenen Aufbau. Idealerweise waren diese in den Fels gehauenen Gräber von Ost nach West ausgerichtet, der Grundriss nahm vom Eintretenden aus gesehen die Form eines umgekehrten T an. Trotz der neuen Form gab es weiterhin Sargkammer, Scheintür und Statuennische. Je nach gesellschaftlichem Stand verfügte das Grab über weitere Räume und aufwändige Dekorationen.

Im unversehrten Grab des Sennedjem in Deir el-
Medina fand Gaston Maspero 1886 einige
Uschebti-Kästen aus Kalkstein, darunter diesen
für den Sohn des Grabherrn, Chabechnet. Die oft
in Kapellenform gearbeiteten Behältnisse dienten
zur Aufbewahrung mehrerer kleiner Uschebtis.

Kästen des ewigen Lebens
Särge und Sarkophage

Enene, Untergebener des Schatzhausschreibers Kageb, kam sich vor wie in einem der Märchen, die er, selber Schreiber, sammelte. Er war heute Zeuge der letzten Reise des verstorbenen Herrschers von Binse und Biene (Ober- und Unterägypten), Merenptah, Sohn des großen Ramses, geworden. Mit prunkvollem Geleit war die Barke mit der königlichen Mumie in Theben angekommen, nachdem man sie in der alten Residenzstadt Memphis vorschriftsmäßig einbalsamiert hatte. Viel von ihr hatte er aber nicht sehen können, denn sie befand sich in einem Sarg aus purem Gold, der wiederum von zwei vergoldeten Holzsärgen umgeben war. Auch bei den nun folgenden Zeremonien im Totentempel des Pharaos war er nicht zugelassen. Wie gerne wäre er Zeuge der Beisetzung im Tal der Könige. Von seinem Freund Panese, dem Steinmetz, wusste er wenigstens, dass die drei Särge in einen vierten, einen Alabastersarkophag gelegt werden würden – auch er wie die inneren Särge nach der Gestalt eines Menschen gefertigt. Noch drei weitere Sarkophage folgten. Alle waren mit Inschriften und Bildern verziert, der größte maß acht Ellen, war aus feinstem roten Granit und hatte die Form einer königlichen Namenskartusche – oval wie der Ring, den man als Schreiber, so hatte Enene es gelernt,

um den Geburts- und Thronnamen des Königs machen musste.

Menschliche Formen

Der Sarg stand im Zentrum der Bestattungsriten, egal ob es sich dabei um einen König oder einen Schreiber handelte. Nur ganz arme Menschen wurden, wie das am Anfang der Pharaonenzeit allgemein üblich war, direkt im heißen Sand bestattet. Dies führte teilweise zu einem besseren Erhaltungszustand der Leichen, als die aufwändige Mumifizierung, die zur Konservierung des Leichnams erst nötig wurde, als man begann, Särge zu verwenden.

Sargtexte

Seit dem Mittleren Reich wurden die Särge mit Sprüchen bedeckt, die in der ersten Person abgefasst und für den Gebrauch des Verstorbenen im Jenseits gedacht waren. Sie enthalten ganz menschliche Wünsche und Sorgen und sind aus den Pyramidentexten (siehe S. 40) hervorgegangen, mit denen die Grabkammern der toten Herrscher geschmückt waren. Außer auf Särgen finden sich die Texte auch auf beigelegten Papyri oder an den Wänden der Gräber. Teile der Sargtexte sind in die Totenliteratur der späteren Zeit, das Totenbuch, übernommen worden.

Vorbild für die anthropomorphen, die menschengestaltigen Särge des Mittleren Reichs war dabei der Osiris-Mythos (siehe S. 158). Der Totengott wurde dort von seinem Bruder Seth in einer Truhe eingeschlossen, die genau seine Maße gehabt haben soll. Wer es sich leisten konnte, ließ seinen Sarg innen wie außen aufwändig nach den jeweils aktuellen religiösen Vorstellungen dekorieren und mit Sargtexten beschriften. Bevor der mumienförmige Sarg jedoch zum Standard wurde, war der einfache rechteckige Holzsarg oder, für weniger Betuchte, auch Körbe, die Regel. In sie legte man den Leichnam seit dem 26. Jh. v. Chr. in ausgestreckter Haltung – vorher war es üblich, den Toten die Knie anzuziehen.

Fleischfresser

Als „Haus für den Ka", der Lebenskraft, die mit dem Menschen geboren wird und immer weiterlebt, kam dem Sarg eine wichtige Funktion zu, er war neben der Mumifizierung dafür verantwortlich, dass der Leichnam unversehrt blieb. Mehrfache Ummantelungen wurden für die Herrscher des Neuen Reichs darum die Regel, König Merenptahs (1213-1203) Mumie lag gleich in sieben Särgen und Sarkophagen (griech. „Fleischfresser"), wie die äußeren, steinernen Behälter genannt werden.

Bemalter anthropomorpher Holzsarg und Mumie
einer unbekannten thebanischen Prinzessin,
etwa 1000 v. Chr. Solche Särge waren seit der
18. Dynastie üblich und meistens reich mit Szenen
aus der Osiris- oder Sonnenmythologie, die sich
um die Wiedergeburt rankten, geschmückt

Vorbereitung auf die Ewigkeit
Die Mumifizierung

Jahrtausende hatten sie in ihren Gräbern überdauert, ihren Leib fast unversehrt bewahrt, um der „Seele", dem Ka, eine Rückkehr in den Körper zu ermöglichen (siehe auch Abb. S. 165). Sie hatten nicht mit ihren fernen Nachkommen gerechnet. Mangels Brennmaterials verfeuerten sie die Särge samt Inhalt, zerrieben die Mumien zu geheimnisvollen Pulvern oder verscherbelten sie zentnerweise nach Europa und Amerika, damit man sie dort ihrer Binden beraubte, aus denen man Brei für braunes Packpapier oder eine spezielle Ölfarbe gewann. Anders lagen die Motive der ägyptenbegeisterten Touristen des 19. Jh., doch war das Ergebnis, der Verlust vieler Mumien für die Wissenschaft, das gleiche: Bandagierte Körper aus dem Land der Pharaonen galten für sie als schauriges Souvenir einer Reise an den Nil.

Von der Entleerung ...

Es müssen ursprünglich Zehntausende gewesen sein, die in den Genuss einer fachgerechten Mumifizierung kamen, insbesondere für die Angehörigen der obersten Gesellschaftsschicht war sie unerlässlich. Sie dauerte 70 Tage, entsprechend der Zeitspanne, die der Hundsstern Sirius nicht zu sehen war, bevor er – nun wieder sichtbar – die Nilschwelle ankündigte. Zuständig waren spezielle Balsamierungspriester unter Führung des „Hüters des Geheimnisses", der die Rolle des Totengottes Anubis übernahm. Bei seinen Verrichtungen, die er im „Haus der Schönheit" durchführte, assistierten ihm „Vorlesepriester", deren Aufgabe darin bestand, mit ihrer Litanei die Arbeit der „Gottessiegler" und „Einwickler" zu begleiten. Hatte in vorgeschichtlicher Zeit der heiße Sand, in den man den Leichnam legte, die Aufgabe übernommen, dem Toten sämtliche Körperflüssigkeiten zu entziehen, benötigte man hierfür nun mehrere Schritte. Zuerst öffnete man den Bauch und entfernte die Ein-

---

Mundöffnungsritual

Dieses 75 Einzelschritte umfassende Ritual diente der Wiederbelebung des Verstorbenen und wurde von dessen Sohn und Erben vorgenommen. Die Reinigungen, Räucherungen, Salbungen und Beschwörungen, die Teil der oft mehrtägigen Zeremonie waren und vor der aufrecht stehenden Mumie durchgeführt wurden, gipfelten in der Berührung von Mund, Augen, Ohr und Nase mit speziellen Instrumenten. So sollte der Verstorbene wieder Macht über seine Sinne erlangen. Danach war der Körper für die Bestattung bereit.

---

geweide. Sie wurden zum Teil getrocknet, gereinigt und in Leinen gewickelt, später dann in Kanopen (siehe S. 20) oder zum Körper gelegt. Das Herz, als Sitz des Ka, verblieb an seinem Platz. Das als nutzlos erachtete Gehirn wurde mit einem durch die Nase eingeführten Bronzehaken wie mit einem Schneebesen zu Brei verflüssigt, der dann durch Drehung des Leichnams einfach abfloss.

... bis zur erneuten Füllung des Körpers

Anschließend wurde das Körperinnere gereinigt und der Körper für Wochen in Natron gelegt, wodurch er 75 Prozent seines Gewichtes verlor. Schließlich wurde er ausgepolstert und mit Harzen versiegelt, oft wurden künstliche Augen eingesetzt. Dabei kam auch Bitumen (arab. „mumiyah") zum Einsatz, von dem die Araber fälschlicherweise glaubten, es sei für die Schwarzfärbung der Mumien verantwortlich. Nach einer Salbung mit wohlriechenden Ölen fehlte nur noch das Umwickeln mit harzgetränkten Binden, eine Arbeit die 15 Tage in Anspruch nahm und bis zu 1000 Meter Leinen verbrauchen konnte. Zwischen die Streifen wurden schützende Amulette und manchmal auch Papyri gelegt, die Sprüche aus dem Totenbuch (siehe S. 110) enthielten.

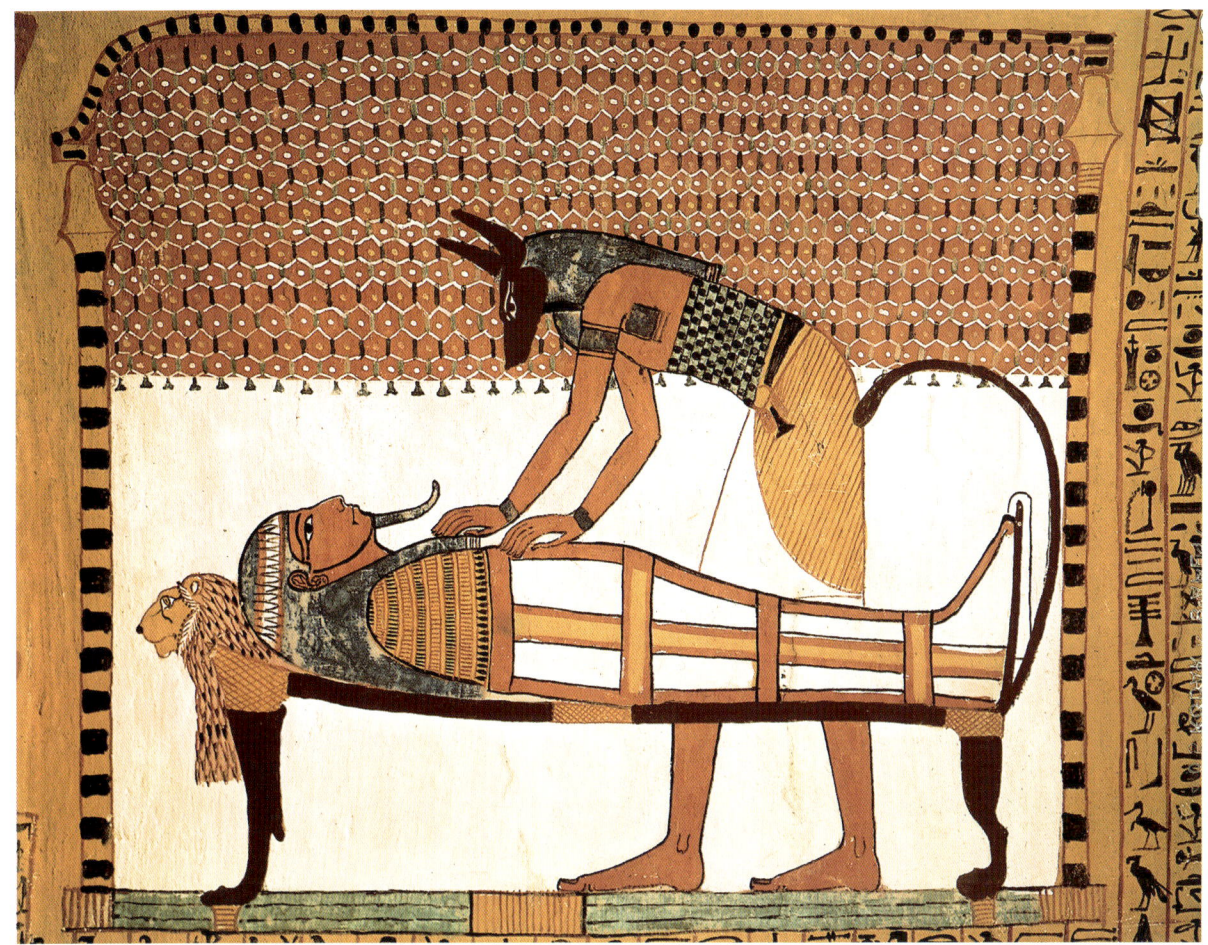

*Totenpriester trugen während
der Mumifizierung eine Schakalmaske.
Sie verwies auf Anubis, den Gott der
Mumifizierung und der rituellen Bestattung.*

Land der tausend Götter
Religion

Religion half den Ägyptern, ihre Umwelt zu verstehen, tröstete sie mit der Hoffnung auf eine kommende Gerechtigkeit und auf ein Leben nach dem Tod. Die Bewohner des Landes am Nil glaubten daran, dass die Götter die Welt erschaffen hatten, sie seither erhielten und dass jeder Mensch von ihnen abhängig sei. Die Religion durchdrang jeden Aspekt des täglichen Lebens und festigte das ägyptische Gesellschaftssystem mit dem König an der Spitze. Sein Amt war göttlichen Ursprungs, und von göttlicher Abstammung, war er unangreifbar, musste dafür sorgen, dass die Maat, die göttliche Ordnung, aufrechterhalten, ja sogar ausgebaut wurde.

Der König der Götter

Für die Ägypter lebten ihre Götter, obwohl sie sich nicht viel um das Treiben der Menschen kümmerten. So gab es keine göttliche Offenbarung, die ihnen vorschreiben konnte, was sie zu tun hätten. Andererseits beeinflussten die etwa 2000 verschiedenen Götter, die zum Teil regional, zum Teil im ganzen Land verehrt wurden, das alltägliche Leben. Sie waren für unerklärbare Phänomene verantwortlich und mussten mit von Priestern in Tempeln durchgeführten Ritualen immer wieder aufs Neue gütig gestimmt werden. Auch wenn für die Mehrheit der Ägypter ihr jeweiliger Stadtgott, der im örtlichen Tempel residierte, am wichtigsten war, gelang es zwei ursprünglich in Heliopolis bzw. Theben beheimateten Göttern, so große Bedeutung zu erlangen, dass sie zeitweise als eigentliche Hauptgötter des Landes verehrt wurden: Der Sonnengott Re und Amun, Gott des Windes und des Lebenshauchs. Vereinigt zu Amun-Re trug er im Mittleren und Neuen Reich häufig den Titel „König der Götter". Grundsätzlich aber existiert bis auf die gelegentliche Zusammenfassung dreier Götter zu einer Familie, einer Tria-de, kein System der ägyptischen Götter, keine Rangfolge und auch keine zahlenmäßige Begrenzung.

Die Farbe Rot

Den Ägyptern war die Farbe Rot verhasst. Sie galt als Farbe der Wüste und des zerstörerischen Gottes Seth (siehe S. 164), der unter den Göttern die Rolle des Bösewichts besetzte. Um seinen Namen zu schreiben, benutzte man, wie für alle Wörter, die üble Dinge bezeichneten, rote Farbe in einem ansonsten schwarzen Text. „Rotmachen" bedeutete so viel wie töten, üble Machenschaften wurden als „rote Dinge" bezeichnet. In einem alten ägyptischen Zauberspruch wird die Erlösung von dem Bösen gefordert: „O Isis, erlöse mich, befreie mich aus der Hand aller schlechten, bösen, roten Dinge!"

Ein tierisches Pantheon

Da es so viele Götter gab, musste man sie irgendwie unterscheiden können. Eine Beschriftung half hier nicht weiter, konnten doch nur die wenigsten lesen. Also stellte man sie mit bestimmten Attributen dar, mit Abzeichen, die dem Gläubigen eindeutig mitteilten, welcher Gott gemeint war. So wurde bei Göttern in Menschengestalt der Kopfputz unterschiedlich gestaltet, die Haltung variiert, ihnen eine bestimmte Hieroglyphe oder ein Gerät beigegeben. Am auffälligsten sind jedoch die Götter, die in Tiergestalt erscheinen oder auch mit Teilen von ihnen – besonders den Köpfen – abgebildet werden. So soll symbolisiert werden, dass der Gottheit eine Fähigkeit innewohnt, die dem betreffenden Tier zu eigen ist. Der Glaube an einzelne Götter wurde niemals aufgegeben. Sie konnten Aspekte anderer Götter, selbst jene von Gottheiten aus der Fremde übernehmen, trugen manchmal zahlreiche Namen und wirkten zum Teil per Orakel auf die Welt ein. Sie waren weder allmächtig noch allgegenwärtig, aber im Kult und Gebet immer erreichbar.

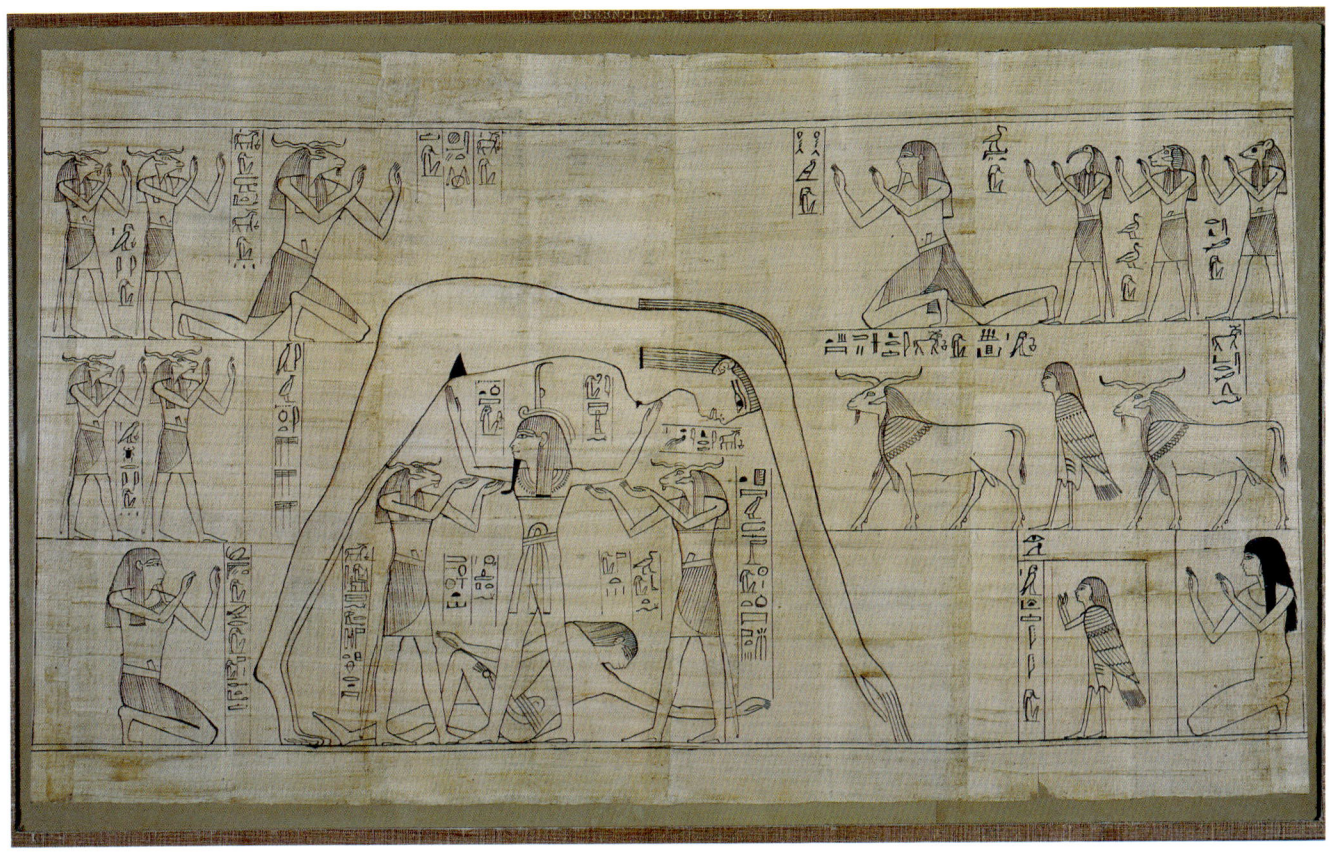

*Das Totenbuch der Priesterin Nesitanebtashru
aus dem 11. Jh. v. Chr. zeigt den Schöpfungs-
mythos von Heliopolis. Hier wölbt sich Nut, die
als Göttin den Himmel verkörpert, gehalten von
ihrem Vater Schu, der für die Luft steht, über
ihrem Bruder, Geb, der die Erde repräsentiert
und am Boden liegt.*

Angelpunkt himmlisch-irdischer Beziehung
Das Opfer

„Ein Opfer, das der König dem Osiris gibt, ... ein Totenopfer von Brot und Bier, Fleisch und Geflügel, Alabaster und Kleidern, allen guten und reinen Dingen, von denen ein Gott lebt, dem Geist des NN (Name des Toten), dem Gerechtfertigten." So lautete eine der gängigsten Opferformeln. Sie konnte gemeinsam mit den genannten Dingen auf die Wände der Grabkammer, auf Särge oder Stelen gemalt werden und ließ sie damit im Jenseits auf magischem Wege real werden. Damit das Ka, die „Seele" des Toten, die für sie bestimmten Opfer auch finden würde, musste das Opferritual von einem Lebenden, einem Angehörigen oder einem beauftragten Priester bei einem Besuch des Grabes zelebriert werden. Denn das Ka musste versorgt und genährt werden, es benötigte sogar Kleidung. In den Gräbern und Totentempeln des Alten Reichs verbanden die

Scheintüren, die später von Stelen abgelöst wurden, Diesseits und Jenseits. Wurde an ihnen geopfert, konnte das Ka direkt durch diese Tür treten und die Opfer annehmen. Dazu musste es zuerst gerufen werden. Auf Ägyptisch hieß das Totenopfer darum „Das Hervorkommen auf den Ruf". Als Gegenleistung für die vorschriftsmäßige Opferung wachte der Verstorbene in Gestalt des Ach, eine Art Geist, über die Lebenden und gewährte ihnen Hilfe in allen Lebenslagen.

Die Speisung der Götter

Immer war es der König, der am Anfang der Totenformel stand, denn er war der einzige im Land, der mit den Göttern verkehren durfte. An seiner Stelle übernahmen Priester die Opferung in den Tempeln, denn auch die Götter mussten versorgt werden. Wie den Toten wurden auch ihnen vor allem Speisen dargebracht. Ursprünglich wurde Brot auf eine einfache, geflochtene Matte gelegt – beides ergibt die Hieroglyphe für „Opfer". Als es nicht mehr beim Brot blieb, übernahm eine Steinplatte, der Opfertisch, die Aufgabe der Matte. Bier und Fleisch, Früchte und Öle kamen hinzu, eben das, was Menschen auch für ihre Ernährung benötigten, mit Ausnahme von Schwein und Fisch. Die Götter ähnelten eben in vielem den Menschen, sahen aus wie diese, speisten wie diese und das – ebenfalls wie diese – dreimal am Tag. Die Opfer konnten mehrfach verwendet werden: Da Götter und Tote nur die geistige Substanz der Opfergaben benötigten, konnten die Gaben weitergereicht werden.

Gab es Menschenopfer?

Menschenopfer gab es im alten Ägypten nur im Zusammenhang mit der Bestattung der ersten Pharaonen. Den Königen der 1. Dynastie folgten bis zu 595 Untertanen in den Tod, schließlich waren es die Herrscher gewohnt, dienstbare Geister um sich zu haben. Eine Sitte, die mit den Königen der 2. Dynastie endete – Uschebtis (siehe S. 102), dem Grab beigelegte Figuren, die reale Menschen vertraten, übernahmen von nun an alle notwendigen Aufgaben.

Totenbuch

Im Mittleren Reich wurden dem Toten nützliche Texte auf den Sarg geschrieben, die sogenannten Sargtexte (siehe S. 104). Mit Beginn des Neuen Reichs ging man dazu über, beim Einwickeln der Mumie einen Papyrus in die Binden zu stecken oder ihn zu dem Verstorbenen zu legen. Er enthielt Textpassagen und Bilder aus dem Totenbuch,

einer Spruchsammlung, die je zur Hälfte auf die Sargtexte und auf die Pyramidentexte (siehe S. 40) des Alten Reichs zurückgeht. Die „Sprüche für das Herausgehen am Tage", wie die Ägypter diese Texte nannten, waren eher Brevier als ein geschlossenes Werk, erst im vorletzten Jahrhundert wurden sie in Kapitel eingeteilt. Das Totenbuch war eineinhalbtausend Jahre in Gebrauch.

Die Texte der Totenbücher wurden oft durch Illustrationen ergänzt. Eine häufig gezeigte Szene ist die Darbringung von Opfern durch den Grabherrn. Die sich hier auf dem Opferaltar türmenden Gaben opfert Ani, ein hoher Beamter der Tempelverwaltung, gemeinsam mit seiner Gemahlin dem Totengott Osiris.

Paläste der Unterwelt
Das Tal der Könige

Auf der westlichen Nilseite, gegenüber von Theben, dem heutigen Luxor, liegt in einem verborgenen Wüstental die Ruhestätte der Pharaonen des Neuen Reichs, „Biban el-Moluk", das Tal der Könige. Mit Thutmosis I. (1504-1492) begann die fast lückenlose Reihe der Königsgräber, die in einem abgelegenen Teil des Westgebirges in den Fels gehauen wurden. 62 Gräber wurden hier bisher gefunden, 24 von ihnen dienten den Pharaonen der 18. bis 20. Dynastie als Tore zur Ewigkeit, die anderen wurden von hohen Beamten belegt.

Thutmosis I.

Thutmosis hatte es sich nicht leicht gemacht: Seine Grabanlage sollte zwar nahe der Hauptstadt Theben, trotzdem jedoch sicher vor Plünderern sein. Der Ort sollte zudem über eine natürliche Majestät verfügen und Platz für weitere Grabstätten bieten. Seine Wahl fiel auf das Tal der Könige, denn seine Zugänge waren leicht zu bewachen, die Landschaft zwar schroff, jedoch, überragt vom knapp 500 Meter hohen, pyramidenförmigen Berg el-Qurn. Es war noch völlig unangetastet, trotzdem fehlte es an Platz für die Totentempel, die bisher zu jedem Königsgrab, ob Mastaba, Pyramide oder Felsgrab, gehört hatten und in denen die Kulthandlungen stattfanden, denn

die Gräber selbst wurden nach ihrer Belegung versiegelt. Das Problem wurde gelöst, die Totentempel in Theben-West, weit entfernt an der Grenze zum Fruchtland in einer langen Reihe nebeneinander errichtet.

Aus ursprünglich bescheidenen Grabstätten der Könige, die nur durch ihre Lage und eine bestimmte Dekoration ausgezeichnet waren, wurden im Laufe der Zeit immer größere Anlagen, die Stollen immer weiter in die Felsen getrieben, die Ausstattung immer prächtiger, die Grabbeigaben immer reichhaltiger, die Sarkophage immer ausladender. Dabei muss daran erinnert werden, dass alle architektoni-

---

Tal der Königinnen

Seit der 19. Dynastie wurde das Gegenstück zum Tal der Könige, das Tal der Königinnen, südlich von Theben-West, zum festen Begräbnisplatz der Königinnen, Prinzen und Prinzessinnen. Schon zuvor wurden hier einige Angehörige des Königshauses bestattet. Hinsichtlich von Größe und Ausstattung unterscheiden sich die Grabanlagen erheblich von denen der Könige. Als beeindruckendstes Grab gilt das der Hauptfrau Ramses II., Nefertari. Wie alle anderen wurde auch dieses bereits im Altertum ausgeraubt.

---

schen Elemente wie Säulen und Reliefs aus dem gewachsenen Felsen gearbeitet wurden, Steinmetze und Maler bei Kerzenlicht tätig waren. Als bedeutendstes aller Gräber gilt das Sethos' I. (1294-1279), das als erstes vollständig dekoriert wurde. Seine Wände sind auf 100 Metern Länge mit bemalten Flachreliefs bedeckt, die Szenen aus verschiedenen Unterweltsbüchern zeigen.

Tutanchamun

Durch den neuerlichen Zerfall Ägyptens am Beginn der Dritten Zwischenzeit (1069-656) war das Schicksal des Tals besiegelt. Nachdem hier 1069 der letzte Herrscher der 20. Dynastie und damit des Neuen Reichs, Ramses XI., bestattet worden war, hatten Grabräuber leichtes Spiel, die staatliche Gewalt befand sich auf dem Rückzug. Bald waren alle Gräber entdeckt und aufgebrochen, nur eines der bescheidensten, das Tutanchamuns (1336-1327), blieb beinahe unberührt. Was die Räuberbanden übrig gelassen hatten, wurde von den neuen Herrschern geplündert, denn deren Wirtschaftslage war desolat. Nur die Mumien ließen sie weitgehend unangetastet und versteckten sie zum Teil im Grab Amenophis' II., zum Teil in einem Privatgrab bei Deir el-Bahari (siehe S. 118), wo sie 1881 entdeckt wurden.

Den Begriff „Tal der Könige" prägte der Hieroglyphenentzifferer Champollion. Die Ägypter nannten das Tal „die grüne Weide". Rechts im Bild der Eingang zu den Gräbern Ramses VI. und – direkt darunter – Tutanchamuns.

Alltag im Dorf
Deir el-Medina

Sennedjem konnte sich behaglich zurücklehnen. Er hatte es zu etwas gebracht, war zwar nur Baumeister, aber als Nekropolenhandwerker im Tal der Könige tätig, ein „Diener an der Stätte der Wahrheit". Er war wichtig, war ein Geheimnisträger und wie alle seine Kollegen die hier arbeiteten, direkt dem Wesir von Oberägypten unterstellt. Er lebte in „ta set maat", „Sitz der Ordnung", einer Siedlung in einer Talsenke des thebanischen Westgebirges. Auch für seine Zukunft hatte er bereits vorgesorgt und sich und seiner Familie ein „ewiges Haus" gebaut, das sich sehen lassen konnte: Über der Erde lagen ein Eingangspylon, ein offener Hof und drei Pyramiden aus Ziegelsteinen, zwei Schächte führten in undekorierte Sargkammern, ein dritter jedoch durch eine kunstvoll bemalte Holztür in die mit jenseitigen Motiven bedeckte Grabkammer.

Eine Welt für sich
Der ansteigende Berghang hinter Deir el-Medina, „Kloster der Stadt", wie das Dorf Sennedjems heute wegen eines Tempels heißt, der in koptischer Zeit zu einem Kloster umgewandelt wurde, birgt noch mehr Gräber. Ihre Ausmaße sind zwar eher bescheiden, dennoch zählen sie wegen der Leuchtkraft ihrer Malereien zu den erstaunlichsten Zeugnissen altägyptischer Kunst. Doch nicht nur das macht den speziellen Reiz des Ortes für Ägyptologen aus. Vielmehr ermöglichen es die Siedlungsreste, die Lebensweise zur Zeit der Ramessiden (1295-1069, siehe S. 166) detailliert zu rekonstruieren. Die 68 Gebäude, die noch auf Erdgeschossebene erhalten sind, bedeckten eine Fläche von zirka zwei Hektar. In ihnen lebten ungefähr 400 Personen, Handwerker und Facharbeiter, die mit dem Bau und der Dekoration der königlichen Gräber beschäftigt waren sowie deren Familien. Das von einer breiten Hauptstraße und mehreren Nebenstraßen durchzogene, fast rechteckige Dorf war von einer weiß getünchten Lehmziegelmauer umgeben. Auch die aus jeweils vier bis fünf Räumen bestehenden, zwischen 13 und 27 Meter langen und bis zu sechs Meter breiten Häuser waren aus ungebrannten Ziegeln erbaut, ihre Dächer mit Palmholzbrettern gedeckt. Sie besaßen einen Keller und ein Obergeschoss mit Terrasse.

Erotische Fantasien
Über das Leben der Bewohner sind wir teilweise besser unterrichtet als über das der Könige, für die sie arbeiteten, da Archäologen eine große Menge ihrer täglichen Aufzeichnungen in der nahen Abfallgrube des Ortes entdeckten. So haben wir auch Kenntnis vom ersten Streik der Geschichte, bei dem es 1156 v. Chr. um die Bezahlung, das heißt die unzureichende Versorgung mit Nahrungsmitteln ging. Außerdem lassen sich die monatliche Entlohnung, Tauschgeschäfte und Streitereien vor Gericht rekonstruieren. Wer bei der Arbeit fehlte und aus welchem Grund erfahren wir ebenso wie etwas über die erotischen Fantasien der Männer, da sich entsprechende Skizzen erhalten haben. Sie waren eine willkommene Abwechslung von der harten Arbeit, die neun Tage am Stück, vor- und nachmittags mit einer Pause dazwischen zu leisten war. Den letzten Tag der Zehn-Tages-Woche hatte man frei. Nach dem Ende der Arbeiten an den Königsgräbern (1069) wurde das Dorf aufgegeben.

Ostrakon
Ostraka (grch. „Tonscherben") sind Tonscherben oder Kalksteinsplitter, die im Altertum als günstiges Schreibmaterial verwendet wurden. Beschrieben wurden sie mit Tinte oder durch Einritzen des Textes. Sie sind manchmal auch Träger von Skizzen, hauptsächlich jedoch von alltäglichen Notizen, aber auch von Rechnungen, Testamenten und literarischen Texten. Allein in der Abfallgrube von Deir el-Medina wurden mehr als 5000 von ihnen gefunden.

*Nördlich des rechts im Bildhintergrund
zu erkennenden Arbeiterdorfes Deir el-Medina
steht ein kleiner Tempel aus der Ptolemäerzeit
(305-30), der später in ein koptisches Kloster
umgewandelt wurde. Er war den Göttinnen
Hathor und Maat geweiht.*

Die Frauen der Pharaonen
Königinnen

Außer den vielen männlichen gab es auch ein paar weibliche Pharaonen, von denen Hatschepsut (1473-1458) und Kleopatra (51-30) diejenigen sind, die der Nachwelt am besten in Erinnerung blieben. Von diesen Herrscherinnen soll hier nicht die Rede sein. Im Gegensatz zu ihnen führten die Königinnen zwar nicht die fünf Namen eines Pharaos (siehe S. 178), waren aber auch an besonderen Titeln zu erkennen. Außerdem konnte ihr Geburtsname – wie der des Königs – in einer Kartusche geschrieben werden, sie wurden in besonderer Weise dargestellt und definierten sich durch ihre verwandtschaftliche Beziehung zum König.

Die Große Königliche Gemahlin

Am bedeutendsten unter den drei verschiedenen Typen von Königinnen waren die Großen Königlichen Gemahlinnen – ein Titel, der seit dem 16. Jh. bezeugt ist. Diese Hauptfrauen der Könige mussten keinesfalls selbst königlicher Abkunft sein, auch die Geschwisterehe, eine Vermählung des Pharaos mit seiner Schwester, wurde erst in der Zeit der Ptolemäer (305-30) zur Regel. Die Großen Königlichen Gemahlinnen dürften dem Pharao in dessen Residenz nahe gewesen sein und ihn auf Reisen begleitet haben. Auch im Tode war ihr Platz grundsätzlich in seiner Nähe. Sie ran-

gierten gleich hinter dem König und wurden oft mit ihm gemeinsam dargestellt. Auf diesen Abbildungen geht der Pharao jedoch stets voran, vollzieht die zentralen Handlungen und erscheint größer. Nie steht die Große Königliche Gemahlin im Mittelpunkt, ganz selten wird sie alleine abgebildet. Regelmäßig wurden die Söhne aus ihrer Verbindung mit dem Pharao auch die Thronfolger.

Außer mit seiner Hauptgemahlin konnte der König auch Kinder mit anderen Königsgemahlinnen zeugen. Sie lebten im Harem, in den sie nicht selten aus diplomatischen Gründen ge-

---

Harem

Auf das arabische haram, „verboten", geht die moderne Bezeichnung des königlichen Haushalts als „Harem" zurück. Zu ihm zählten die Große Königliche Gemahlin, die Königsgemahlinnen, die Königskinder, gelegentlich auch junge ausländische Gefangene und umfangreiches Personal. Mindestens seit dem Neuen Reich war er in eigenen Palastflügeln oder Villen untergebracht. Er stellte einen nicht zu unterschätzenden Machtfaktor dar. In wenigstens drei Fällen (Pepi I., Amenemhat I., Ramses III.) hatten Haremsverschwörungen die Ermordung des Herrschers zum Ziel.

---

langt waren – freundschaftliche Gesten ausländischer Herrscher, die an guten Beziehungen interessiert waren und ihre Töchter aus diesem Grund nach Ägypten schickten. Nie jedoch gab es den umgekehrten Fall.

Als dritter Typus von „Königin" beschließt die Königsmutter die kurze Übersicht. Auch sie wurde mit dem König auf Abbildungen verewigt.

Gebieterin der beiden Länder

Ein eigenes Wort für „Königin" existierte nicht in der altägyptischen Sprache, selbst eigene, vom Pharao unabhängige Titel bürgerten sich erst im Mittleren Reich ein. „Große der Beliebtheit" und „Gebieterin der beiden Länder" gehörten ebenso dazu wie „Priesterin des Gottes NN" oder „Gottesgemahlin". Auf Abbildungen waren die Königinnen an ihrem speziellen Kopfschmuck zu erkennen, der aus der Geierhaube, dem Uräus (siehe S. 152), oder der Doppelfederkrone bestehen konnte. Der charakteristische Kopfschmuck der Nofretete, Große Königliche Gemahlin des Pharaos Echnaton, eine Plattformkrone, war nur kurze Zeit in Gebrauch. Ägyptische Königinnen spielten politisch nur dann eine Rolle, wenn sie die Vormundschaft für den unmündigen Thronfolger übernahmen.

„Die Große Königliche Gemahlin, Herrin der zwei Länder, sie die reich ist an Charme, Süße der Liebe, Herrin von Unter- und Oberägypten, Nefertari, die von Mut geliebte Schönste neben Osiris, der im Westen ist." So lautet der Text neben der opfernden Königin Nefertari, der Lieblingsfrau Ramses' II., auf einer Wand ihres Grabes im Tal der Königinnen.

Ein weiblicher König
Hatschepsut (um 1473-1458 v. Chr.)

Die Halbschwester und Große Königliche Gemahlin Thutmosis' II., Hatschepsut, hatte ihm nur zwei Töchter geboren. Also wurde sein Sohn von Isis, einer Nebenfrau, zu seinem Nachfolger, als er, etwa 30-jährig, 1479 v. Chr. starb. Da Thutmosis III. zu dieser Zeit noch ein Kind war, übernahm Hatschepsut, die Königswitwe, die Regentschaft. Doch ihr reichte das anscheinend nicht aus. Schon beim übernächsten Opet-Fest ergriff sie die Gelegenheit beim Schopfe und ließ sich durch ein gezinktes Orakel zum König ausrufen. Eine Frau auf dem Thron der Pharaonen? Das war nichts Neues. Aber gleich zwei Könige zur gleichen Zeit, das war ein Skandal.

Tochter eines Gottes

Durch ihre Mutter war sie wahrscheinlich eine Nachfahrin des Reichseinigers Ahmose (1550-1525) und fühlte sich daher als rechtmäßige Erbin des Throns. Zusätzlich verbreitete sie, Gott Amun selbst sei ihr Vater, habe sie in Gestalt ihres Vaters, Thutmosis' I. (1504-1492), gezeugt. Um den Hof zu beruhigen, machte sie ihren Stiefsohn zum Mitregenten. Geschickt versammelte sie Männer um sich, die ihr völlig ergeben waren, darunter auch Senenmut, der zur „grauen Eminenz" und zum Erzieher ihrer Tochter Neferure wurde. Trotz seiner mehr als 80 Amts- und Ehrentitel fiel er noch während ihrer Herrschaft in Ungnade, sein Ende ist unbekannt. Senenmut ist auch die Leitung des Baus ihres Totentempels in Deir el-Bahari zuzuschreiben. Fein gearbeitete Reliefs auf seinen Wänden erzählen Episoden aus der Regierungszeit der Königin: Von den Handelsexpeditionen, die sie nach Punt, Byblos und in den Sinai schickte sowie von den beiden riesigen Granitobelisken, die man in ihrem Auftrag in den Steinbrüchen Assuans brach und zum Hauptheiligtum Amuns nach Karnak transportierte, das ihrem Tempel genau gegenüber lag.

> ### Deir el-Bahari
>
> *In dem zum Nil hin offenen Felsenkessel von Deir el-Bahari, einer vom Mittleren Reich bis in die Ptolemäerzeit genutzten Nekropole gegenüber von Luxor, befinden sich die Überreste von Tempeln dreier Pharaonen. Am besten erhalten ist der von Hatschepsut (siehe Abb. S. 125). Er besteht aus drei zu Pfeilerhallen ausgebauten Terrassen mit Hathor, Anubis und Amun geweihten Kapellen. Unter den Privatgräbern ist ein Schachtgrab aus der 11. Dynastie, die sogenannte Cachette von Deir el-Bahari, wegen der 40 Königsmumien aus dem Tal der Könige, die dort vor Grabräubern versteckt waren, das bedeutendste.*

Opfer eines Mordkomplotts?

Hatschepsut war eine macht- und selbstbewusste Herrscherin: Kein König der 18. Dynastie hinterließ eine größere Vielfalt an Figuren, in ihrem Tempel waren mehr als zweihundert versammelt. Einige zeigen sie im Königsornat mit dem traditionellen falschen geflochtenen Bart, denn jede Änderung der heiligen Bräuche bedeutete Gefahr für ihren Thron. Ihre Herrschaft war geprägt durch eine Abkehr von der imperialen Politik ihres Vaters, auch wenn sie sechs Feldzüge nach Nubien und Syrien unternehmen ließ. Sie legte Wert auf gut nachbarschaftliche Beziehungen, auf wirtschaftlichen und kulturellen Austausch. Hatschepsut starb in ihrem 16. Regierungsjahr eines natürlichen Todes. Mutmaßungen, sie sei von ihrem inzwischen erwachsenen Stiefsohn, Thutmosis III., ermordet worden, ließen sich mit Hilfe ihrer Mumie widerlegen, die erst im Sommer 2007 als die der Königin identifiziert wurde. Bestattet wurde sie im Tal der Könige, an der Seite ihres Vaters, den sie hierher hatte überführen lassen. Ihr Stiefsohn sorgte nach ihrem Tod dafür, dass die Erinnerung an sie nahezu ausgelöscht wurde.

Vor der Fassade des Totentempels Hatschepsuts befanden sich kolossale Statuen, die die Königin als Osiris, mumienförmig und mit Götterbart, zeigten. Sie wurden einige Jahre nach ihrem Tod zerstört. Einige Gesichtsfragmente aus bemaltem Kalkstein haben sich jedoch erhalten.

Ein geheimnisvolles Land
Punt

Gold, Elfenbein, Edelsteine, Ebenholz, Weihrauch und Salz gehörten zu den für die Ägypter unermesslichen Reichtümern der Länder, die sich südlich an ihr Reich am Nil anschlossen und denen sie die Namen Wawat, Kusch und Punt gaben. Sie waren steter Quell märchenhafter Erzählungen, waren diese Länder doch weit entfernt, ihre Bewohner fremdartig, ihre Produkte exotisch. Während jedoch Wawat und Kusch, Unter- und Obernubien, zeitweise zum Reich der Pharaonen gehörten, politische, wirtschaftliche und kulturelle Kontakte vielfältig und zahlreich waren, scheint Punt seltener von königlichen Expeditionen besucht worden zu sein.

Der Große von Punt
Die früheste Expedition nach Punt, über die sich Berichte erhalten haben, fand Anfang der 5. Dynastie statt, die letzte während der 20. Dynastie unter Ramses III. (1184-1153). Die aufgrund eines ausführlichen Berichts in Form von bemalten Wandreliefs bekannteste Schilderung Punts ist die Geschichte einer Schiffsexpedition, die Hatschepsut (1473-1458), einem Orakel des Gottes Amun folgend, im neunten Jahr ihrer Regierung ausrüstete. Da sie mit Weihrauch für den Kult des Gottes, laut königlicher Propaganda Vater der Herr-

scherin, zurückkehrte, wurde sie prominent gewürdigt und der Bilderzyklus erhielt einen Ehrenplatz. Er wurde im linken Portikus der zweiten Terrasse des Totentempels der Hatschepsut in Deir el-Bahari (siehe S. 118) angebracht.

Die einzig erhaltene Bildversion einer solchen Fahrt schildert, wie die Ägypter auf fünf Schiffen unter dem Befehl Admiral Nehesis zunächst an der Küste eines Meeres entlang segelten, um dann ihr Ziel auf dem Landweg

> ### Weihrauch
>
> *Das Harz des Weihrauch-Baumes entwickelt beim Verglühen einen aromatisch duftenden Rauch, der für kultische Zwecke, bei der Mumifizierung und in gut situierten Kreisen auch im Alltag als desinfizierendes und entzündungshemmendes Heilmittel zum Einsatz kam. Es wurde in großen Mengen verbraucht und war äußerst begehrt. Da der Weihrauch-Baum nur am Horn von Afrika, in Arabien und Indien vorkommt, waren Handelsexpeditionen notwendig, um das durch Anritzen der Pflanze gewonnene Harz einzutauschen. Handelspartner war vor allem das geheimnisumwitterte Land Punt, das im Südosten des Sudans, in der Nähe des Horns von Afrika zu lokalisieren ist.*

zu erreichen. Sie werden vom Fürsten Parahu, „dem Großen von Punt", begleitet von seiner fettleibigen Frau, Itj, empfangen.

Auf der Suche nach einem Land
Hinweise auf die Region, um die es sich handelt, geben weitere Details der Darstellung: Die Bewohner des Landes lebten in Hütten auf Pfählen mit Wänden aus geflochtenen Matten, sie verwendeten Tierschläuche, Terrakottakrüge und trapezförmige Körbe. Die Menschen unterscheiden sich von den ägyptischen Darstellungen der Nubier, haben eine gewisse Ähnlichkeit mit den Ägyptern. Auch die Rohstoffe und Naturprodukte, die die Ägypter mit auf die Heimreise nahmen, Gold, Ebenholz, Elfenbein, Tierfelle, Weihrauch und Duftharze unterstreichen die Vermutung der Forscher, dass Punt zwischen dem Roten Meer, dem nördlichen Äthiopien, dem Ostsudan und dem Blauen Nil gelegen haben muss, etwa im Bereich des heutigen Eritrea. Unterstützt wird diese Ansicht durch einen Text aus der 26. Dynastie, in dem es heißt, dass in Punt das Regenwasser in den Nil abfließe und die Tatsache, dass keine der Expeditionen ihr Ziel über den Nil erreicht hat. Eine Bestätigung der Quellen durch archäologische Funde ist jedoch noch nicht gelungen.

*Der Fürst und die Fürstin von Punt empfangen
die ägyptischen Gesandten mit Geschenken.
Relief im südlichen Teil des Mittleren Portikus'
des Totentempels der Hatschepsut in Deir el-Bahari.*

Der größte Feldherr
Thutmosis III. (1479/58-1425 v. Chr.)

Die Biographien seiner wichtigsten Beamten, seine Kriegstagebücher im Annalensaal des Amun-Tempels in Karnak und die große Stele in der Nähe des 4. Katarakts des Nils bezeugen übereinstimmend, dass Thutmosis III. (1479-1425) ein würdiger Erbe seines kriegerischen Großvaters, Thutmosis' I., gewesen ist. Ein Pharao, dessen Bestreben es war, mit militärischer Härte die Grenzen nicht nur zu sichern, sondern sie zu erweitern, Ägypten zur Weltmacht zu machen.

Die Stiefmutter

Dabei standen die ersten 22 Jahre seiner Regierungszeit unter keinem guten Stern. Obwohl er in kindlichem Alter zum rechtmäßigen Pharao ernannt wurde, musste er sich seiner Stiefmutter, Hatschepsut, unterordnen, die offiziell als seine Mitregentin fungierte, de facto jedoch das Zepter schwang und die Politik bestimmte. Erst mit ihrem Tod, 1458 v. Chr., den Thutmosis („Toth ist geboren") sicher herbeigesehnt, aber nach neuesten Forschungsergebnissen nicht herbeigeführt hatte, begann er alleine zu regieren. Zuerst ließ er den Namen seiner Stiefmutter aus den Königslisten löschen, ihr alter Rang, sie war die Große Königliche Gemahlin seines Vaters, Thutmosis' II., blieb unangetastet. Erst viel später, vielleicht auf politischen Druck hin, ließ er Hatschepsuts Statuen zerstören, ihre Obelisken einmauern, ihren Namen aushacken.

Endlich Alleinherrscher

Es galt keine Zeit zu verlieren, denn schon im 1. Jahr seiner Alleinherrschaft begann sich in Syrien und Palästina ein politisches Bündnis gegen Ägypten zu formieren. Unter der Führung des Fürsten von Kadesch hatten sich zahlreiche Städte zusammengeschlossen. Bei Megiddo tobte die Entscheidungsschlacht, die Thutmosis für sich entscheiden konnte. Die besiegten Fürsten sorgten mit ihrem Tribut für prall gefüllte Truhen am Nil, mit denen der Pharao zahlreiche Bauvorhaben, darunter neun Obelisken, finanzierte. 15 weitere Kriegszüge nach Asien sollten in den nächsten 20 Jahren folgen. Zur Festigung seiner Macht ließ er dort Stützpunkte anlegen, die Söhne der Fürsten nahm er als Geiseln und ließ sie in Ägypten erziehen. Kehrten sie eines Tages zurück, um von ihren Vätern die Regierungsgeschäfte zu übernehmen, waren sie halbe Ägypter. Auch die Südgrenze ließ Thutmosis nicht außer Acht und rückte sie in seinem 47. Regierungsjahr bis zum 4. Nilkatarakt zur Stadt Napata vor. Ägypten hatte nun die größte Ausdehnung seiner bisherigen Geschichte erreicht.

Für seine Nachfolge sorgte der klug und weitsichtig agierende Herrscher rechtzeitig vor. Sein Sohn, Amenophis II., erhielt eine entsprechende Ausbildung und wurde 1427, zwei Jahre vor Thutmosis' Tod, als Mitregent eingesetzt. Auf sein Ableben hatte sich Thutmosis gut vorbereitet, hatte er doch 53 Jahre Zeit gehabt, sich um ein geeignetes Grab zu kümmern. Es ist das südlichste im Tal der Könige und besticht durch die Dekoration seiner ovalen Sargkammer. Wie eine aufgerollte Papyrusrolle wirken die mit Strichzeichnungen und kursiven Hieroglyphen bedeckten Wände, die die Fahrt des Sonnengottes durch die zwölf Stunden der Nacht zeigen, wie sie das Unterweltsbuch Amduat beschreibt.

> **Thot**
>
> *Pavian und Ibis sind die heiligen Tiere des Gottes Toth, der in der Regel ibisköpfig mit Mondscheibe und -sichel als Kopfschmuck dargestellt wurde. Beim Totengericht fungiert er als Schreiber, er zeichnet das Ergebnis der Herzwägung auf und hält darum meist Schreibpalette und Binse in der Hand. Der Gott des Mondes, der Schreibkunst und der Weisheit wurde vor allem in der Hauptstadt des 15. oberägyptischen Gaus, Hermopolis Magna, verehrt.*

„Die Herrscher dieser Fremdländer (Meggido und Kadesch) kamen auf ihren Bäuchen, um die Erde vor der Macht Seiner Majestät zu küssen und Atem für ihre Nasen zu erbitten." Thutmosis III., so von einem Stelentext gefeiert, füllte auch die Magazine des Amun-Tempels in Karnak mit Beutegut, wo diese idealisierte Statue von ihm einst stand.

Metropole der Toten
Theben-West

Am westlichen Nilufer, gegenüber von Theben, dem heutigen Luxor, erhoben sich an der Grenze zur Wüste die Totentempel der Pharaonen. Auf einer Länge von über sechs Kilometer reihten sie sich aneinander wie an einer Perlenschnur, vom Heiligtum Sethos' I. über das Ramesseum Ramses' II. bis zu Medinet Habu, dem Totentempel Ramses' III. und dem Malkata-Palast Amenophis' III. In den dahinterliegenden Felsen, die zur Hochebene führen, legten die Herrscher das Tal der Könige und das der Königinnen an, auch etwa 450 Privatgräber wurden hier gefunden. Zwischen beiden Nekropolen lag Deir el-Medina, das Dorf der Grabarbeiter.

Häuser für Millionen von Jahren

Die Belegung des Friedhofgebiets begann bereits im Alten Reich. Die thebanischen Herrscher der 11. und der 17. Dynastie ließen sich hier beisetzen. Der Reichseiniger Montuhotep II. (2055-2004), mit dem das Mittlere Reich begann, ließ in dem die Gegend beherrschenden offenen Talkessel Deir el-Bahari (siehe S. 118) den ersten Monumentalbau anlegen. Sein Totentempel war durch einen 150 Meter langen Gang mit der Grabkammer des Königs im Berg verbunden. Er war Vorbild für den direkt daneben liegenden, 500 Jahre später erbauten Terrassen-Tempel der Hatschepsut (siehe Abb. rechts), die bereits der 18. Dynastie und damit dem Neuen Reich angehört. Unter den Königen dieser Dynastie stieg nicht nur Theben zum politischen und religiösen Zentrum des Landes, sondern auch Theben-West zu dessen größter Totenstadt auf. Die neuen Grabanlagen dokumentieren eine grundlegende Veränderung im Jenseitsglauben, die althergebrachte Verbindung von Grab und Totentempel wird gelöst. Während die Mumien nun in ihren goldenen Särgen im Tal der Könige zur letzten Ruhe gebettet wurden, fand der Totenkult in entfernt errichteten Tempeln – nun reine Gedächtnisstätten – statt. Diese „Millionenjahrhäuser" wie sie genannt wurden, erhielten einmal im Jahr, am „Schönen Fest vom Wüstental" Besuch von Amun, dessen Kultbild man dazu in einer Prozession von seinem Tempel in Karnak bis hierher trug.

Die thebanischen Totentempel

Der größte Totentempel war der von Amenophis III., von ihm blieben lediglich zwei 18 Meter hohe Statuen erhalten, die Memnonskolosse (siehe S. 126). Nicht viel besser erging es seinem weiter südlich liegenden Palast, den die Araber el-Molgata, „den Ort, an dem man Dinge aufsammelt", nannten: Einst die größte Anlage ihrer Art in Ägypten zerfiel sie fast völlig, da als Baumaterial hauptsächlich Ziegelsteine aus Nilschlamm verwendet worden waren. Gewaltig noch als Ruine ist das um 1260 erbaute Ramesseum, der Totentempel Ramses' II., dessen Komplex neben einem Palast auch eine Schreib- und Malschule beherbergte. Dort liegende Teile einer Kolossalstatue des Pharaos, etwa der einen Meter messende Mittelfinger, beeindrucken bis heute. Das am besten erhaltene Millionenjahrhaus, dessen Grundriss sich am Ramesseum orientiert, liegt im Süden des Friedhofgebiets Medinet Habu. Es ist Teil der gigantischen (315 x 205 m) Götterburg Ramses' III., die auch als Verwaltungszentrum diente. Besucher konnten über einen Kanal, der die Anlage mit dem Nil verband, direkt mit dem Boot bis vor das „Hohe Tor" rudern.

Rechmire

Eines der größten und motivreichsten dekorierten Privatgräber in Theben-West gehört Rechmire, Wesir von Oberägypten unter Thutmosis III. und Amenophis II. Der einzigartige Wandschmuck berichtet in zahlreichen Hieroglyphentexten von den Pflichten und Aufgaben eines Wesirs und zeigt zudem Szenen des alltäglichen Lebens.

In Deir el-Bahari, unmittelbar neben dem Heilig-
tum Montuhoteps II., ließ Königin Hatschepsut
ihren Totentempel anlegen. Er schmiegt sich mit
seinen Terrassen an die steilen Klippen des West-
gebirges und wurde teilweise in den Fels gehauen,
zum größten Teil jedoch aus Kalkstein erbaut.

Herrschaft des Lichts
Amenophis III. (um 1390-1352 v. Chr.)

Amenhotep III. („Amun ist gnädig"), dessen griechische Namensform „Amenophis" im deutschen Sprachraum viel geläufiger ist, bestieg 1390 als etwa 12-jähriger Knabe den Thron und trat damit die Nachfolge seines Vaters, Thutmosis' IV., an. Mit ihm begann eine Epoche des Friedens und des Wohlstands, der kulturellen Verfeinerung und einer immensen Prachtentfaltung am königlichen Hof.

Politik mit anderen Mitteln

Amenophis konnte es sich leisten: Von seinen Vorgängern übernahm er ein Großreich, das durch Tributzahlungen noch wohlhabender geworden war. Er setzte die erfolgreiche Diplomatie und Heiratspolitik seiner Vorfahren fort. Er heiratete die Töchter seiner gefährlichsten Nachbarn, der Könige von Babylonien und Mitanni, einem Reich im Norden Syriens. Zur Großen Königlichen Gemahlin machte er eine „Bürgerliche" aus mittelägyptischem Provinzadel, Teje (siehe S. 142), und riskierte damit eine Beschädigung seines Ansehens. Zum Ausgleich heiratete er später noch zwei seiner Töchter, Satamun und Isis.

Der Sonnenkönig vom Nil

Wie sein 3000 Jahre später lebender Kollege im Königsamt, Ludwig XIV., „Sonnenkönig" von Frankreich, trieb Amenophis III. den Kult um die Sonne auf die Spitze. Von Amun-Re, dem mit dem Sonnengott verbundenen Reichsgott, nach dem Königsmythos göttlicher Vater des Pharaos, hieß es nun: „Du bist der Eine, der alles Seiende geschaffen hat, der Eine Einsame, der schuf, was ist." Forscher erkennen hier eine starke Tendenz zum Eingötterglauben, wie ihn dann Amenophis' Sohn und Nachfolger, Echnaton, mit Macht durchzusetzen versuchte. Aber der Vergleich mit dem Sonnenkönig drängt sich auch in anderer Hinsicht auf. Wie dieser liebte Amenophis den Prunk, ihm wird nachgesagt, dass er mehr repräsentierte als regierte. Er startete ein Bauprogramm, mit dem er alle seine Vorgänger übertraf. Plastiken und Gebäude wuchsen ins Gigantische. Für Teje ließ er bei seinem Palast in Theben-West einen künstlichen See anlegen, auf dem sich das Paar in einer Barke die Zeit vertrieb. Sein Architekt, Amenophis, Sohn des Hapu, erbaute für ihn den Tempel von Luxor. Wie Imhotep, oberster Baumeister Djosers mehr als tausend Jahre zuvor, wurde er noch lange nach seinem Tod als Weiser und sogar als Gott verehrt, sein Totentempel ist der einzige eines Privatmanns in Theben-West. Im Alter füllig geworden und krank starb Amenophis III. 1352 in seinem 38. Regierungsjahr. Man bestattete ihn in einem Seitental des Tals der Könige, die Mumie wurde später in das Grab seines Großvaters, Amenophis' II. gebracht. Seine Bewertung fällt zwiespältig aus: Für den Frieden, den Amenophis III. Ägypten bescherte, hatte er einen hohen Preis gezahlt. Auf lange Sicht weckten die reichen Geschenke, die er befreundeten Fürsten als Gegenleistung für die Erweiterung seines Harems machte, die Gier seiner Nachbarn und Vasallen.

> ### Memnonskolosse
> Der größte Totentempel in Theben-West war der von Amenophis III. Noch im Fruchtland, an der Grenze zur Wüste stehend blieben von ihm nur zwei 18 Meter hohe Statuen erhalten, die den König sitzend zeigen, die Memnonskolosse. Die nördliche galt bereits im Altertum als Abbild des sagenhaften äthiopischen Königs Memnon. Sie wurde weltberühmt, da seit einem Erdbeben 27 v. Chr. durch sie hindurchjagende Luftströmungen bei Sonnenaufgang Töne erzeugten, die für das Klagen des vor Troja gefallenen Memnon galten, mit der er seine Mutter, Eos, die Göttin der Morgenröte, begrüßte. Eine 199 n. Chr. erfolgte Restaurierung machte dem Wunder ein Ende.

Vom monumentalen Heiligtum Amenophis' III. in Theben-West, dessen Mauern ein Areal von 700 x 500 m umfassten, blieben aufgrund von Erdbeben und Steinraub nur die aus monolithischen Quarzitblöcken herausgearbeiteten Memnonskolosse übrig. Sie bewachten einst den Eingang zum Totentempel des Königs.

Ein Haus für den Gott

Der Tempel von Luxor

Inmitten von Luxor, dem ehemaligen Theben, erstreckt sich über eine Länge von 250 Meter der dem Gott Amun geweihte Tempel von Luxor. Seine Entstehung um 1380-1250 v. Chr. ist vor allem mit dem Namen zweier Pharaonen verbunden, Amenophis III., auf den das hintere Tempelhaus mit Hof und großer Eingangskolonnade zurückgeht, und Ramses II., der den Bau um einen weiteren Hof und einen großen Eingangspylon verlängerte, vor dem er zwei Obelisken aufstellen ließ. Der Erweiterungsbau ist leicht abgeknickt, wahrscheinlich um ein kleines Heiligtum aus der Zeit Hatschepsuts einzubeziehen.

Ort heiliger Handlungen

Seinem altägyptischen Namen nach „Ipet-reset" hat man den Tempel lange Zeit als „südlichen Harem", als die Privatgemächer des Gottes südlich seines großen Tempels in Karnak gedeutet. Inzwischen weiß man aber, dass der Tempel viel komplexere Funktionen hatte. Das jährlich gefeierte Opet-Fest (siehe S. 42), bei dem Götterbarken mit den Kultbildern der thebanischen Götterfamilie Amun, Mut und Chons von Karnak nach Luxor zogen, endete im Allerheiligsten des Tempels. Dort fanden dann die Riten zur Erneuerung der Schöpfung statt, das Heiligtum von Luxor wurde zur „Stätte des Ersten Males". Hier war auch der verborgene Schauplatz der mythischen Vereinigung des Königs mit seinem göttlichen Ka, einer Art Lebenskraft, jährlich erneuerte Grundlage seiner Göttlichkeit.

Weihnachten auf ägyptisch

Vor dem Tempel mündet eine 2,5 km lange von Sphingen flankierte Allee, die den Amun-Tempel von Karnak mit Luxor verbindet. Den Durchgang zum Großen Hof Ramses' II. begleiten zwei seiner kolossalen Sitzbilder und ein Obelisk aus rotem Granit. Dessen Gegenstück wurde 1836 nach Frankreich geschafft, wo er heute den Place de la Concorde in Paris ziert. In den kolonnadengeschmückten Hof (57 x 51 m) integriert ist der zierliche Barkenschrein für die thebanische Götterfamilie aus der Zeit Hatschepsuts. Ein Tor, auch hier von Sitzfiguren Ramses' II. flankiert, führt in den 52 Meter langen Säulengang Amenophis' III., dessen Reliefs das Opet-Fest zeigen. In der Südwestecke des darauf folgenden Hofs (52 x 46 m) stießen Archäologen 1989 auf ein Statuenversteck, aus dem 21 zum Teil völlig unbeschädigte Plastiken geborgen werden konnten. Der nun auf eine Vorhalle folgende Vorsaal wurde unter Kaiser Diokletian im 3. Jh. n. Chr. zu einem römischen Tempel um-

gebaut, in dem ihm selbst gehuldigt wurde. Auch das Allerheiligste, das nach einem weiteren Saal folgt, wurde nachträglich verändert: Alexander der Große ließ es im 4. Jh. v. Chr. zu einer Kapelle für die Barke Amuns umgestalten. In einem Nebenraum wird auf Reliefs erzählt, wie der Gott die jungfräuliche Mutemuia, die Mutter Amenophis' III., auswählt, seinen Sohn zu gebären. Er schickt Thot (siehe S. 122) zu ihr, um ihr die frohe Botschaft zu überbringen. Das Kind kommt zur Welt, wird vom Gott anerkannt und zum König gekrönt. Ein Mythos, in dem der Kern der christlichen Weihnachtsgeschichte steckt.

Pylon

Der aus dem Griechischen übernommene Fachbegriff für ein großes Eingangstor bezeichnet die monumentalen Torbauten ägyptischer Tempel. Sie bestehen aus einem Toreingang zwischen zwei höheren Türmen mit nach innen geneigten Außenwänden. Sie waren häufig mit Reliefs geschmückt und bunt bemalt. In senkrechten Nischen standen Fahnenmaste. Durch die darüber liegenden Fenster konnten sie mit Flaggen versehen werden. Manchen Tempeln, wie dem des Amun in Karnak, waren mehrere Pylone vorgebaut.

*Den Eingang zum Amun-Tempel von Luxor
zierten ursprünglich zwei Obelisken, sechs
Statuen Ramses' II. sowie vier Fahnenmasten,
die in den Nischen unter den vier Fenstern
des Pylons standen.*

Anhänger gegen das Böse
Amulette

Endlich war es soweit. Inhapi rieb ihren Bauch ein letztes Mal mit Öl ein. Es fiel ihr schwer die Stufen zu erklimmen. Doch irgendwie musste sie ja in die Wochenlaube gelangen, die ihr Paser, ihr Mann, auf dem Dach aus Stangen und Tüchern gebaut hatte. Schnell noch ein Gebet und schon hockte sie sich auf ein paar Ziegelsteine, denn die Wehen kamen schon wieder. Wie gut, dass ihre beiden Schwägerinnen, Tia und Haunefer, schon da waren. Sie schrie vor Schmerz, das Kind musste gleich kommen. Da fiel ihr ein, dass sie etwas Entscheidendes im Haus vergessen hatte. Sie hat-

Skarabäus

Der Heilige Pillendreher formt aus Huftierkot Kugeln, in denen er seine Eier ablegt. Die Ägypter durchschauten das nicht. Sie sahen darin einen Akt der Urzeugung, dachten, die Tiere entstünden von selbst. Darum verehrten sie den auch als Kotkäfer bekannten Skarabäus als Cheper-Re, als Sinnbild des schöpferischen Sonnengotts. Seine in Stein oder Fayence nachgebildete Gestalt galt als beliebtestes Amulett, Millionen von Exemplaren wurden gefertigt. Es gab ihn mit beschrifteter Unterseite als Siegelstempel oder als Gedenkskarabäus, auch als Schmuckstück wurde er getragen.

te die Kette mit der Figur des Bes, des Zwergengottes, der allerlei Übel abwehren sollte, neben ihrem Bett liegen lassen. Und sie vermisste auch den Anhänger mit der schwangeren Nilpferdgöttin Thoëris, die sich in Sichtweite befinden musste, um sie, wie schon bei ihren ersten drei Geburten, vor Krankheit und Tod zu bewahren. Tia lachte sie immer aus wegen ihres Glaubens an solch magische Gegenstände. Schon kam Maja zurück und hängte ihr die beiden Amulette um den Hals, die Wehen kamen wieder – sie war nun beruhigt, alles würde gut gehen.

Schutz in allen Lebenslagen

Amulette hatten bei den Ägyptern wie bei allen antiken Völkern eine große Bedeutung. Sie sollten ihrem Träger Schutz gewähren und die eigene Lebenskraft stärken. Für ihre Wirksamkeit war das Material, aus dem sie gefertigt waren, nicht vorrangig von Bedeutung. Sie konnten aus Stein, Edelmetall oder Glas sein, am häufigsten fand man jedoch solche aus glasierter Fayence, deren blaue oder grüne Farbe die Wirkung verstärkte. Für bestimmte Amulette galten hinsichtlich der Kombination von Material, Farbe und Form besondere Vorschriften, vor allem für solche, die dazu dienten, die Mumie eines Verstorbenen zu schmü-

cken, denn auch nach dem Tod galt es sich vor Bedrohungen zu schützen. In den Leinenbinden des Tutanchamun fanden sich über 120 Gegenstände, Amulette, deren Auswahl und Positionierung nicht dem Zufall überlassen wurden.

Das Auge des Gottes

Obwohl der Glaube an Magie und Zauberei in den unteren Gesellschaftsschichten stärker verbreitet war, trugen auch gebildetere Ägypter im Alltag ein Amulett. Sie konnten sich Materialien wie Halbedelsteine und Gold leisten. Besonders beliebt waren neben Götter- oder Tiergestalten auch Hieroglyphen, wie das Anch (siehe S. 156), das Zeichen für „Leben" oder das Sa, das Zeichen für „Schutz". Besonders gerne um den Hals getragen wurden außerdem der Djed-Pfeiler, ein uraltes Pfahlsymbol, das als Hieroglyphe für Beständigkeit und Dauer stand, und das Udjat-Auge (udja = „heil"), eines der mächtigsten Amulette, das Schutz vor dem Bösen versprach. Es galt als Auge des Gottes Horus, das dessen Bruder Seth ihm ausgerissen, Thot jedoch wieder eingesetzt hatte. Eine Besonderheit bilden die Schutzbriefe, in einen Behälter gesteckte, mit einem Spruch versehene Papyrusstreifen, die besonders Kindern um den Hals gehängt wurden.

*Der Anhänger aus dem Grab des Tutanchamun
zeigt einen geflügelten Skarabäus aus Lapislazuli,
der seine Dungkugel, einen Karneol, vor sich her-
rollt. Sinnbild für Gott Cheper-Re, der die Sonne
von Ost nach West über den Himmel schiebt.*

Krallen, Pfoten, Hufe
Tierkulte

„Wer weiß nicht, Volusius aus Bithynien, was für Scheusale das verrückte Ägypten verehrt? Der eine Teil betet das Krokodil an, der andere zittert aus Angst vor dem Ibis, der sich an Schlangen satt gefressen hat. Ein Ebenbild des heiligen Pavian erstrahlt in glänzendem Gold dort, wo bei den halb umgestürzten Memnon die magischen Saiten erklingen und wo das alte Theben mit seinen hundert Toren in Schutt und Asche liegt. In der einen Gegend verehren sie Katzen, in einer anderen die Fische im Fluss, wieder anderswo verehren ganze Städte den Hund." So schüttete der römische Satiriker Juvenal (um 60 - nach 128 n. Chr.) seinen Spott über den Tierkult im Land der Pharaonen aus, der zu dieser Zeit allerdings schon verschwunden war.

Tiere sind keine Götter

Tierkulte gehen in Ägypten auf vorgeschichtliche Zeiten zurück. Es waren wohl die Fähigkeiten, über die manche Tiere verfügen, die sie als übermenschlich erscheinen ließen. Stärke und Zeugungskraft, geschärfte Sinne und Schnelligkeit sind Eigenschaften, die Tiere in Verbindung zu bestimmten Göttern brachten. Nur die einfachen Gläubigen dürften sich die Götter real als Tiere vorgestellt haben. Dabei dienten sie ihnen vielmehr als Aufenthaltsort

so wie das Kultbild im Allerheiligsten ihrer Tempel. Um die Nähe des Gottes zu symbolisieren, wurden an deren Kultorten einzelne Exemplare ihrer jeweils heiligen Tiere gehalten, in Memphis ein Stier, in Elephantine (siehe S. 78) ein Widder, in Kom Ombo ein Krokodil. Das änderte sich in der Spätzeit (656-332), jetzt galten alle Stiere, Widder und Krokodile genauso wie Falken, Hunde, Ibisse, Katzen, Paviane, Schakale, Spitzmäuse und andere Tierarten als potenzielle Wohnorte ihrer jeweili-

---

Rind

Das Rind war das wichtigste Haustier im alten Ägypten. Es lieferte Milch, Fleisch und Häute. Eine besondere Bedeutung erwuchs ihm im religiösen Bereich. Stand der Stier für Kraft und Fruchtbarkeit, so die Kuh für Mütterlichkeit. Als Göttin Hathor trug sie den Beinamen „Herrin des Himmels" und wurde als Mutter des jeweils regierenden Pharaos verehrt. Apis-, Buchis- und Mnevis-Stier waren die heiligen Tiere von Ptah, Re und Atum. Jeweils ein sorgsam ausgesuchtes Exemplar wurde von der dafür zuständigen Priesterschaft großgezogen, bis zum Tode gepflegt, dann mumifiziert und königlich bestattet. Selbst den Müttern der Apis-Stiere (siehe S. 134) wurde ein solches Begräbnis zuteil.

---

gen Götter. Es entwickelte sich ein Tierkult von immensen Ausmaßen. Starben die Tiere, wurden viele von ihnen mumifiziert, in tiergestaltige, manchmal vergoldete Särge gebettet und in unterirdischen Friedhöfen bestattet. Die von Juvenal genannten Tierkulte gab es tatsächlich. Das Krokodil, wegen seiner Gefährlichkeit gefürchtet, galt als heiliges Tier des Gottes Sobek. Lebende Exemplare gab es in Krokodilopolis im Faijum und in Kom Ombo zu bestaunen. Den Ibis verbanden die Ägypter neben dem Pavian hingegen mit Thot, dem Gott des Mondes, der Schreibkunst und der Weisheit. Der heute in Ägypten fast ausgestorbene, schwarz-weiße Vogel mit dem charakteristisch gebogenen Schnabel wurde in riesigen Mengen mumifiziert. Es galt als besonderer Akt der Frömmigkeit, für die Bestattung eines solchen Vogels aufzukommen. Katzen, deren Domestifizierung vor 6000 Jahren in Ägypten begann, waren zuallererst Erscheinungsformen der Bastet, einer Fruchtbarkeitsgöttin, Tochter des Re, deren Kultort Bubastis im Nildelta Fundort tausender Mumien dieses Säugetiers ist. Juvenal schließt mit dem ältesten Haustier, mit „Iwiw", dem Hund. Ihn unterschied man nicht vom Schakal, dem heiligen Tier des Gottes Anubis und verehrte und begrub ihn in Sakkara.

In der Ptolemäerzeit wurden Kultgemeinschaften gegründet, deren Mitglieder eine Gebühr entrichteten, die auch zur Mumifizierung von Hunden und Katzen verwendet wurde. Je höher der finanzielle Einsatz, desto aufwändiger die Versorgung der Tiere im Leben und ihre Behandlung im Tod.

Gruft der Stiere
Das Serapeum von Memphis

Das Rind war das bedeutendste Haustier im alten Ägypten. Eine hervorragende Bedeutung hatte es vor allem im religiösen Bereich. Der Stier stand für Kraft und Fruchtbarkeit, die Kuh für Mütterlichkeit. Buchis- und Mnevis-Stier galten als die heiligen Tiere von Re und Atum. Bedeutender als beide war jedoch der Apis-Stier. Als Erscheinungsform des Gottes Ptah garantierte er die Fruchtbarkeit des Landes.

König der Stiere – Stier der Könige
Der Kult um den Stier war alt, so alt wie Ägypten. Der Ort, an dem er gefeiert wurde, war Memphis, die alte Königstadt am Nil. Hier, an dem Ort, an dem Ptah besonders verehrt wurde, hielt eine eigene Priesterschaft auch jeweils einen Stier, den Apis. Angeblich sollte er durch einen Lichtstrahl gezeugt sein, tatsächlich musste er sich durch eine besondere Zeichnung seines Fells auszeichnen. Dann wurde er im Tempelbezirk des Ptah als eine Art Mittler zwischen dem Gott und den Menschen gehalten. Er wurde gehegt und gepflegt, zu Festen dem Publikum gezeigt, er hörte Bittsteller an und gab Orakel. Beim Sed-Fest zum Jubiläum der Herrscher lief er neben dem König her. Sein Tod löste regelmäßig Staatstrauer aus, die so lange andauerte, bis ein neuer Apis gefunden war. Anschließend wurde er

wie ein Mensch in 70 Tagen einbalsamiert, in einen Holzsarg gelegt und mit einer Prozession zu Grabe getragen. Seit Amenophis III. (1390-1352) fand er seine letzte Ruhestätte in Einzelgräbern, später dann in unterirdischen Grabkammern, die heute unter dem Namen „Serapeum" bekannt sind und nahe der Stufenpyramide König Djosers in der Totenstadt von Sakkara liegen. Dort wurden immer neue Grabkammern für die verstorbenen Stiere angefügt, die letzte unter Königin Kleopatra VII. (51-30). Seit dem 7. Jh. v. Chr. erfolgte die

---

Ptah
Ptah war der Hauptgott der alten Residenzstadt Memphis. Er wurde in Menschengestalt, jedoch in mumienartiger Form dargestellt, nur seine angewinkelten Unterarme lösen sich aus der Silhouette. Er trägt eine enganliegende Kappe, einen geraden Ritualbart und einen Schmuckkragen. In den Händen hält er ein Szepter, das eine Kombination aus den Hieroglyphen „Anch" (Leben), „Uas" (Unversehrtheit) und „Djed" (Beständigkeit) ist. Er galt als Schöpfer- und Fruchtbarkeitsgott, als Schutzgott von Künstlern und Handwerkern. Mit der Löwengöttin Sachmet und dem Lotosgott Nefertem bildete er die Triade von Memphis.

Beisetzung in riesigen, tonnenschweren Steinsarkophagen. Selbst den Müttern der Apis-Stiere wurde ein solches Begräbnis – an anderem Ort – zuteil. Die aufwändige Bestattung in den Grüften des Serapeums hielt nicht für die Ewigkeit: Als Auguste Mariette die mehr als 60 Sarkophage, die er 1851 entdeckte, untersuchte, fand er bis auf einen alle ihrer Grabbeigaben beraubt.

Serapis – ein Gott für die Welt
Mit dem nach seinem Tod zu Osiris gewordenen Apis hatte Ptolemaios I. (305-285) große Pläne. Der aus Griechenland stammende, als General Alexanders des Großen nach Ägypten gelangte Herrscher, suchte nach einer verbindenden Figur zwischen seiner ererbten Religion und dem Glauben des Landes, dessen König er nun war. Er fand Osiris-Apis, verband ihn zu Osorapis und kombinierte dessen Eigenschaften mit denen von Zeus, Poseidon, Dionysos und anderen Göttern seiner Heimat. Das Ergebnis war Serapis, Hauptkultort Alexandria, als Stier nur noch nebenbei verehrt. Die Ägypter blieben skeptisch, doch sein Kult trat gemeinsam mit dem seiner Gemahlin Isis (siehe S. 192) einen Siegeszug durch die griechische und römische Welt an, der erst mit dem Sieg des Christentums im 4. Jh. n. Chr. endete.

Gegen den Perserkönig Kambyses, von
525-522 auch Herrscher Ägyptens, wurde durch
die ägyptische Priesterschaft, deren Rechte
er beschnitt, zahlreiche Gerüchte in die Welt
gesetzt, deren Wahrheitsgehalt häufig nicht
mehr überprüft werden kann. Neben Leichen-
schändung und Schwestermord gehört dazu auch
die Tötung des heiligen Apis-Stiers – eine unge-
heurliche Tat, hier gesehen mit den Augen eines
Historienmalers des 19. Jahrhunderts.

Hauptstadt des Hasengaus
Hermopolis

Die Griechen hatten ihre Schwierigkeiten mit den alten ägyptischen Namen. Aus Henen-nesut machten sie Herakleopolis, aus Iunu Heliopolis und aus Schmunu Hermopolis („Stadt des Hermes"). Dieser Name für die Hauptstadt des 15. oberägyptischen Gaus, des Hasengaus, drängte sich förmlich auf, denn in Schmunu („Stadt der Acht") befand sich die wichtigste Kultstätte von Thot, dem Gott der Weisheit, der unter den ägyptischen Göttern auch als vermittelnder Bote fungierte. Er erinnerte die neuen Herrn, Griechen, die mit Alexander dem Großen ins Land gekommen waren, an einen ihrer eigenen Götter, Hermes, den Götterboten.

Paviane von 35 Tonnen Gewicht

Der in Mittelägypten am Westufer des Nils gelegenen Stadt sieht man ihr Alter nicht an, denn viel ist nicht von ihr geblieben: Das stark gestiegene Grundwasser, die Gewinnung von Sebach, fruchtbarem Erdreich aus Nilschlammziegeln, und die Nutzung der Ruinen als Steinbruch haben von der 300 km südlich von Kairo gelegenen Stadt nicht viel mehr als Trümmer gelassen. Dominiert wird sie heute von den wieder aufgerichteten Säulen einer der größten frühchristlichen Basiliken Ägyptens. Sie lag außerhalb der Umfassungsmauer, die den Tempelbezirk der alten Stadt umschloss. Dessen

Mitte bildete das Heiligtum des Thot (siehe S. 122) aus dem 4. Jh. v. Chr. Es erhob sich inmitten von Garten- und Teichanlagen. Selbst seine Fundamente sind so weit zerstört, dass es nicht mehr möglich ist, den genauen Grundriss zu ermitteln. Bei Grabungen fanden sich dort jedoch die Bruchstücke von acht monumentalen, knapp fünf Meter hohen Pavianfiguren aus Granit, die in der Ptolemäerzeit (305–30) unter dem Tempel beigesetzt wurden. Amenophis III. hatte sie um 1380 zu Ehren Thots, dessen heiliges Tier neben dem Ibis der Pavian war, gestiftet. Daneben ist noch ein Pylonbau Ramses' II. bemerkenswert, denn in ihm wurden Tausende von Blöcken des Aton-Tempels aus dem nahen Amarna, der Hauptstadt des Pharaos Echnaton, verbaut.

Ein tierisches Massengrab

Ein Kanal verband Hermopolis einerseits mit dem Nil, andererseits mit der 10 km westlich am Rand der Wüste gelegenen Nekropole Tuna el-Gebel. Sie wurde seit dem Neuen Reich belegt, die meisten Gräber stammen jedoch aus griechisch-römischer Zeit. Das prächtigste ließ sich und seiner Familie Petosiris, Hohepriester des Thot im ausgehenden 4. Jh. v. Chr., erbauen. Der oberirdische Teil wirkt wie ein kleiner Tempel und ist berühmt

für seine Reliefs im ägyptisch-griechischen Stil. Gilt dieser bemerkenswerte Bau nur wenigen Toten, so wurden ganz in der Nähe in unterirdischen Galerien Hunderttausende bestattet – nicht Menschen, sondern Ibisse (siehe S. 132). Das noch immer nicht ganz erforschte Gangsystem beherbergt in zahlreichen Kammern Hunderte von Tongefäßen, die als „Särge" für die Ibismumien bis unter die Decke aufgestapelt wurden. Aber auch Holzsärge und Kalksteinsarkophage wurden für die Vögel wie auch für dort begrabene Paviane benutzt.

Achtheit

Die Entstehung der Welt erklärten sich die Ägypter mit verschiedenen Mythen, eine davon ist die der Achtheit von Hermopolis. Danach schufen die Götter Nun, das Urwasser, Huh, der unendliche Raum, Kuk, die Finsternis, und Amun, der Verborgene, alle froschköpfig dargestellt sowie deren schlangengestaltigen Gemahlinnen Naunet, Hauhet, Kauket und Amaunet den Kosmos. Daraufhin wölbte sich der Urhügel auf, der die Stadt Hermopolis tragen sollte. Seitdem leben die acht Götter in der Unterwelt und sorgen von dort aus weiterhin für das Funktionieren ihrer Schöpfung.

Die frühptolemäischen Könige ließen zur Verehrung des Thot mehrere Kultkammern mit Reliefdarstellungen in die Galerien des unterirdischen Tierfriedhofs von Tuna el-Gebel einbauen. Platte und Ständer vor dem Altar mit dem heiligen Tier dienten zur Aufnahme von Opfern.

Götterdämmerung
Echnaton (1352-1336 v. Chr.)

Der Sohn Amenophis' III. und der Teje (siehe S. 142) erhielt den Namen, den schon sein Vater und dessen Großvater trugen. Niemand konnte bei seiner Thronbesteigung 1352 v. Chr., die er als junger Mann erlebte, ahnen, dass Amenophis („Amun ist gnädig") IV., zehnter Pharao der 18. Dynastie, versuchen würde, das Land so grundlegend zu verändern, wie kein anderer König vor oder nach ihm.

Revolution von oben

Die Umwälzungen begannen mit dem Befehl, den Tempel des Reichsgottes Amun in Karnak zu schmälern, ihn durch einen noch größeren (Grundfläche: 130 x 200 m), den größten je in Ägypten gebauten, in die Schranken zu weisen – es war eine geplante Provokation, ihn Aton zu weihen. Dieser neue Gott, dessen Name ursprünglich die Sonnenscheibe meinte, offenbarte sich ausschließlich in deren reinem Licht, das die Welt durchdrang und Leben spendete. Ihm zu Ehren, den Amenophis IV. seinen Vater nannte, änderte der König seinen Namen in Echnaton („Dem Aton wohlgefällig") und verlegte den religiösen und weltlichen Mittelpunkt von Memphis und Theben in eine neue, noch zu erbauende Hauptstadt, Achetaton („Lichtort des Aton"). Er forcierte den neuen Kult, indem er verfügte, dass alle Tempel zu

schließen, die Namen der anderen Gottheiten von allen Tempelmauern, Obelisken und Inschriften zu tilgen seien. An die Stelle der alten Mythen, trat nun die Königsfamilie, Echnaton mit seiner Großen Königlichen Gemahlin Nofretete und ihren drei Töchtern.

Die Radikalität mit der Echnaton zu Werke ging, spiegelt sich auch in der Darstellungsweise des Herrschers wieder, die eine Abkehr von der gängigen Praxis bedeutet: Alle Körperproportionen sind stark überzogen, Arme und Beine überlängt, Kopf, Hals und Brust sehr schlank, Bauch und Oberschenkel füllig. Die expressiven, fast femininen Gesichtszüge mit schmalen Augen, langer Nase, vollen Lip-

> #### Aton
> Die Bedeutung des Gottes, der abgekürzt „Aton" genannt wird, nahm während des Neuen Reichs ständig zu bis ihn Echnaton (1352-1336) zum einzigen Gott Ägyptens erklärte. Möglicherweise wurden unbedeutendere Götter neben ihm geduldet. Hauptkultort war Achetaton in der Ebene von Tell el-Amarna in Mittelägypten. Dargestellt wurde er stets als Sonnenscheibe, an deren Rand eine Uräusschlange (siehe S. 152) mit der Hieroglyphe Anch für „Leben" erschien und deren Strahlen in Händen endeten.

pen und herabgezogenem, runden Kinn haben Medizinhistoriker sogar dazu veranlasst, Erklärungen in Krankheitsbildern zu suchen, die zu Anomalien im Körperbau führen. Es scheint jedoch, als habe sich Echnaton eher als Übermensch und deshalb ganz bewusst anders gesehen als seine Zeitgenossen.

Echnaton starb 1336 v. Chr., sein persönliches Schicksal und das seiner Familie ist jedoch noch immer in Vielem unklar: Ließ er die Staatszügel schleifen und verkroch sich über Jahre hinweg in seiner neuen Stadt? Starb er eines natürlichen Todes? Wann starb Nofretete? In welcher verwandtschaftlichen Beziehung stand er zu seinen beiden Nachfolgern, Semenchkare und Tutanchamun?

Ketzerkönig oder Reaktionär?

Die Bewertungen des Ketzerkönigs gehen weit auseinander: Einige sehen ihn als visionären Begründer der ersten monotheistischen Religion, andere als erzkonservativen Herrscher, der mit der Entmachtung der alten Priesterschaft nur die eigene Machtpolitik und die Stärkung der Monarchie im Sinne hatte. Was seine Nachfolger von ihm hielten, ist jedoch eindeutig: Sein Grab wurde verwüstet, Achetaton verlassen, sein Name aus den Herrscherlisten getilgt.

In seinen späteren Regierungsjahren wurde
Echnaton wieder etwas gemäßigter dargestellt,
die Überlängung der Körperproportionen
und die markanten Gesichtszüge wieder auf ein
Normalmaß reduziert.

Horizont des Aton
Amarna

In seinem fünften Regierungsjahr beschloss König Echnaton, der zuvor als Amenophis IV. noch in der alten Königstadt Theben residiert hatte, eine neue Hauptstadt zu gründen. Er suchte einen jungfräulichen Ort, einen Ort, der „keinem Gott und keiner Göttin, weder einem Herrscher noch einer Herrscherin gehörte, an den kein Mensch Eigentumsrechte geltend machen kann" und fand ihn im mittelägyptischen Tell el-Amarna, einem weiten Talkessel am Ostufer des Nils, rund 15 km südlich der modernen Ortschaft Mellaui.

Hauptstadt vom Reißbrett

Wohl schon ein Jahr später zog der Hof in die von 14 Grenzstelen markierte neue Stadt, die der König Achetaton, „Horizont des Aton", nannte, um. Alles musste sehr schnell gehen, deshalb wurden selbst die Tempel vorerst nur aus Nilschlammziegeln errichtet. Entlang einer zentralen Achse lagen parallel zum Nil die riesigen Heiligtümer des zum alleinigen Gott Ägyptens erhobenen Aton sowie verschiedene Palastbauten. Von einer die Straße überspannenden, überdachten Brücke zeigte sich regelmäßig das Herrscherpaar, Echnaton und Nofretete, dem Volk, das in Siedlungsbereichen südlich und nördlich des Zentrums untergebracht war. Etwa 25 000 Personen haben

hier gewohnt, vor allem Beamte und Handwerker, die mit der Verherrlichung des neuen Kultes und der Königsfamilie beschäftigt waren. Im Raum 19 des Hauses P 47,2 stieß 1912 ein deutscher Ausgräber auf die Modellkammer der Werkstatt des Thutmosis und fand neben vielen anderen Porträtköpfen und Statuenteilen auch die berühmte Büste der Nofretete. Sie war dort zurückgelassen worden, als Achetaton (moderne Bezeichnung: Amarna) nach nur 20-25 Jahren verlassen und die Stadt dem Verfall preisgegeben wurde.

Ein Grab ohne Mumie

In die steilen Felswände des etwa 10 km langen und bis zu 5 km breiten Halbrunds, das die Stadt einfasst, wurden 25 Gräber für Hofbeamte eingehauen, viele davon blieben unfertig zurück. Das Grab, das Echnaton für sich und seine Familie vorgesehen hatte, befand sich 12 km östlich der Stadt in einem Wadi der Ostwüste. Es war statt wie üblich nach Westen, zur untergehenden Sonne, nach Osten ausgerichtet. Die Morgensonne konnte, begünstigt durch den Grundriss der Anlage, bis in die Grabkammer des Pharaos scheinen und ihn sich so allmorgentlich mit Aton, seinem Vater, vereinigen lassen. Die Archäologen, die es 1891 fanden, standen vor Trümmern: Die

Nachfolger Echnatons, die sich mit der von ihm eingeführten Religion auch seines Andenkens entledigen wollten, hatten ganze Arbeit geleistet. Was aus den Mumien wurde, ist unbekannt.

Erfreulicher war der Fund, der 1887 einer Bäuerin gelang, die hier nach alten Lehmziegeln grub. Sie stieß auf die Reste der ehemaligen Palastkanzlei, knapp 400 in Keilschrift auf Tontafeln verfassten Dokumente, die Amarnabriefe. Sie sind Teil der Korrespondenz zwischen ägyptischen Königen der 18. Dynastie mit Fürsten des Vorderen Orients.

Der Große Sonnenhymnus

„Du erscheinst schön im Lichtland des Himmels, du lebende Sonne, die Leben zuweist!" So beginnt einer der bekanntesten und poetischsten altägyptischen Texte, der Große Sonnenhymnus oder Sonnengesang. Sein zentrales Thema ist die Einzigartigkeit des Gottes Aton als Schöpfer und Erhalter der Welt. Urheber des nur in einer Version, auf den Wänden eines Grabes in Achetaton (Amarna) überlieferten Textes ist möglicherweise König Echnaton (1352-1336) selbst. Auffällig ist die Nähe des Inhalts zu Psalm 104 des Alten Testaments, ohne dass sich eine Verbindung nachweisen ließe.

In der frühen 19. Dynastie wurden alle Steinbau-
ten von Amarna abgerissen, das Material zur Ver-
füllung von Fundamenten und Mauern im nahen
Hermopolis wiederverwendet. Was blieb sind
Grundmauern und wiederaufgerichtete Säulen,
wie hier vom sogenannten Kleinen Aton-Tempel.

Dem Manne untertan?
Die Rolle der Frau

Die Quellen sind dürftig. Bisher wurde kein altägyptischer Text entdeckt, der zweifelsfrei einer Frau zuzuordnen wäre. Es ist ungeklärt, ob auch Frauen Lesen und Schreiben lernten. Ihr Platz war in der Familie. Sie umfasste üblicherweise nur Eltern und Kinder – fehlende Begriffe für Verwandtschaftsbezeichnungen wie Großeltern, Tante, Onkel oder Schwager geben hierauf einen Hinweis. In ihr spielten Frauen eine wichtige Rolle, außerhalb des Haushalts waren sie jedoch selten anzutreffen. Sie kochten, webten, erzogen die Kinder und verrichteten alle Arbeiten im Haus. Kein Wunder, dass Frauen mit blasserem Teint gemalt wurden als Männer mit ihrem rötlich-braunen Hautton. Wenn Darstellungen in Gräbern Frauen zeigen, die anderen Beschäftigungen nachgehen, so sind es Tätigkeiten, für die keine besondere Ausbildung nötig war. Sie arbeiteten auf dem Feld, backten Brot, brauten Bier. Sie erfreuten als Musikerinnen und Tänzerinnen nicht nur die Götter, als Priesterinnen war ihnen der Zugang zur Tempelelite versperrt. In der Verwaltung waren sie nur während des Alten Reichs (2686-2181) präsent. Frauen waren in der Gesellschaft zwar anerkannt, doch standen sie im Rang generell unter dem Mann. Ausnahmen bestätigen hier nur die Regel. Höchste Ämter erlangten sie alleine aufgrund ihrer Herkunft, so wie die Gottesgemahlinnen des Amun oder die Mütter verschiedener Könige, die für ihre unmündigen Söhne die Regentschaft übernahmen und sich manchmal sogar selbst zum Pharao erklärten. Dann allerdings schlüpften sie, um nicht gegen die Konventionen zu verstoßen, in die Rolle eines Mannes, ließen sich – wie Hatschepsut (1473-1458) – als Pharao in männlichen Kleidungsstücken und mit Ritualbart darstellen.

Seitensprung oder Scheidungsgrund?

Das Rollenverständnis der Ägypter lässt sich auch an der herrschenden Moral gut ablesen: Schlief ein verheirateter Mann mit einer unverheirateten Frau, so galt das als nicht weiter verwerflich. Der umgekehrte Fall allerdings, die Untreue der Frau, zählte als Scheidungsgrund. Wie die Göttin Isis (siehe S. 192) sollten die Frauen sein, eine ideale Gattin und Mutter. Aber auch wie Hathor, Inbegriff von Fruchtbarkeit und Erotik, allerdings nur gegenüber ihrem Ehemann.

Gleichberechtigung vor dem Gesetz

Emanzipation war für die Ägypter natürlich ein Fremdwort, aber die gesellschaftliche Entwicklung machte nicht völlig Halt vor den Rechten der Frau, wenn es auch in einigen Phasen der Geschichte des Landes Rückschritte gab. Generell verbesserte sich die Lage der Frauen, was ihre Geschäftsfähigkeit und die Gleichstellung vor dem Gesetz anbelangt. Sie durften Privateigentum an Land, Sklaven, Geld oder Sachwerten besitzen, veräußern und vererben. Sie konnten vor Gericht klagen, die Scheidung verlangen und sich selbst verteidigen. All das bei weitem keine Selbstverständlichkeit in antiken Staaten.

Teje

Teje (1398-1338), die Große Königliche Gemahlin von König Amenophis III., entstammte der gehobenen Beamtenschicht. Ihr Vater, Juja, war Rindervorsteher und Prophet des Gottes Min im mittelägyptischen Achmin, ihre Mutter, Tuja, bekleidete den Rang einer Sängerin des Amun. Obwohl von nicht standesgemäßer Herkunft, übte Teje großen Einfluss auf ihren Gatten und ihren zweitältesten Sohn, den späteren Pharao Echnaton, aus. Die als politisch führende Persönlichkeit ihrer Zeit geltende Königin wurde im Tal der Könige bestattet. Im Grab Tutanchamuns, ihres Enkels, fand sich in einem Miniatursarg, eine Locke von ihr.

Mit ihren schweren Augenlidern, den Wangen-falten und den herabgezogenen Mundwinkeln wirkt Königin Teje sehr lebensnah und ungeschönt. Dem aus Eibenholz gefertigten Kopf (Höhe 9,5 cm), dessen silberne Haube später mit einer Perücke aus Leinen abgedeckt wurde, konnte aufgrund neuer Forschungen eine Federkrone zugeordnet werden.

Lebensglück und Totenpflicht
Kinder im alten Ägypten

„Glücklich der Mann, dessen Familie zahlreich ist, er wird wegen seiner Nachkommenschaft gegrüßt." Er wurde nicht nur gegrüßt, sondern konnte sich glücklich schätzen, viele Hände zu haben, die ihn in der Landwirtschaft oder seine Frau im Haus unterstützen konnten. Er musste sich keine Sorgen machen, sollte er alt und krank werden, viele Kinder versprachen einen guten Lebensabend. Am wichtigsten war es jedoch, dass der Totendienst gesichert schien, das Opfern am Grab und die notwendigen Rituale. Kinderlose Paare hatten die Möglichkeit, ein Waisenkind zu adoptieren und sich auf diese Weise das ewige Leben zu sichern.

Ägyptische Frauen brachten ihre Kinder im Stehen oder Hocken zur Welt. Sie gaben ihnen gleich einen Namen, denn er war für das Überleben genauso von Bedeutung wie der Ka und der Ba (siehe S. 100), gehörte zum Menschen wie sein Schatten. Bis zum Alter von drei Jahren wurde ein Kind von der Mutter oder – in wohlhabenden Kreisen – von einer Amme gestillt, schützte die Muttermilch doch vor Infektionen. Aus Grabmalereien ist bekannt, dass Knaben beschnitten wurden – ob dies jedoch gängige Praxis war und zu einem festen Zeitpunkt üblich, wissen wir nicht. Bekleidet waren Jungen wie Mädchen oft nur

mit einem Amulett, das gegen alles Übel helfen sollte. Nacktheit war nicht verpönt, sondern zumindest in den langen Sommern sinnvoll. Spätestens mit Eintritt der Pubertät änderte sich das, die Jungen bekamen Lendenschürze, die Mädchen trugen die in der Größe angepasste Kleidung ihrer Mütter. An der Haartracht war zu erkennen, ob die Geschlechtsreife bereits eingesetzt hatte: Eine seitlich am Kopf herabhängende Haarlocke mit einem fischförmigen Amulett an ihrem Ende, das gegen das Ertrinken vorbeugen soll-

te, wies die Träger als vorpubertär aus. Dieses Symbol der Jugend nutzten Künstler genauso wie den am rechten Mundwinkel gehaltenen Zeigefinger, um von ihnen dargestellte Personen als Kinder zu kennzeichnen.

Zeit zum Spielen

Ägyptische Kinder mussten, solange sie nicht aus wohlhabenden Familien stammten, ihren Eltern schon von jungen Jahren an zur Hand gehen, bei der Feldarbeit, in der Ausübung eines Handwerks oder im Haushalt. Die Söhne von Schreibern und Beamten lernten zwischen dem 5. und 10. Lebensjahr Lesen und Schreiben, auch der Armeedienst begann früh. Trotzdem blieb für gewöhnlich genug Zeit zum Spielen. Es gab bemalte Holzpuppen mit beweglichen Gliedern, Stoffpuppen mit Perücken und passenden Kleidungsstücken, aber auch hölzerne Tierfiguren, bei denen sich Teile bewegten, wenn man an einer Kordel zog. Bekannt waren auch das Kegelspiel, Kreisel und Bälle, die aus Holz geschnitzt sein konnten oder aus Lederstreifen, Leinen oder Schilf zusammengenäht und ausgestopft waren. Doch es ging auch ganz ohne Spielzeug: Gleichgewichtsspiele, Turnübungen, Bockspringen oder Tauziehen kanalisierten damals wie heute den kindlichen Bewegungsdrang.

Namensgebung

Da ein Kind erst existierte, wenn ihm ein Name gegeben wurde, verlor man damit nach der Geburt keine Zeit. Die Wahl blieb der Mutter überlassen. Bei der Namensgebung gab es viele Möglichkeiten: Der Beruf des Vaters, ein Tier, einen Festtag oder einen Gott konnte sie anklingen lassen. Beliebt waren auch Ausrufe der Freude („schöner Tag" oder „die ich gewünscht habe") und natürlich der Name des regierenden Königs. Da der Name für das Überleben des Menschen auch im Jenseits essentiell war, bedeutete dessen Vernichtung, etwa die Tilgung aus der Grabinschrift, den Verlust des Andenkens und der Existenz des Namensgebers.

Die Ägypter stellten für ihre Kinder aufwändige
Tierfiguren mit beweglichen Gliedmaßen her, die
man hinter sich herziehen konnte. So zum Beispiel
dieses katzenähnliche Wesen aus Holz mit
Kristallaugen und einem beweglichen,
mit Bronzezähnen besetzten Kiefer. Es stammt
aus Theben und ist über 3000 Jahre alt.

Schönheit und Macht
Nofretete (um 1380–1340 v. Chr.)

Aton hatte aufgehört zu strahlen, die alten Götter und an deren Spitze Amun (siehe S. 68) wurden wieder inthronisiert, niemand benötigte mehr eine abgelegene Hauptstadt in einem staubigen Tal, als im zweiten Regierungsjahr des Tutanchamun (1336-1327) der Befehl erging, die Regierung des Landes wieder nach Memphis zu verlegen. Achetaton (moderner Name: Amarna) wurde überstürzt geräumt, mehr als 25000 Einwohner umgesiedelt. Die Gebäude wurden zerstört, das Baumaterial im nahen Hermopolis wieder verwendet. Es ging alles sehr schnell, so schnell, dass man vergaß, Hunde von den Ketten zu nehmen und das Vieh aus den Ställen zu treiben. Selbst wichtige Archive wurden nicht geräumt, in Bildhauerwerkstätten blieben die Modelle des nun verfemten alten Pharaos und seiner Familie zurück. Welch unerhörtes Glück für die Nachwelt, denn nur so konnte Ludwig Borchardt 1912 das schönste Kunstwerk entdecken, dass die ägyptische Kunst wohl hervorgebracht hat, die Büste Nofretetes.

Hauptwerk der Bildhauerkunst

Die aus bemaltem Kalkstein und Gips gefertigte Plastik stellt die Große Königliche Gemahlin König Echnatons dar, nicht in der Art der typischen Bildnisse der frühen Amarna-Zeit mit ihren unrealistischen Proportionen und den expressiven Gesichtszügen, sondern einem zeitlosen Schönheitsideal folgend. Sie trägt eine hohe Krone mit Diadem und Uräus-Schlange sowie einen aufwändigen Halskragen. Das linke Auge war vermutlich nie vorhanden, denn es handelte sich um ein Werkstattmodell. Heute gilt sie wegen ihres aktuellen Standorts als berühmteste „Berlinerin", eine Folge der Übereignung an den preußischen Staat durch einen Mäzen, der die Grabungen finanziert hatte und dem hierfür durch den ägyptischen Staat ein Teil der Funde zugesprochen wurde.

Ägyptisches Museum in Kairo

Am verkehrsreichen Freiheitsplatz liegt das einst modernste Museum der Welt, das Ägyptische Museum in Kairo. Der 1858 zum ersten Direktor der Ägyptischen Altertümerverwaltung ernannte französische Ägyptologe Auguste Mariette (1821-1881) gründete in einem Kairoer Vorort das erste Museum, das 1902 in den heutigen, neoklassischen Bau umzog. Höhepunkt der größten und bedeutendsten Sammlung ägyptischer Altertümer, die mehr als 150 000 Objekte umfasst, ist der Grabschatz Tutanchamuns.

Dürftige Fakten

Bereits als Echnaton (1352-1336), damals noch Amenophis IV., den Thron bestieg, war Nofretete seine Frau. Ihre Herkunft liegt im Dunkeln. Manche Forscher sehen in ihr eine mitannische Prinzessin, eine Hypothese, die im Wesentlichen durch ihren Namen „Die Schöne ist gekommen" gestützt werden könnte. Wahrscheinlicher scheint ihre Verwandtschaft mit der Familie der Königsmutter Teje (siehe S. 142) zu sein. Nofretete schenkte ihrem Gatten sechs Töchter, mit denen sie auf zahlreichen Reliefs der Zeit abgebildet wurde. Sie dokumentieren eine Stellung, die fast der einer Mitregentin gleichkommt: Die Königin vollzieht Kulthandlungen, die sonst nur ihrem Gemahl zustanden, wird mit ihm bei Regierungsgeschäften, bei der Ausfahrt, beim Empfang von Gesandtschaften gezeigt. Ganz ohne Vorbild sind Szenen, die das Königspaar beim Kuss, beim Liebkosen der Kinder oder in Trauer über den Tod einer der Töchter zeigen. Wann sie starb ist ungewiss, es mag im 12. oder 14. Regierungsjahr des Echnaton gewesen sein. Einige Indizien sprechen sogar dafür, dass sie sich damals umbenannte und als Semenchkare (1338-1336) zwei Jahre gemeinsam mit Echnaton regierte. Ihr Grab und ihre Mumie sind unbekannt.

Die weltberühmte Büste der Nofretete wurde
1912 entdeckt und 1913 dem Berliner Kaufmann
James Simon zugesprochen, der die Grabungen
finanziert hatte. Er schenkte sie 1920 dem preußischen Staat. 1924 erstmals ausgestellt, wurde
sie bald von Ägypten zurückgefordert. Während
des Krieges musste sie ihren Standort auf der
Museumsinsel räumen. Dort soll sie, nach
Zwischenstationen in West-Berlin (1956–2005),
die Hauptattraktion des ab 2009 wieder
eröffneten Neuen Museums bilden.

Schönheit und Wohlgeruch
Kosmetik

Hygiene, Körperpflege und der Einsatz von Kosmetika waren den Ägyptern nicht fremd, im Gegenteil: In den Häusern der Wohlhabenden gab es Badezimmer und Wasserklosetts, Spiegel aus Kupfer oder Bronze waren in Gebrauch, Ärzte beschäftigten sich mit Mitteln gegen trockene Haut. Das Rezept zur Herstellung von Seife war zwar seit dem 7. Jh. v. Chr. den Ägyptern bekannt, ihre reinigende Wirkung jedoch erkannten erst die Römer.

Spiegel und andere Gerätschaften
Auch bei diesem Thema spielen weniger die schriftlichen Quellen als die Darstellungen in Gräbern und die dort den Toten zur Verwen-

dung im Jenseits hinterlassenen Kosmetiksets die entscheidende Rolle bei der Klärung der Frage, was Ägypterinnen und Ägypter taten, um ihr Äußeres zu pflegen und gegebenenfalls zu korrigieren. Die dort gefundenen Spiegel bestanden aus runden Platten aus polierter Bronze, an denen Griffe befestigt waren, die oft eine nackte Frau, einen Papyrusstängel oder den Kopf der Göttin Hathor (siehe S. 62) formten. Andere Gegenstände zur Schönheitspflege waren Kämme und Haarnadeln, Pinzetten zum Entfernen von Dornen und unerwünschter Behaarung sowie Nagelreiniger aus Holz- oder Knochensplittern.

Kleine Parfümflakons, Salb- und Schminkgefäße enthielten Parfüms, Öle und Augenschminke. Öl aus Bockshornsamen galt als Mittel gegen Runzeln, tierisches Fett wurde zum Schutz vor trockener Haut verwendet, ein häufiges Übel im heißen Klima des Landes. Rouge für Wangen und Lippen gewann man aus rotem Ocker, Haare und Fingernägel wurden mit Henna gefärbt. Parfüms bestanden aus den mit Ölen und Fetten vermischten Essenzen von Blüten, Früchten und Samen, die günstigere Variante war einfaches Rizinusöl. Für Kyphi, die griechische Transkription für das ägyptische kpt, mischte man verschiedene Ingredienzen wie Weihrauch, Zimt und Zitro-

nengras – nur Rosinen, Wein und Honig sind in allen bekannten Rezepten enthalten – und formte daraus Kugeln. Auf glühende Kohlen gelegt verbreiteten sie langsam ihre Wohlgerüche in Tempeln und Privaträumen und hängten sich an die Menschen, die sich dort aufhielten. Ebenso unverzichtbar wie ein angenehmer Körpergeruch waren geschminkte Augenlider und -brauen, bevorzugt zuerst in Grün, später, seit dem Mittleren Reich, in Schwarz. Die Pasten wurden mit einem Griffel aufgetragen, einem Stäbchen, auf der einen Seite tropfenförmig verdickt, auf der anderen wie ein Spatel geformt. Sie bestanden aus mit Fett vermischtem, zerriebenem grünen Malachit oder schwarzem Bleiglanz.

Männer, Frauen, Mumien und Götter
Wohlgerüche, Schminke und Feuchtigkeitsmittel fanden in Ägyptern beiderlei Geschlechts ihre Abnehmer, manchmal sogar bis über den Tod hinaus: Gelegentlich gehörte zur Mumifizierung auch die Behandlung mit Kosmetika. Selbst die Götter profitierten von den weit entwickelten Kenntnissen in diesem Gebiet: Papyri berichten davon, dass manche Kultbilder allmorgendlich nicht nur gereinigt und gesalbt, sondern auch geschminkt wurden.

Schminkpalette

Wie die Tinten der Schreiber wurde auch die Augenschminke auf Paletten angerieben. Im Gegensatz zu ihnen bestanden sie aber nicht aus Stein oder Holz, sondern waren aus Schiefer gefertigt. Ihre rechteckige Form war schon früh zugunsten geometrischer und tiergestaltiger Ausführungen aufgegeben worden. Gegen Ende der frühdynastischen Zeit wurden Prunkschminkpaletten als Votivgaben verwendet. Die bedeutendste ist die mit Darstellungen des Königs Narmer (siehe Abb. S. 19).

Das älteste Instrument zur Körperpflege ist der Kamm. Der des Königs Djet stammt aus der frühdynastischen Periode (um 2980 v. Chr.), ist aus Elfenbein gefertigt und zeigt zweimal Gott Horus: Einmal in der Himmelsbarke, das andere Mal, den Namen des Königs bildend, auf einer Kartusche mit Palast und Schlange.

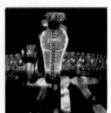

Gold, Silber und Edelsteine
Schmuck

Zu den ältesten Fundstücken, die Archäologen aus ägyptischen Gräbern zu Tage förderten, gehören Halsketten aus Fayence-Perlen, Armbänder und vor allem Amulette aus Elfenbein und Muscheln. Sie stammen aus einer Zeit, als das Land noch nicht geeint war. Ihre Träger waren wohlhabende Leute, die es sich leisten wollten, sich vor Gefahren zu schützen, indem sie verschiedene Körperteile mit kostbaren Materialien schmückten. Zu dieser Zeit war Schmuck auch Zierde und Statussymbol, die magischen Aspekte mögen jedoch noch im Vordergrund gestanden haben.

Begehrte Rohstoffe

Die Materialbeschaffung war aufwändig und teuer. Gold war in Nubien zu bekommen, Silber lieferten die Fürsten Vorderasiens, Kupfer wurde auf dem Sinai abgebaut. In den Wüstengebieten gelang so mancher Fund an Mineralien, die als Schmucksteine zum Einsatz kamen, so Jaspis, Türkis und Achat. Besonders geschätzt wurden Karneol und mehr noch Lapislazuli: Während der eine, der „Lebensstein", in seiner dunkelroten Variante an Blut erinnerte, meinte man im anderen das Blau des Himmels in Händen zu halten. Ein Blau, das man sich viel kosten ließ, denn Lapislazuli wurde damals nur im Osten des Iran gewon-

nen. Weniger kostbar, aber wegen ihrer farbigen Vielfalt sehr geschätzt, waren künstlich hergestellte Materialien wie Fayence, leuchtend glasierte Keramik aus Quarzsand, und, seit der Mitte des 2. Jt., auch Glas.

Königliche Kunsthandwerker

Gefertigt wurden Diademe, Stirnbänder, Halskragen, Armreifen, Fußreifen, Pektorale – auf der Brust zu tragender Schmuck – und Gürtel, später dann auch Ringe für Finger und Ohren – Thutmosis IV. (1400-1390) war der erste Pharao mit durchstochenen Ohrläpp-

> ### Grabräuber
>
> *Grabraub war ein sehr lukratives Geschäft. Seit der Ersten Zwischenzeit (2181-2025) berichten Quellen von der Ausplünderung der ewigen Ruhestätten von Königen, aber auch anderer Gräber. Der große materielle Wert der Grabbeigaben lockte nicht nur einfache Diebe an, sondern verleitete auch Beamte dazu, mit ihnen gemeinsame Sache zu machen. Die Androhung der Todesstrafe, Bewachung und komplizierte Gangsysteme in den Pyramiden und Felsengräbern konnten die Räuberbanden nicht von ihrem Tun abhalten, worüber die sogenannten Grabräuberpapyri aus dem 12. Jh. v. Chr. Auskunft geben.*

chen. Selbst Möbelstücke, Schatullen und Fächer wurden mit gehämmertem Goldblech verziert, Statuen und die Spitzen der Obelisken mit hauchdünnem Blattgold überzogen. Die Juweliere und Goldschmiede waren nach dem Material, das sie verwendeten, eingeteilt. In höchstem Ansehen standen die Hoflieferanten, die nur mit besonderer Genehmigung des Herrschers auch für Privatleute tätig werden durften. Sie beherrschten die Schmucksteinbearbeitung und die anderen damals bereits bekannten Techniken, wie das Treiben, das Einlegen und die Granulation meisterlich. Die erlesensten Stücke entstanden in der späten 12. Dynastie (1985-1795), in Qualität und Technik sind besonders die Diademe, Armbänder, Halskragen, Ketten, Medaillons und ein Zier-Dolch, die 1895 in den Gräbern zweier Töchter Amenemhats II. entdeckt wurden und sich heute im Ägyptischen Museum in Kairo (siehe S. 146) befinden, Höhepunkte ägyptischer Juwelierkunst. Im Neuen Reich (1550-1069) nahmen zwar Prunk und Kostbarkeit noch zu, jedoch auf Kosten von Eleganz und Feinheit der Arbeiten. Für jeden deutlich sichtbar am goldglänzenden Schatz des Kindkönigs Tutanchamun (1336-1327), den manche wohl zu Unrecht als „Modeschmuck" abqualifizieren.

Neben Kronen und Helmen konnten die Pharaonen ihre Häupter auch mit Haarreifen und Diademen schmücken. Das Golddiadem des Tutanchamun ist mit den Wappentieren von Unter- und Oberägypten, Uräus (Kobra) und Geier geschmückt.

Symbole der Macht
Krone und Throninsignien

Je nach zeremoniellem Anlass trugen die ägyptischen Könige unterschiedliche Kronen. Am häufigsten wurden sie mit der Doppelkrone („pschent") dargestellt, die die Vereinigung der beiden Landesteile symbolisierte und als Attribut des Schöpfungsgottes Atum galt. Dabei steckt die hochaufragende, konisch zulaufende und in einer knaufartigen Verdickung endende oberägyptische oder Weiße Krone („hedjet") in der unterägyptischen oder Roten Krone („descheret"), die am ehesten als der obere Teil eines auf den Kopf gestellten Kegels, aus dem hinten ein Grat hoch hinaus

Uräus

Die Uräus-Schlange gehört zu den Kobras und galt als Symbol von Uto, der Schutzgottin Unterägyptens. Von ihrer Drohstellung, dem Anheben des Kopfes und gleichzeitigem Aufblähen des Halses, erhielt sie ihren Namen, der sich aus dem altägyptischen Wort für „sich aufbäumen" herleitet. In dieser Haltung brachte man Nachbildungen der Schlange an den verschiedenen Kronen an, manchmal neben dem Kopf eines Geiers, dem Symbol der Schutzgöttin Oberägyptens, Nechbet. Wie die anderen Teile des königlichen Ornats sollte der Uräus ihrem Träger besondere Kraft und Schutz verleihen.

ragt, beschrieben werden kann. Vorne wird sie ergänzt durch eine Art nach oben stehendem Draht, dessen Ende zu einer Spirale eingerollt ist, seit dem Mittleren Reich außerdem durch die Uräus-Schlange, dem Symbol der Göttin Wadjit, Landesgöttin von Unterägypten. Die Kronen wurden vermutlich für jeden Träger eigens angefertigt und an die jeweilige Kopfform angepasst, eine Erbkrone hat es wohl nicht gegeben. Da sich keine Krone im Original erhalten hat, können hinsichtlich des Materials, aus denen die Doppelkrone bestand, nur Spekulationen angestellt werden.

Kopftuch und Haube

Die Federkrone des Osiris, die Atef-Krone, besteht aus einer der Weißen Krone ähnlichen Binsenkrone mit je einer Straußenfeder an jeder Seite, zeitweilig auch einer kleinen Scheibe am oberen Ende und der Uräus-Schlange an der Stirn. Sie wurde seit der 18. Dynastie vom Pharao bei bestimmten religiösen Anlässen getragen. Außer Osiris erscheinen auch Horus, Re und Ptah als ihre Träger. Eine andere Funktion erfüllte das Nemes-Kopftuch, mit dem die berühmte Goldmaske Tutanchamuns oder auch der Sphinx angetan ist: Sie soll auf den göttergleichen Status der Herrscher hinweisen. Es handelte sich um ein rechteckiges,

blau-gold gestreiftes Tuch, das über der Stirn eng anlag. Rechts und links des Gesichts fiel es in Streifen auf die Brust. Der Teil des Stoffs, der nach hinten fiel, wurde zu einer Art Zopf zusammengedreht. Uräus-Schlange und Geier schmückten das Tuch über der Stirn. Schließlich trugen die Könige auch eine Art Helm aus Stoff, die Blaue Krone. Diese haubenartig gewölbte Kopfbedeckung, der Chepresch, bestand aus Leder, Metall oder Stoff und war rechts und links mit flügelartig vorspringenden Seiten versehen, die mit zahlreichen kleinen goldfarbenen Scheiben verziert waren. Diese einst als Kriegskrone interpretierte Kopfbedeckung scheint nur während des Neuen Reichs und der Dritten Zwischenzeit getragen worden zu sein, mit ihr, so neuere Forschungen, feierten die Könige ihre Triumphe.

Der gute Hirte

Die Attribute des Gottes Osiris, Krummstab und Geißel, galten als wichtigste Throninsignien. Auf Darstellungen werden sie über Kreuz von den sich ebenfalls überkreuzenden Händen des Königs gehalten, zwei blau-goldene Exemplare haben sich im Grabschatz Tutanchamuns erhalten. Sie waren wohl ursprünglich Arbeitsgeräte von Hirten, die damit ihr Vieh antreiben konnten.

Sethos I., begleitet von Königin Tuja, erhält von Gott Horus die Insignien der Herrschaft über Ägypten. Auf dieser Wandmalerei aus dem Osiris-Tempel von Abydos sind neben Krummstab und Geißel die Doppelkrone (Horus), die Blaue Krone (Sethos I.) und die Doppelfederkrone (Tuja) als königliche Insignien versammelt.

Der goldene Pharao
Tutanchamun (um 1336-1327 v. Chr.)

„Das einzig bemerkenswerte an Tutanchamun ist," meinte der Entdecker seines Grabes, Howard Carter, „dass er starb und begraben wurde." Er war kein großer Eroberer und als Herrscher beileibe keine Ausnahmeerscheinung. Er starb schon mit 17 Jahren nach einer kurzen Regierungszeit (1336-1327), trotzdem ging er als berühmtester Pharao in die Geschichte ein. Doch wer war der Kindkönig, der 1922 der Vergessenheit entrissen wurde?

Als Tutanchaton auf den Thron

Fast nichts ist gesichert. Über die Zeit nach Echnatons Tod existieren fast so viele Spekulationen wie wissenschaftliche Monographien. Als wahrscheinlich erscheint die Theorie, dass es zwar einen rechtmäßigen Erben, Tutanchaton („lebendes Abbild des Aton"), Sohn des Pharaos von einer Nebenfrau, gab, dass er aber aufgrund seines geringen Alters als Thronfolger nicht in Frage kam. Kija, eine der Gemahlinnen Echnatons, und Meritaton, seine älteste überlebende Tochter, rangen um die Macht. Ein Kampf, den Meritaton gewann. Vielleicht herrschte sie zuerst alleine, vielleicht machte sie aber auch gleich ihren Halbbruder, Semenchkare, zu ihrem Gemahl und damit zum König. Er starb bereits nach drei Jahren und wurde im Tal der Könige bestattet. Schon

wieder musste ein Thronerbe gefunden werden. Es schlug die Stunde des sieben- bis zehnjährigen Tutanchaton.

Zurück in die Zukunft

Trotz seiner Jugend wurde der neue König mit seiner Halbschwester Anchesenpaaton („sie lebt für Aton"), verheiratet. Sie residierten zunächst in der Stadt, in der Tutanchaton vermutlich geboren wurde, in Achetaton. Doch unter dem Druck der Verhältnisse verlegte er den Hof bald nach Memphis, denn hier, etwa in der Mitte des Landes, lag das Zentrum des Militärs und General Haremhab (siehe S. 162), einer der späteren Nachfolger Tutanchatons, gehörte zu den wichtigsten Beratern des Pharaos. Vielleicht ist es auch dessen Einfluss und den Ratschlägen Ajas zu verdanken, dass Tutanchaton noch kurz vor dem Verlassen Amarnas seinen Namen in Tutanchamun („lebendes Abbild des Amun") und den seiner Gemahlin in Anchesenamun („sie lebt für Amun") änderte. In Memphis erließ der junge Herrscher nun ein Edikt, das seine Rückkehr zur alten Religion deutlich machte, darin heißt es: „Das Land machte eine Krankheit durch, die Götter, sie kümmerten sich nicht um dieses Land." Mit diesem allgemein gehaltenen Text wurde die Amarna-Zeit endgültig begraben, der Kult um den einzigen Gott Aton (S. 140) beendet. Weitere politische Ereignisse aus seiner Regierungszeit, die mit seinem Tod nach neun Jahren endete, sind nicht bekannt. Wahrscheinlich starb er an einer Seuche, die Theorien um einen Mordanschlag konnten durch Untersuchungen seiner Mumie widerlegt werden.

Howard Carter

Der 1874 in Kensington in Norfolk/England geborene Howard Carter war ein Außenseiter. Er hatte weder Archäologie noch Ägyptologie studiert, als er 1891 als Zeichner nach Ägypten kam, um Mitarbeiter eines Ausgrabungsteams zu werden. Sein enger Kontakt zu einem der bedeutendsten Ägyptologen, dem Briten Flinders Petrie, bescherte ihm Kenntnisse im Ausgraben. Durch Protekti-

on wurde er 1899 zum Generalinspekteur der Denkmäler in Oberägypten ernannt. 1903 gab er seine Ämter nach einem Streit auf und kehrte erst 1907 zurück. Mit der Unterstützung von Lord Carnarvon grub er in Theben und fand sechs Königsgräber. Seinen Ruhm verdankt er jedoch der Entdeckung des fast unversehrten Grabes Tutanchamuns im Tal der Könige 1922 (siehe auch Abb. S. 207). Carter starb 1939 in London.

*Der vollständig bandagierten Mumie König Tut-
anchamuns war diese Maske über Kopf und
Schulter gestülpt. Sie zeigt nicht die wahren
Gesichtszüge sondern ein idealisiertes Porträt des
Pharaos. Ihre Augen bestehen aus weißem Quarz
und schwarzem Obsidian, das Nemes-Kopftuch,
geschmückt mit Geier und Kobra, ist mit blauem
Glas eingelegt, der Halskragen aus Halbedel-
steinen und deren gläsernen Imitationen zusammengesetzt. Auch der künstliche Bart besteht aus
dem zerbrechlichen Material.*

Goldenes Begräbnis
Sternstunde der Archäologie

Man schrieb das Jahr 1903, als ein vermögender englischer Lord versuchte, dem feuchtkalten Winter seiner Heimat zu entgehen und sich nach Ägypten einschiffte. Er sammelte Antiquitäten und versuchte sich als Ausgräber. Lord Carnarvon (1866-1923) merkte jedoch bald, dass er professionelle Unterstützung benötigte und fand sie in Howard Carter (1874-1939). Beide entschlossen sich, im Tal der Könige auf die Suche zu gehen, das zu dieser Zeit eigentlich als völlig abgegrast galt. Einem Amerikaner, einer der letzten, die dort gegraben hatten, war 1907 immerhin der Fund eines Fayence-Bechers mit dem Namen des Tutanchamun geglückt. Beeinträchtigt durch die politische Lage konnte Carter schließlich 1917 damit beginnen, nach dem Grab dieses Königs zu suchen – fünf aufeinanderfolgende Winter ohne Erfolg. Nur noch eine kleine unerforschte Fläche unterhalb des Eingangs zum Grab Ramses' VI. war übrig, als er 1922 die letzte Grabungssaison begann, die Lord Carnarvon zu finanzieren bereit war.

Der Tag aller Tage

Als Carter am 4. November 1922 zum Grabungsplatz kam, wunderte er sich, dass niemand arbeitete. Etwas Besonderes war geschehen. Seine Arbeiter waren auf eine Treppenstufe gestoßen und warteten auf Anweisungen. Zügig wurden weitere Stufen freigelegt bis eine Tür mit unbeschädigten Siegeln zum Vorschein kam. „Habe endlich wunderbare Entdeckung im ‚Tal' gemacht; ein großartiges Grab mit unbeschädigten Siegeln; bis zu ihrer Ankunft alles wieder zugedeckt. Gratuliere." So lautete das Telegramm, dass Carter nach Highclere Castle zu Lord Carnarvon schickte. Kaum auszudenken, wie sich die Tage gezogen haben müssen, bis sein Geldgeber am 23. November in Luxor eintraf. Am nächsten Tag lag die ganze Treppe frei und sie

---

Anch

Eine der wenigen Hieroglyphen, die auch des Lesens unkundige Ägypter verstanden, ist das Anch, das Zeichen für „Leben". Seine Form - es besteht aus einem von einer Ellipse gekrönten T - wird unterschiedlich interpretiert: Die einen sehen es ganz banal als Sandalenriemen oder Phallustasche, die anderen meinen darin den Nil mit seinem Delta zu erkennen. Der Querstrich lässt sich bei diesem Bild als Trennung der beiden Landesteile verstehen und markiert zugleich die Hauptstadt Memphis. Das Anch wurde oft als Amulett getragen und später von der koptischen Kirche als ihr Kreuz übernommen.

---

konnten die Eingangstür genauer unter die Lupe nehmen. Sie entdeckten nun Siegel mit dem Zeichen Tutanchamuns, aber auch, dass Grabräuber bereits vor ihnen da gewesen waren. Einen Tag später räumten die Arbeiter den auf die Tür folgenden Gang frei. Wieder eine versiegelte Tür. Carter brach eine kleine Öffnung durch das Mauerwerk und leuchtete hinein. „Können Sie etwas sehen", fragte der Lord. „Ja, wunderbare Dinge", war seine knappe Antwort!

Berge von Gold

Nichts weniger als das reichste Grab aller Zeiten, das kleinste eines Herrschers der 18. Dynastie, hatten sie gefunden. Alleine der innere Sarg des Königs bestand aus 110 kg purem Gold. Er lag in zwei weiteren Holzsärgen, diese in einem granitenen Sarkophag, den der innerste von vier Schreinen barg. In nur vier Räumen stapelte sich alles, was zu einer königlichen Grabausstattung gehört. Selbst seine Mumie, von der berühmten Goldmaske bedeckt, war noch vorhanden. Zehn Jahre benötigte Howard Carter bis alle Objekte, etwa 3500 an der Zahl, ins Ägyptische Museum in Kairo (siehe S. 146) gelangt waren. Auch Tutanchamuns tote Hülle wurde dort untersucht und konserviert.

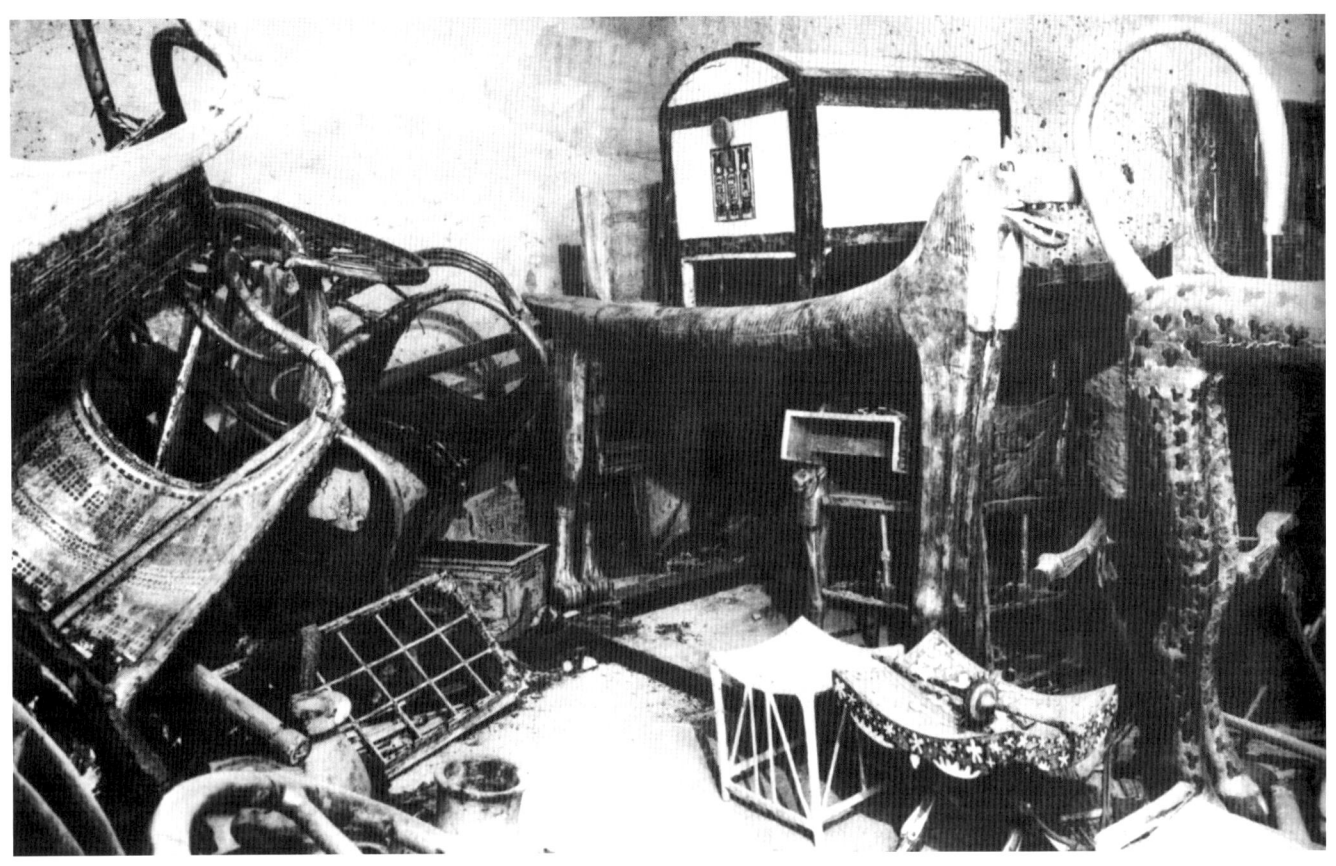

*Kurz nach Tutanchamuns Tod waren zweimal
Räuber in die Grabanlage eingedrungen.
Die zuständigen Beamten hatten danach not-
dürftig, wie dieser Blick in die Vorkammer zeigt,
für Ordnung gesorgt. Rechts das erste von drei
Ritualbetten, links der auseinandergenommene
goldene Streitwagen des Königs.*

Stadt des Totengottes
Abydos

Die Stadt am Kreuzungspunkt der Karawanenwege zum Roten Meer und zu den westlichen Oasen mit Ägyptens Lebensader, dem Nil, der hier einen großen Bogen nach Osten beschreibt, war einst Hauptstadt des achten oberägyptischen Gaus „Ältestes Land". Im kulturellen und politischen Zentrum des südlichen der beiden zu Ägypten vereinigten Länder finden sich Grabbezirke schon aus vor- und frühdynastischer Zeit. Der Ort, dessen religiöse Bedeutung sämtliche Epochen der altägyptischen Geschichte bis in christliche Zeit überdauerte, galt als Wallfahrtsort, man verehrte hier eines der vermeintlichen Gräber des Gottes Osiris.

Uralter Wallfahrtsort
Der Mythos besagte, dass der Kopf des Totengottes nach dessen Zerstückelung in Abydos beigesetzt wurde. Tatsächlich gehört das entsprechende Grab in Umm el-Qaab zu König Djer, dem dritten König der 1. Dynastie. In dieser Nekropole, deren Name „Mutter der Tonscherben" bedeutet, wurden nicht nur die ersten Herrscher Ägyptens bestattet, hier fanden Archäologen auch die ältesten Zeugnisse einer Schrift. Das kultische Zentrum bildete der große Osiris-Tempel, von dem nur noch wenige Reste zu sehen sind. Dem dort verehrten Gott,

der mit Isis und Horus die Göttertriade von Abydos bildete, galten jährlich veranstaltete Festlichkeiten, in denen Tod und Auferstehung des Gottes nachgestellt wurden. Entlang der Prozessionswege errichtete sich jeder Ägypter, der es sich leisten konnte, ein Scheingrab (Kenotaph), um auch nach seinem Tod an den Feiern teilnehmen zu können.

Von Menes bis Sethos I.
Beherrscht wird Abydos noch immer vom vorzüglich erhaltenen Tempel Sethos' I. (1294-1279), den sein Sohn, Ramses II. (1279-1213)

Osiris

Laut der Legende war Osiris, das älteste Kind des Gottes der Erde, Geb, und der Göttin des Himmels, Nut, die erste Kreatur auf Erden und erster König Ägyptens. Sein eifersüchtiger Bruder, Seth, tötete ihn und verstreute die Leichenteile über das ganze Land. Isis (siehe S. 192), Gattin des Osiris, sammelte sie wieder ein, fügte sie mit Binden zusammen, erweckte ihn nach 70 Tagen zum Leben und empfing von ihm Horus, beider Sohn. Er wird mumienartig dargestellt, mit Krone, Krummstab und Geißel. Als Gott des Todes und der Wiedergeburt lieferte er Grund und Vorbild für die Mumifizierung.

---

vollendete. Wegen der Farbenpracht seines Reliefschmucks zählt er zu den bedeutendsten Sakralbauten des Neuen Reichs (1550-1069). Man betritt den auf L-förmigem Grundriss errichteten Kultbau nach der Durchquerung zweier Höfe durch einen Säulensaal, der durch sieben Tore mit einem zweiten Säulensaal verbunden ist. An ihn schließen sich, erreichbar über kurze Rampen, sieben Kapellen an, die der Göttertriade von Abydos, den Reichsgöttern Amun, Re und Ptah und Sethos I. geweiht waren. Nur durch die Kapelle des Osiris gelangte man in einen Raumtrakt, der für Mysterienfeiern reserviert war. Die für die Chronologie der ägyptischen Herrscher grundlegende Königsliste, auf der die Namen der 75 Vorgänger Sethos' I. verzeichnet sind, ist in einem Seitenflügel zu besichtigen. Hinter dem Königstempel liegt das Osireion, das einst von einem mit Bäumen bepflanzten Hügel bedeckte Scheingrab des Gottes. Als künstliche, von einem Wassergraben umgebene Insel, symbolisierte er Urhügel und -wasser der Schöpfung (siehe S. 10). Vermutlich war es die Nähe dieser Kultanlage, die Ahmose, den ersten König des Neuen Reichs, dazu veranlassten, sich am südlichen Rand der Stadt eine Pyramide mit Totentempel zu erbauen, die letzte ihrer Art.

Die Göttertriade von Abydos war äußerst populär im alten Ägypten. Horus mit der Doppelkrone, dessen Vater Osiris auf einem Sockel und dessen Schwestergemahlin Isis mit Sonnenscheibe zwischen Kuhgehörn sind hier als Anhänger für König Osorkon II. aus Gold, Lapislazuli und rotem Glas gearbeitet.

Reichsheiligtum und Priesterstadt
Karnak

Die großartigste Periode seiner Geschichte erlebte die Kultstätte des Gottes Amun (siehe S. 68) in Theben – heute unter dem Namen des bei Luxor gelegenen Dorfes Karnak weltbekannt – während des Neuen Reichs, als sie zum Hauptheiligtum und religiösen Zentrum des Landes wurde. Der Tempelbezirk, an dem über 2000 Jahre gebaut wurde, besteht aus drei eigenständigen Bezirken, die im 4. Jh. v. Chr. jeweils mit einer Mauer aus ungebrannten Nilschlammziegeln umgeben wurden: Im Zentrum die größte und am besten erhaltene Tempelanlage des Neuen Reichs, der Amun-Tempel, im Norden anschließend der wesentlich kleinere Bezirk des thebanischen Stadtgottes Month und im Süden das Areal der Geiergöttin Muth, Gemahlin des Amun, bisher wenig erforscht und größtenteils zerstört.

Ein Wald von Säulen
Die Stelle, an der der Schöpfergott Amun-Re die Welt erschaffen haben soll, nimmt der diesem Gott geweihte, trapezförmige Tempelbezirk ein, der ein Areal von etwa 500 x 700 m bedeckt. Es ist mehr eine Tempelstadt als ein Tempel, denn außer dem eigentlichen Amun-Heiligtum beherbergt der Bezirk noch weitere Heiligtümer, Obelisken, Kapellen und den größten Tempelsee Ägyptens. Die Anlage besitzt zwei Achsen, eine in Ost-West-Richtung, die als Hauptachse durch sechs zweitürmige Eingangstore (Pylone) vom Eingang bis zum Allerheiligsten führt und eine in Nord-Süd-Richtung, die zwischen dem dritten und vierten Pylon beginnt und durch weitere vier Pylone zum Anfang einer Sphingenallee leitet, die am Tempelbezirk der Göttin Mut im Süden endet. Vom 1. Pylon im Westen kommend, mit 113 m Breite und 44 m Höhe dem gewaltigsten, der in Ägypten je errichtet wurde, durchquert man Hof um Hof bis man sich in einem Wald aus Säulen wiederfindet. Auf einer Grundfläche, die einem Drittel der Peterskirche in Rom entspricht, wachsen in der Halle Sethos' I. 134 Papyrusbündel- und Dolden-

---

Mut

Die Mutter- und Himmelsgöttin Mut, für die als Hieroglyphenzeichen ein Geier steht, bildete zusammen mit ihrem Gemahl Amun und beider Sohn, dem Mondgott Chons, die Triade von Theben, wo ihr ein großes Heiligtum geweiht war. Sie galt als Tochter des Sonnengottes Re. Abgebildet wurde sie in einem langen, vielfarbigen Kleid mit einer Geierhaube als Kopfschmuck und, als Gemahlin des Königs der Götter, zusätzlich mit der Doppelkrone.

---

säulen in 16 Reihen in die Höhe. Sie ragen im Mittelschiff 21 m hoch auf und sind überreich mit teilweise noch immer farbigen Reliefs versehen. Der fortlaufenden Vergrößerung des Amun-Tempels fielen ältere Gebäude zum Opfer, deren Reste neu verbaut wurden. Den Archäologen ist es gelungen, diese Spolien zu bergen und einige der ursprünglichen Bauten zu rekonstruieren, darunter solche Kostbarkeiten wie die „Weiße Kapelle" Sesostris' I., die „Alabaster-Kapelle" Amenophis' I. und die „Rote Kapelle", das große Barkenheiligtum der Hatschepsut. Außerdem entdeckten sie vor dem 7. Pylon eine Grube mit fast 18 000 Bronze- und Steinfiguren, die hier in heiliger Erde vergraben wurden.

Die Macht des Hohenpriesters
Der Amun-Tempel hatte neben seiner religiösen Funktion auch eine immense Bedeutung als Wirtschaftsfaktor. Wer ihn lenkte, besaß Macht. Er war mit tausenden Quadratkilometer umfassenden Ländereien, zugehörigem Personal, hunderttausenden Stück Vieh und kiloweise Gold ausgestattet, daher befinden sich neben den heiligen Gebäuden auch zahlreiche Nutzbauten für die Verwaltung, Archive, Lagerräume, Werkstätten und Magazine sowie Priesterwohnungen auf dem Gelände.

*Das Mittelschiff des Hypostyl genannten großen
Säulensaals Sethos' I. wird von zwei Reihen zu je
sechs Säulen mit geöffnetem Kapitell getragen,
die nach Norden und Süden anschließenden
niedrigeren vierzehn Seitenschiffe von solchen
mit geschlossenem Kapitell, wie hier in der Mitte
zu sehen. Alle Säulenschäfte sind reich verziert.*

Krieg und Frieden
Das Militär

Wenn man den Nachrichten glauben darf, die uns aus dem Alten Reich überliefert wurden, waren die Ägypter ein friedliebendes Volk. Keinerlei militärische Ränge sind uns bekannt, ein stehendes Heer hat es nicht gegeben. Nur die üblichen Abbildungen des Pharaos in Siegerpose, wie er mit der Keule zum Schlag auf den Kopf eines Gegners ausholt, macht einen kriegerischen Eindruck. Es ist die typische Darstellung für das „Niederschlagen der Feinde", wurde später zum Symbol des für Ordnung sorgenden Königtums und fand bis ans Ende der dynastischen Zeit Verwendung.

Die Entstehung einer Armee
Kam es zu Feldzügen, so nicht, um die Staatsgrenzen auszudehnen, sondern um die wirtschaftlichen Interessen Ägyptens zu wahren. Die dazu notwendigen Truppen wurden vor Ort aus der Domänen-, Schatzhaus- oder Tempelverwaltung rekrutiert. Geführt wurden sie von Zivilbeamten, unter denen die geworbenen Männer sonst arbeiteten. Als hauptberufliche Soldaten wurden zu dieser frühen Zeit der ägyptischen Geschichte wohl nur Nubier, vielleicht auch Libyer eingesetzt.
Alles änderte sich in der Ersten Zwischenzeit (siehe S. 58). Die Zentralmacht war geschwächt, die Gaufürsten (siehe S. 30) reagierten darauf mit der Aufstellung von Milizen. Von da an entwickelte sich das Militär zunehmend als eigene Berufsgruppe mit straff organisierter Hierarchie, an deren Spitze der „Oberkommandierende" mit seinen Generälen stand. Er stammte in der Regel aus dem Königshaus. Nun begannen die Könige die Landesgrenzen weiter nach Süden zu schieben, wo sie von Festungen genauso gesichert wurden wie die „Horusweg" genannte Grenze im Nordosten. Das Heer war in drei, später in vier Divisionen zu jeweils etwa 5000 Mann eingeteilt, die nach den Göttern Amun, Re, Ptah und Seth benannt waren. Revolutionär war die Einführung von Pferd und Streitwagen am Ende der Zweiten Zwischenzeit durch die Hyksos (siehe S. 80). Die Besatzung der von zwei Pferden gezogenen Wagen bestanden aus Fahrer und Kämpfer, der mit Wurfspießen, Bogen, Streitaxt und Kurzschwert bewaffnet sein konnte. Auch eine bewaffnete Flotte gab es, die allerdings hauptsächlich für den Truppentransport in Anspruch genommen wurde.

Ein bunt gemischter Haufen
Der Beruf des Soldaten war unbeliebt, obwohl er ein Sprungbrett zu höchsten Ämtern sein konnte. Mit Haremhab (1323-1295) und Ramses I. (1295-1294) gelangten gleich zwei Offiziere hintereinander auf den Thron. Die Könige waren gezwungen, ihre Reihen mit Söldnern aufzufüllen. Sie und bei den Feldzügen gemachte Kriegsgefangene sorgten für eine Durchmischung der Bevölkerung mit Fremden, die dann mit der 22. und 23. Dynastie sogar die Macht übernahmen.

Haremhab
Die Eltern des unter Tutanchamun zum Oberbefehlshaber und Thronerben aufgestiegenen Haremhab sind unbekannt. Er kam aus dem Nichts und erscheint erstmals als außenpolitischer Berater des Königs. Verheiratet war er in zweiter Ehe möglicherweise mit einer Schwester der Nofretete. Als deren Tochter, die Witwe Tutanchamuns, einen hethitischen Prinzen heiraten will, der da-durch zum Herrscher Ägyptens würde, war es vielleicht Haremhab, der Zannanza, so der Name des Heiratswilligen, aus dem Weg räumte. Bevor er selbst an die Macht kommen sollte, folgte noch ein kurzes Intermezzo durch Aja (1327-1323), der Haremhab zwar verdrängte, aber zu seinem Nachfolger ernannte. Der General auf dem Thron starb nach langer Regierungszeit (1323-1295) und wurde im Tal der Könige bestattet.

Die bemalte Holztruhe Tutanchamuns –
die Grabbeigabe, die Howard Carter am meisten
faszinierte – zeigt auf ihrem Deckel Jagdszenen,
auf den Längseiten den König auf seinem
Streitwagen im Kampf gegen Syrer und Nubier,
die in wildem Chaos zu fliehen versuchen.

Eroberer und Bauherr
Sethos I. (um 1294-1279 v. Chr.)

Es scheint so, als habe es Sethos I. (1294-1279) darauf angelegt, seine Vorgänger, Thutmosis III. und Amenophis III., zu überflügeln, den einen als Kriegsherrn, den anderen als Auftraggeber großer Bauprojekte. Es war ihm nicht in die Wiege gelegt worden. Als er aufwuchs, er wurde um das Jahr 1324 v. Chr. geboren, regierten die Nachfolger Tutanchamuns, Aja und Haremhab, das Land. Sein Vater, Paramessu, war zu dieser Zeit dabei, beim Militär Karriere zu machen, die er übergangslos im zivilen Bereich fortsetzen konnte. Er brachte es bis zum Wesir, wurde von Haremhab zum Thronfolger bestimmt und bestieg

als Ramses I. (1295-1294) den Thron, damit gleichzeitig eine neue, die 19. Dynastie, begründend. Sein Sohn Suti, den die Griechen Sethos nannten, machte eine ähnliche Karriere wie sein Vater, war Truppenoberst, Chef der Streitwagentruppen, Hohepriester des Gottes Seth und Wesir bis er Ramses I. als König folgte, nachdem sein für ägyptische Verhältnisse mit etwa 50 Jahren schon alter Vater bereits nach knapp zwei Jahren an der Regierung starb. Es war seit sechs Pharaonen das erste Mal, dass der Thron wieder auf diese Weise, vom Vater auf den Sohn, vererbt wurde.

Innenpolitik

Der neue Herrscher wandte sich im Inneren der Restauration der alten Religion zu. Er ließ in der Amarna-Zeit ausgehackte Inschriften wieder herstellen und in Abydos zu Ehren des Gottes Osiris einen monumentalen Tempelneubau errichten. Auch dem besonders vernachlässigten Reichsgott Amun wollte er zu neuem Ansehen verhelfen und ließ dessen Tempel in Karnak einen wahrhaft königlichen Säulensaal, das Hypostyl, hinzufügen. In welchen Größenordnungen der noch als Sohn eines Offiziers geborene Pharao dachte, zeigt besonders sein Grab im Tal der Könige, die größte und schönste aller dort gebauten An-

lagen. Es führt 100 m in die Tiefe und besitzt Malereien, die sich auf Wänden und Decken erstmals durch alle Räume und Gänge ziehen. Der zugehörige Totentempel in Theben-West wurde wegen seiner harmonischen Architektur Vorbild für viele Tempel der 19. und 20. Dynastie.

Außenpolitik

Die Bauten Sethos' I. boten viel Platz neben den Göttern auch die Taten des Königs zu verherrlichen. Sie erschöpften sich nicht nur in der Stabilisierung des Landes, sondern machten auch Feldzüge gegen Nubier und Libyer notwendig, die die Grenzen im Süden und Westen bedrohten. Bereits in seinem ersten Regierungsjahr war Asien sein Ziel, wo Beduinenstämme in Südpalästina für Unruhe sorgten und Stadtstaaten in Syrien aufbegehrten. Sethos I. starb im Alter von etwa 45 Jahren in Memphis. Sein Alabastersarkophag befindet sich heute in London, seine Mumie hat sich, da sie vor Grabräubern rechtzeitig in Sicherheit gebracht wurde, erhalten. Als weitblickender Herrscher hatte er schon früh für seine Nachfolge vorgesorgt. Der erste Kandidat starb jedoch noch zu seinen Lebzeiten, in seinem Sohn, Ramses, später oft als „der Große" apostrophiert, fand er einen würdigen Ersatz.

Seth

Mit Seth verbanden die Ägypter alles Üble und Feindliche wie die Wüste oder das Ausland. Zu erkennen ist er an seinem Kopf, der, versehen mit einer rüsselartigen Schnauze und aufrecht stehenden, kantigen Ohren, auf einem Menschenleib sitzt. Auch als Nilpferd, Esel oder Schwein hat man sich ihn vorgestellt, als jede Art von Tier, das man verabscheute. Den Kampf zwischen Horus und Seth um die Macht auf Erden entschied der Götterkönig Re zugunsten des ersten. Für den Unterlegenen blieben als Zuständigkeit nur Chaos und Verwirrung.

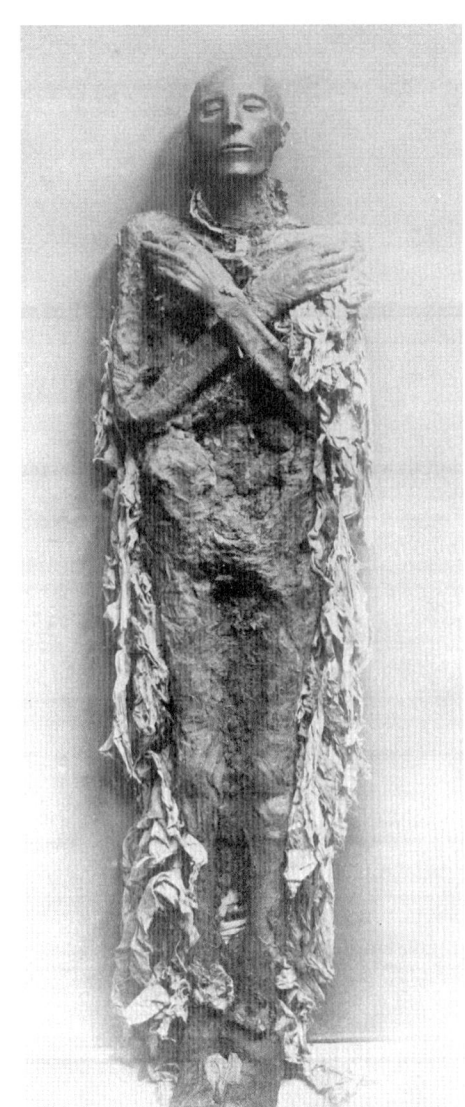

Die hier von ihren Binden befreite Mumie
König Sethos I. hat sich in der Cachette von
Deir el-Bahari erhalten, dem 1871 entdeckten
Schachtgrab des Hohepriesters Pinodjem II.,
in das fromme Priester um 930 v. Chr. über
40 königliche Mumien samt annähernd 6000
Grabbeigaben in Sicherheit brachten.

Die hohe Kunst der Politik
Ramses II. (1279–1213 v. Chr.)

Es war Sommer. Man schrieb das 67. Jahr der Regentschaft des „starken Stiers, von der Maat geliebt", des „Beschützers Ägyptens, der die Fremdländer bezwingt", des Usermaatre, „reich an Jahren, groß an Siegen", des zur Binse und Biene Gehörenden und wie seine Titel noch lauteten. Einige glaubten, als lebendem Gott auf Erden sei ihm das ewige Leben vergönnt. Doch schon lange hatten ihn starke Zahnschmerzen geplagt, die „Sonne Ägyptens" ging von Athrose gebeugt. Und nun war es passiert, Ramses II. war tot, der „Falke war gen Himmel geflogen". Das waren die traditionellen Worte, mit denen der Tod eines Pharaos verkündet wurde.

Familienangelegenheiten
Bei dem der Krönung vorausgehenden Reinigungsritual hatte der Priester Ramses II. (1279-1213) zahlreiche Regierungsjubiläen gewünscht. Er feierte 14 und regierte damit länger als jeder andere Herrscher Ägyptens, vielleicht mit Ausnahme Pepis II. (2278- um 2184). Und er sorgte für weitere Superlative: Kein Pharao hat mehr Heiligtümer und Denkmäler errichten lassen als er und von keinem ist eine größere Nachkommenschaft bekannt, nämlich mehr als 100 Söhne und Töchter. Bei seinem langen Leben – er wurde etwa 90 Jahre alt – ist es kein Wunder, dass viele von ihnen

bereits vor ihm starben, sein Nachfolger Merenptah (1213-1203), sein 13. Sohn, war bereits hoch in den Sechzigern als er endlich den Thron besteigen konnte. Er war der Sohn der Großen Königlichen Gemahlin Isisnofret. Die Lieblingsfrau Ramses' aber war Nefertari, die sogar mit ihm reiste. Ihr Grab gilt als das schönste im Tal der Königinnen.

Frieden mit den Hethitern
Zu den großen Leistungen Ramses' II. gehört ein Nichtangriffspakt mit den Hethitern, der erste bekannte Staatsvertrag zweier Großmächte, geschlossen am 21. November 1259. Ihm war 16 Jahre zuvor die größte Schlacht in der ägyptischen Geschichte vorausgegangen, die Schlacht um die Stadt Kadesch (siehe S. 168) in Syrien.
Unter den großen Bauprojekten, die mit seinem Namen verbunden sind, befinden sich die beiden Felsentempel von Abu Simbel, das Ramesseum, sein Totentempel am Westufer Thebens, und die neue, um eine Sommerresidenz seines Vaters gegründete Stadt Piramesse, „Haus des Ramses", am östlichen Ufer des pelusischen Nilarmes, dem östlichsten von sieben, die das Delta des Flusses bildeten. Die etwa 10 km² große Stadt, die auch das alte Auaris, die Hauptstadt der Hyksos (siehe S. 80), mit einbe-

zog, machte er in seinem 10. Regierungsjahr zur Hauptstadt des Landes. Hier lebte er seitdem, hier starb er. Sein Leichnam wurde mumifiziert und in sein schon lange bereit stehendes Grabmal im Tal der Könige überführt. Die meisten Ägypter, die den Leichenzug verfolgten, hatten nie einen anderen Pharao erlebt, mit seinem Tod endete eine friedvolle und glänzende Epoche. Die weitverbreitete Meinung, dass Ramses II. der biblische Bedrücker der Kinder Israel war, entbehrt jeder historischen Grundlage.

Ramessiden
Ramses, den bekanntesten und am zweithäufigsten verwendeten Königsnamen der ägyptischen Geschichte, trugen elf von 18 Königen der 19. und 20. Dynastie, weswegen diese Epoche auch als Ramessiden-Zeit bekannt ist. Während die ersten beiden Namensträger als Großvater und Enkel der 19. Dynastie angehören, begründete der Vater Ramses' III., Sethnacht (1186-1184), die 20. Dynastie. Er stand in keinem verwandtschaftlichen Verhältnis zu seinen Vorgängern. Alle weiteren Ramessiden, wahrscheinlich alle Angehörige seiner Familie, wählten ihren Königsnamen nach ihrem großen Vorgänger, Ramses II.

Vor den Osiris-Pfeilern im zweiten Hof des Ramesseums, des Totentempels Ramses' II. in Theben-West, wurde einer von zahlreichen erhaltenen Ramses-Köpfen aufgestellt. Wie auch die Figuren vor dem Großen Tempel in Abu Simbel, die ebenfalls den großen Pharao zeigen, weißt er vermutlich keine Porträtähnlichkeit auf.

Schlacht ohne Verlierer
Kadesch

Bei der syrischen Stadt Kadesch, am Oberlauf des Orontes, nahe der Grenze zum Libanon, tobte im Mai 1274 v. Chr. die erste größere Schlacht der Antike. Ramses II. (1279-1213), der Anführer einer der beiden Kriegsparteien, sorgte dafür, dass jeder Ägypter über seinen vermeintlichen Sieg unterrichtet wurde, auf Papyrus wie auch auf den Wänden der von ihm erbauten Tempel. Insgesamt 13 ägyptische Schilderungen der Ereignisse haben sich so erhalten. Keine von Seiten der Gegner.

Die Vorgeschichte
Schon lange gehörte Ägypten zu den einflussreichen Mächten in Vorderasien, als die Kleinasien beherrschenden Hethiter versuchten, ihre Grenzen auszudehnen. Es gelang ihnen, den Fürsten von Amurru, auf dessen Gebiet

das strategisch wichtige Kadesch lag, zu ihrem Vasallen zu machen. Amurru, bis dahin ein Pufferstaat zwischen dem ägyptisch kontrollierten Palästina und dem Hethiterreich, war nun Feindesland, eine Bedrohung. Die Rückeroberung durch Sethos I. blieb Episode, kaum hatte er das Land verlassen, eroberten die Hethiter die Stadt zurück.

Schlacht und Resultate
Ramses II. führte die Außenpolitik seines Vaters fort, marschierte 1273 v. Chr. mit einem Heer nach Syrien und konnte den erneuten Anschluss Amurrus an Ägypten erreichen. Er beschloss sich diesen Erfolg zu Nutze zu machen und im Jahr darauf erneut gegen die Hethiter zu marschieren. Seine Streitmacht umfasste etwa 20000 Mann, teilweise in Streitwagen,

bewaffnet mit Bögen und Hiebwaffen aus Bronze. Ihnen standen 37 000 Fußsoldaten auf hethitischer Seite gegenüber, dazu noch 2500 Streitwagen. Ohne auf die Ankunft von drei seiner vier Divisionen zu warten, wagte der König einen Vorstoß auf Kadesch, denn er hatte nichts zu befürchten: Zwei Beduinen berichteten ihm, dass der hethitische König Muwatalli mit seinen Truppen im 200 Kilometer entfernten Aleppo lagerte. Doch dies war nur eine List, tatsächlich hatte er hinter einem Hügel östlich von Kadesch Stellung bezogen. Die Hethiter griffen an und umzingelten Ramses, seine Leibgarde und die erste Division „Amun". Die zweite Division, „Re", suchte ihr Heil in der Flucht, während die beiden anderen Divisionen, „Ptah" und „Seth" noch weit zurück lagen. Glücklicherweise erschien nun eine ägyptische Elitetruppe, die einen anderen Weg eingeschlagen hatte und nun von Westen auf das Geschehen traf. Sie befreite den König, dem es sogar noch gelang, einen geordneten Rückzug anzutreten. Amurru fiel damit wieder an die Hethiter, mit denen Ramses 15 Jahre später einen Friedensvertrag aushandelte, der bis zum Untergang ihres Reiches Bestand hatte. Seine Niederlage wurde in Ägypten in einen triumphalen Sieg umgedeutet, seine Rettung als göttliche Fügung interpretiert.

Hethiter
Während des 2. Jt. v. Chr. die beherrschende Macht Kleinasiens, deren Könige auf einer Ebene mit den Herrschern Babyloniens und Ägyptens verhandelten, war ihre Existenz bis auf ein paar Bibelstellen bis ins 19. Jh. unbekannt. Der Fund eines riesigen in Keilschrift abgefassten Archivs in ihrer Hauptstadt Hattusa brachte Anfang des 20. Jh. Licht in das Dunkel ihrer Kultur. Ihr Einfluss reichte zeitweise bis an den Euphrat und weit ins westliche Kleinasien hinein. Das brachte sie auf Konfrontationskurs mit Ägypten, das sich in der entscheidenden Schlacht bei Kadesch 1274 v. Chr. geschlagen geben musste. Durch Thronzwistigkeiten geschwächt und an den Grenzen bedrängt, brach das Hethiterreich um 1200 v. Chr. zusammen, 400 Jahre später wurden die Reste von Assyrien erobert.

*Zeichnung (1832) von Ippolito Rosellini nach
einem Relief im Großen Tempel von Abu Simbel:
Ramses II. kämpft gegen seine Feinde.*

Tempel im Fels
Abu Simbel

Ganz im Süden Ägyptens, 280 km südlich von Assuan, nur 40 km vor der sudanesischen Grenze, liegt Abu Simbel. Der Ort ist weltberühmt, denn hier erheben sich zwei Tempel, die einst der große Ramses hatte errichten lassen. Weithin sichtbar stehen der Große Tempel und der Hathor-Tempel jedoch nicht mehr an ihrem angestammten Platz. Die neben den Pyramiden monumentalsten Baudenkmäler des alten Ägypten wurden 1964-68, in 1036 Teile zersägt, 180 m landeinwärts und 64 m oberhalb ihres ursprünglichen Standorts an der Westseite des Nils wieder aufgebaut. Die Rettungsaktion der UNESCO bewahrte sie vor dem Schicksal, in den Fluten des Nasser-Stausees zu versinken.

Der Große Tempel

Als eine von acht Tempelanlagen ließ Ramses II. (1279-1213) den Großen Tempel am Anfang seiner Regierungszeit in Nubien errichten, das damals Teil des ägyptischen Reiches war. Das „Haus des Ramses, geliebt von Amun", so der antike Name, war den drei Staatsgöttern, Amun-Re, Ptah und Re-Harachte sowie dem Pharao selbst geweiht. Von anderen Tempeln unterschied er sich vor allem durch die Bauweise: Wie ein Felsengrab im Tal der Könige wurde er in das gewachsene Ge-

stein geschlagen. Neben einer kleinen Sonnenkapelle sind nur die Mauern, die den Vorplatz einfassten, in herkömmlicher Weise aufgemauert. Der von Westen nach Osten ausgerichtete Sakralraum wird eindrucksvoll von vier sitzenden Kolossalfiguren bewacht. Sie alle zeigen das Antlitz des Erbauers, der dem Staatsdogma gemäß als lebender Gott auf Erden verehrt wurde. Jeder der 22 m hohen Statuen trägt neben dem Nemes-Kopftuch die Doppelkrone Unter- und Oberägypten. Zwischen ihren Beinen stehen kleinere Figuren, die Familienmitglieder darstellen, das Tor in der Mitte wird vom falkenköpfigen Sonnengott Re-Harachte überragt. Auch im Innern ist Ramses mehrfach zu sehen: Acht Pfeiler tragen seine Züge, Reliefs verherrlichen seine Taten. Im Allerheiligsten, dem westlichsten Raum des Tempels, geschieht jedes Jahr

pünktlich am 21. Februar und 21. Oktober (vor der Umsetzung des Tempels war es einen Tag früher) das Sonnenwunder: Die aufgehende Sonne bestrahlt dann die 55 m vom Eingang entfernte Rückwand mit den Statuen der Tempelgötter.

Der Kleine Tempel

Der 120 m weiter nordöstlich gelegene kleinere Tempel ist der kuhohrigen Göttin der Liebe und Freude, Hathor, und Ramses' Lieblingsfrau, Nefertari, geweiht. Auch ihn hat man aus dem Felsen geschält. Bewacht wird hier der Eingang von sechs stehenden Figuren, die viermal den König und dazwischen, in gleicher Größe, die Königin zeigen – ein seltenes Symbol der Wertschätzung, das sich auf den Reliefs im Inneren wiederholt, die Szenen aus dem Leben des Herrscherpaares zeigen.

Seevölker

Ägypten wurde um 1200 v. Chr. zweimal von Fremdvölkern angegriffen, für die der Ägyptologe Gaston Maspero den Sammelbegriff „Seevölker" geprägt hat – die Ägypter nannten sie verallgemeinernd „die Völker hinter den Inseln". Ihre Namen sind durch ägyptische Texte bekannt, nicht jedoch, wer sie waren, woher sie kamen und wo

sie blieben. In den Danuna wollen Forscher die Danaer aus Homers Ilias, in den Peleset, die Philister der Bibel erkennen. Die Schardana könnten Sardinien seinen Namen gegeben haben. Am wahrscheinlichsten stammten sie aus Westanatolien und von den ägäischen Inseln. Es wäre das erste Mal, dass europäische Völker den Schauplatz der Geschichte betreten.

Die beiden Tempel von Abu Simbel, links der Große, rechts der Kleine Tempel, wurden, unterstützt von einer Stahlkonstruktion, am heutigen Standort wieder aufgebaut. Damit die um die Heiligtümer aufgeschütteten Felsen, die die alte Lage simulieren sollen, nicht direkt auf ihnen lasteten, überwölbte man beide Tempel zuvor mit den bis dato größten sphärischen Kuppeln.

Die Bibel als Geschichtsbuch
Das Alte Testament und Ägypten

Das Bild, dass die Menschen vergangener Zeiten von Ägypten hatten, war, zumindest im christlich-europäischen Kulturkreis, durch die biblische Darstellung geprägt. Es war ein vornehmlich düsteres Bild, das da gezeichnet wurde. In den Köpfen der Menschen setzte sich daher die Vorstellung von Willkürherrschaft fest, die nur mit Gottes Hilfe zu überlisten war. Man dachte an die „fetten Fleischtöpfe Ägyptens", die Verwendung des Wortes „Pharao", Traumdeutung und Magie sind auf sie zurückzuführen.

War Moses in Ägypten?
Vor allem aber ist das Alte Testament seit der Regierungszeit des Königs Siamun (978-959) eine unentbehrliche Quelle, was die ägyptisch-palästinensischen Beziehungen betrifft. Es war die Zeit, als es die Schwäche Ägyptens und des Zweistromlandes Saul, David und Salomo ermöglichten, ein israelitisches Großreich zu gründen. Noch vor der Staatenbildung haben einzelne semitische Stämme das Land am Nil bei ihren Wanderungen berührt, einige wurden dort sogar sesshaft. Das jedenfalls erfahren wir durch das 2. Buch Mose, das Buch Exodus, das davon berichtet, wie Israeliten – die Nachkommen der zwölf Söhne Jakobs – einige Zeit im Ostdelta leben, dort zum Bau der Städte Pithom und Piramesse gepresst werden und schließlich – unter Moses' Führung – fliehen können. Ob und wenn ja wann dies geschehen sein könnte, ist umstritten, historisch gesicherte Belege fehlen, die möglichen Datierungen bewegen sich zwischen dem 15. und 12. Jh. v. Chr. Auch die Josephslegende gehört in diesen Zusammenhang. Wären dies die ältesten Ereignisse in der Geschichte Ägyptens, auf die die Bibel sich bezieht, so enden die in verschiedenen Büchern des Alten Testaments enthaltenen Nachrichten aus dem Pharaonenreich mit dem Untergang des Königreichs Juda, das 587 v. Chr. erst babylonische, dann persische Provinz wurde. Die großen Ereignisse der ägyptischen Geschichte fehlen jedoch in der Bibel ebenso, wie umgekehrt die der Geschichte Palästinas in ägyptischen Quellen.

Ägyptische Liebeslieder in der Bibel
Neben den historischen Beziehungen von Palästina zu Ägypten sind es die kulturellen Verflechtungen, die das Alte Testament an einigen Stellen dokumentiert. Gemeinsamkeiten zeigen sich in erster Linie bei der Weisheitsliteratur, bei der besonders auf die Nähe der Sprüche Salomos zur Weisheitslehre des Amenemope hinzuweisen ist. Einige markante Übereinstimmungen zwischen dem Sonnenhymnus Echnatons (siehe S. 140) und dem Psalm 104 sind ebenfalls nicht unbemerkt geblieben. Schließlich zeigt das um 500 v. Chr. entstandene Hohelied Salomos, ein erotisches Gedicht, formale Parallelen zu ägyptischen Liebesliedern. Doch das ist bei weitem nicht alles: In vielen Details lassen sich ägyptische Motive nachweisen, Wörter, ja ganze Redewendungen haben Eingang in die Bibel gefunden und auch der umgekehrte Fall kommt vor.

> ### Israel
> Die erste Erwähnung des Namens Israel findet sich in ägyptischen Quellen. Auf einer Stele König Merenptahs (1213-1203) in dessen Totentempel in Theben wurde in seinem 5. Regierungsjahr folgender Text in Stein gehauen: „Kanaan ist verheert, Askalon erobert, Gezer eingenommen, Januam ausgelöscht, Israel verwüstet, sein Samen existiert nicht mehr". Dabei geht aus der Art der Hieroglyphen-Schreibung hervor, dass es sich bei Israel um ein Volk oder einen Stamm, nicht jedoch um eine Stadt handeln muss. Woher die Israeliten kamen und wer sie waren, bleibt ungewiss und wird noch lange Stoff für so manche Dissertation bieten.

Die berühmteste Wandmalerei aus den Gräbern von Hassan, einer Nekropole von Gaufürsten der 11. und 12. Dynastie, findet man im Grab des Chnumhotep, der unter Sesostris II. „Vorsteher der Ostwüste" war. Sie zeigt eine Handelskarawane, deren Teilnehmer durch Haartracht, Backenbart und Kleidung als Angehörige eines semitischen Stammes gekennzeichnet sind (Kopie von E. Weidenbach).

Inflation der Throne
Die Dritte Zwischenzeit (1069-656 v. Chr.)

Wie schon die beiden Zwischenzeiten zuvor, die jeweils das Alte und das Mittlere Reich ablösten, ist die Dritte Zwischenzeit durch einen Verfall der Staatsmacht gekennzeichnet sowie durch die in rascher Folge wechselnden Herrscher und Dynastien. Erst der 25., der kuschitischen Dynastie (747-656) gelang es schließlich, das Land wieder zu vereinen.

Fünf Könige an der Macht

Der Schwiegersohn Ramses XI., Smendes (1069-1043), Begründer der 21. Dynastie (1069-945), fühlte sich als Nachfolger der Ramessiden. Er verlegte die Hauptstadt ins im Nildelta gelegene Tanis. Gleichzeitig expandierten die Hohenpriester des Amun in Theben, die nach dem Ende der Eingötterherrschaft Atons zu neuen Ehren und Macht gekommen waren, mit ihrem Staat im Staat. Sie, die die weltliche und religiöse Herrschaft über den thebanischen Gottesstaat in ihrer Person vereinigten, waren verwandtschaftlich mit den Taniten verbunden. Das Nebeneinander hatte erst ein Ende, als mit der 22. Dynastie (945-715) schon seit langem in Ägypten siedelnde Libyer auf den Pharaonenthron gelangten. Scheschonk I. (945-924) gelang es, Oberägypten wieder stärker in sein Reich einzubinden, indem er einen seiner Söhne als Ho-

hepriester des Amun in Theben einsetzte. Die in Bubastis im Nildelta regierende libysche Dynastie, die sogenannten Bubastiden, versuchten ihre über 200 Jahre dauernde Herrschaft zu festigen, indem sie das Land wie einen Familienbetrieb führten: Alle Schaltstellen der Macht besetzten sie mit Mitgliedern der Königsfamilie. Eifersüchteleien und Intrigen waren die Folge, Scheschonk III. (825-773) vorerst letzter „Herr der beiden Länder". Ein libyscher Fürst aus Leontopolis erhob 818 v. Chr. Anspruch auf die Königswürde, schaffte sich in Mittelägypten sein eigenes Reich und begründete dort die 23. Dynastie (818-

---

Geld

Geld, genormte und garantierte Edelmetallstücke als Zahlungsmittel, wurde erst um die Mitte des 7. Jh. v. Chr. in Kleinasien erfunden. Rund dreihundert Jahre danach ließen die ägyptischen Könige erstmals Münzen mit der hieroglyphischen Aufschrift „gutes Gold" prägen. Sie mussten damit griechische Söldner bezahlen, die nicht an den bis dahin gängigen Tauschmitteln interessiert waren. Üblich war es zuvor, mit Gegenständen oder Lebensmitteln zu zahlen, für die seit der 20. Dynastie (1186-1069) ein fester Wertmaßstab in Kupfer existierte.

---

715). Doch es blieb nicht bei dieser Teilung: Am Ende des 8. Jh. v. Chr., nachdem es dem Fürsten von Sais, Tefnacht (727-720), gelungen war, eine das gesamte Westdelta und Memphis umfassende 24. Dynastie (727-715) zu gründen, teilten sich fünf Könige die Macht in Unter- und Mittelägypten.

Die schwarzen Pharaonen

In Nubien, das als Vizekönigreich von Kusch früher ein Teil von Ägypten war, hatte sich seit dem 10. Jh. v. Chr. ein einheimisches Königtum gebildet, das sich von den ehemaligen Besatzern kaum unterschied. Erst als sich ihr Einflussgebiet schon bis nach Theben erstreckte, sahen sich die Könige im Delta dazu veranlasst, einzuschreiten. Sie wurden von Pije (747-716), dem König von Nubien, besiegt, der damit zum ersten „schwarzen Pharao", Sohn des Horus, Herr von Unter- und Oberägypten wurde. Die „Kuschiten", die 25. Dynastie (747-656), bescherten mit ihrem Gold dem Land einen wirtschaftlichen Aufschwung, nie seit den Zeiten des Neuen Reichs wurden so viele Bauwerke errichtet. Das weckte Begehrlichkeiten: Assyrische Truppen eroberten das Land, der letzte kuschitische Herrscher zog sich 663 v. Chr. nach Napata, in die alte nubische Hauptstadt, zurück.

In einer Epoche, in der die Macht immer mehr zerfiel, hielt sich die Kunst an Vorbilder aus besseren Zeiten. Bestes Beispiel für die zur Vollendung gelangte Technik, Großbronzen herzustellen und sie durch Tauschieren, dem Einlegen von Edelmetall in Metall, zu verzieren, ist die 60 cm hohe Statue der Karomama, Gemahlin König Osorkons II. (um 870 v. Chr.).

Hauptstadt aus zweiter Hand
Tanis

Howard Carter und Tutanchamun – zwei Namen, deren Nennung jeden Ägyptenliebhaber zum Schwärmen bringen. Eigentlich genauso müsste es Pierre Montet (1885-1966) und Psusennes I. (1039-991) ergehen, denn sie verbindet das gleiche Schicksal: Der französische Forscher entdeckte 1939 in Tanis sieben unter dem Boden liegende, intakte Gräber von elf Königen der 21. und 22. Dynastie. Besonders die Grabausstattung Psusennes' I., des dritten Königs der 21. Dynastie, kann es mit der des

> ### Libyen
> *Das Gebiet westlich Ägyptens war während der Pharaonenzeit nur dünn besiedelt. Halbnomadische Hirten, die man Tjehenu nannte, fristeten westlich des Deltas ein karges Leben. Später, im Neuen Reich, traten Meschwesch und Libu – nach diesem Stamm erhielt das Land seinen modernen Namen – an ihre Stelle. Sie versuchten im 13. Jh. v. Chr. wiederholt ins Delta vorzudringen, wurden aber immer wieder zurückgedrängt. Die dabei gemachten Gefangenen, die in Ägypten als Söldner und Landarbeiter dienen mussten, bildeten in der Dritten Zwischenzeit eine so einflussreiche Gruppe, dass es deren Anführern gelang, als 22. und 23. Dynastie (945-715) den Thron zu besetzen.*

Tutanchamun aufnehmen. Kultgefäße aus Edelmetall, kostbarer Schmuck und besonders die goldene Gesichtsmaske faszinieren den Betrachter des im Ägyptischen Museum in Kairo ausgestellten Grabschatzes. Psusennes' Mumie lag in einem anthropomorphen Silbersarg, den wiederum ein schwarzer Granitsarg umschloss, der ursprünglich einem Beamten der 19. Dynastie als letzte Ruhestätte diente. Wegen der Schwierigkeit, an geeignete Rohstoffe für einen Sarkophag zu kommen, war auch die äußerste Hülle, der Granitsarkophag, recycelt worden. Die Priesterkönige in Theben hatten Psusennes einen nicht mehr benötigten Sarkophag König Merenptahs (1213-1203) zur Verfügung gestellt, nachdem dessen Grab bereits geplündert, seine Mumie an anderer Stelle verwahrt worden war.

Eine logistische Meisterleistung
So verdienstvoll die Grabungen Montets für die Ägyptologie auch sein mögen, so engstirnig war jedoch auch sein Festhalten an der Theorie, er hätte mit Tanis, der Ruinenstätte im nördlichen Ostdelta des Nils, die Hauptstadt der ramessidischen Herrscher, das biblische „Ramses" entdeckt. Die Schlussfolgerung lag nahe. Schon im 19. Jh. waren hier, im Umfeld eines gewaltigen Ruinenhügels einige Ar-

chitektur- und Skulpturenteile gefunden worden, die die Namenskartusche Ramses' II. trugen. Auch bei den weiteren archäologischen Untersuchungen stießen die Archäologen auf Reste von Kolossalstatuen, Obelisken – 23 an der Zahl – und Inschriften, die fast ausnahmslos von Ramses II. stammten. Inzwischen weiß man, dass die Ramses-Stadt, Piramesse, weiter südlich, nahe dem Ort Qantir lag. Sie wurde wegen Versandung des natürlichen Hafens, an dem man sie erbaut hatten, aufgegeben. Man benutzte sie als Steinbruch, schaffte mühevoll viele ihrer Denkmäler ins 20 km entfernte Tanis und erbaute mit ihnen die Hauptstadt der 21. Dynastie (1069-945).

Die vergessenen Gräber der Könige
In ihrem Zentrum erhob sich eine verkleinerte Kopie des Amun-Tempels von Karnak, denn auch die tanitischen Könige verstanden sich als Sachwalter dieses Gottes. Innerhalb des Tempelbezirks befinden sich die Königsgräber, von Oberbauten fehlt jede Spur. Es sind bescheidene, manchmal mehrfach belegte Kammern mit wenig Dekoration. Auch nach dem Verlust der Hauptstadtfunktion blieb Tanis von Bedeutung. Die Könige der 22. Dynastie (945-715) nutzen den Ort weiterhin als Nekropole.

Von den etwa 1000 Beigaben im Grab Psusennes' I. ist die Goldmaske die wertvollste. Sie unterscheidet sich von der Tutanchamuns durch ihre beeindruckende Schlichtheit. Außer Gold wurde nur für die Augen, Augenkonturen und Lider ein anderes Material – farbiges Glas – verwendet.

Die fünf Namen des Königs
Königtum und Königstitulatur

Wie Horus, der falkengestaltige Himmelsgott, über den Luftraum herrscht, so sein Vertreter auf Erden, der König, über die Menschen. Durch die mythische Verbindung mit den Göttern war das ägyptische Königtum von Anfang an gegen jede Kritik erhaben. Die Pharaonen waren nicht nur göttlicher Natur, sondern galten seit der 4. Dynastie außerdem als Söhne des Sonnengottes Re, der sich zu diesem Zweck während ihrer Zeugung in die Gestalt ihrer irdischen Väter verwandeln musste. Seitdem waren sie Gottessohn und Mensch – eine Vorstellung, die die christliche Kirche noch heute in Bezug auf die zwei Naturen Jesus Christus' lehrt.

Oberster Priester, Bewahrer der Maat

Ihre Aufgabe bestand vor allem darin, den Willen der Götter an den Menschen zu vollstrecken und jegliches Chaos von Ägypten abzuwenden. Sie hatten dafür zu sorgen, dass die Maat (siehe S. 24), die Harmonie der Weltordnung, erhalten blieb. Nur durch den vom König vollzogenen Kult an den Göttern war sie gewährleistet, darum war er oberster, ja einziger Priester. Aus praktischen Gründen ließ er sich jedoch an sämtlichen Tempeln des Landes vertreten. Einen Kult um seine eigene Person gab es, sieht man von den kultisch verehrten Königsstatuen ab, jedoch nicht, denn er war trotz allem sterblich, wenn auch mit dem Sedfest (siehe S. 42) eine ritualisierte Möglichkeit gegeben war, die magische und physische Kraft der alternden Könige zu erneuern. Er stand an der Spitze des Staates, war Herr der beiden Länder, Herrscher von Ober- und Unterägypten, wenn dies auch mit der Realität nicht immer übereinstimmte. Normalerweise vererbte sich sein Amt vom Vater auf den Sohn.

Namen – nur Schall und Rauch?

Die Göttlichkeit des Königs fand ihren Ausdruck im Hofzeremoniell, in den Kronen und Throninsignien und vor allem in der Königstitulatur. Wie die Päpste noch heute, gaben sich die Pharaonen bei ihrer Thronbesteigung Na-

---

Pharao

Was das „Weiße Haus" für den amerikanischen Präsidenten, war das „Große Haus" für den Herrscher Ägyptens. Aus dem ägyptischen „Per-aa", wurde das griechische „Pharao". Der Name übertrug sich schließlich seit Thutmosis III. (1479-1425) als Anrede auf den König selbst. Als Titel, der vor der Königstitulatur steht, ist „Pharao" erstmals für Siamun (978-959) belegt.

---

men, die auch als Regierungsprogramm zu lesen waren. Die Titulatur bestand seit etwa 2570 v. Chr. aus dem Geburtsnamen, verbunden mit dem Titel „Sohn des Re", und vier weiteren Namen, die sich auf seine institutionellen Funktionen beziehen. Sie wurden von fast allen Herrschern benutzt, selbst die ersten römischen Kaiser hielten an diesem Brauch fest. Der erste, der Horus-Name, wurde in eine Palastfassade eingeschrieben, auf der ein Falke steht und zeigt damit deutlich die Verbindung zwischen König und Gott. Der zweite, der Nebti- oder Herrinnen-Name spicht die beiden Schutzgöttinnen des Königs, Nechbet von Oberägypten und Uto von Unterägypten an. In Inschriften erkennbar ist dieser zweite Name an den Symbolen dieser Göttinnen, Geier und Schlange. Der dritte, der Goldname, wird mit dem Falken über dem Halskragen geschrieben, das Zeichen für Gold. Der vierte, der Thronname, bezieht sich auf die Herrschaft über Ober- und Unterägypten oder, wie die Ägypter es ausdrückten, auf den zur „Binse und Biene Gehörigen". Er war wie der üblicherweise an letzter Stelle genannte Geburtsname in eine Kartusche, einen ovalen Ring, eingeschrieben und neben dem Thronnamen der bekannteste und geläufigste Name des Königs.

Der göttliche Ursprung der königlichen Macht
wird durch die enge Verbindung zwischen dem
Horusfalken und Pharao Chephren (2558–2532)
demonstriert. Federn und Falten des Kopftuchs
gehen ineinander über und verweisen damit auf
die unauflösliche Beziehung von Gott und König.

Fremde auf dem Pharaonenthron
Die Spätzeit (656-332 v. Chr.)

Mit dem Rückzug der nubischen Dynastie war die Besetzung Ägyptens durch die assyrischen Könige verbunden. Sie machten die Fürsten von Sais, die sich in den Wirren der Dritten Zwischenzeit (1069-656) ein Herrschaftsgebiet im östlichen Nildelta, das bis nach Memphis reichte, geschaffen hatten, zu ihren Vertretern in Unterägypten (26. Dynastie, 664-525). Mit Hilfe griechischer Söldner gelang es diesen, das ganze Land unter ihre Kontrolle zu bekommen, Sais wurde zur neuen Hauptstadt. Trotz ihrer mehrfachen Verwicklung in ausländische Konflikte gelang es Psammetich I. (664-610) und seinen Nachfolgern, die assyrische Oberherrschaft abzustreifen, Ägypten zu schützen und es sogar zu einer neuen künstlerischen Blüte zu führen. Sein Sohn Necho II. (610-595) hatte ein Faible für die Schifffahrt. Er begann mit der Grabung eines Kanals zwischen dem östlichsten der sieben Nilarme des Deltas und dem Roten Meer.

Mit dem Zusammenbruch des assyrischen Reiches einher ging der Aufstieg der Perser zum größten Reich, das die Antike bis dahin kannte. Ihr Großkönig, Kambyses, überfiel Ägypten, erklärte es zur sechsten persischen Satrapie (siehe Kasten) und ließ sich zum König krönen. Damit begründete er die 27. Dynastie (525-404), die erste Perserzeit in dem Land am Nil. Mehrere Aufstände begleiteten ihre Herrschaft, die sie von Statthaltern ausüben ließen. Sie waren beim Volk verhasst, obwohl sie sich bemühten, die ägyptische Kultur zu verstehen, alte Bauwerke restaurierten und den von Necho begonnenen Kanal vollendeten – er versandete schon bald danach. Nach dem Tod Darius' II (424-405) rief sich Amyrtaios (404-399) zum König aus, begründete die 28. Dynastie, deren einziger Vertreter er bleiben sollte, und vertrieb die Perser aus dem Land.

Der letzte einheimische Pharao

Nun folgten noch zwei kurzlebige Dynastien (29. Dynastie, 399-380, 30. Dynastie, 380-343) mit einheimischen Königen. Deren Angst vor den Persern führte zur Anwerbung griechischer Söldner und damit verbunden zur Einführung der Geldwirtschaft, denn nur mit dieser Art der Bezahlung waren die von König Achoris (393-380) geworbenen Truppen zufrieden zu stellen. Den Pharaonen blieb wenig Zeit, sich um die Belange des Landes zu kümmern, denn die persischen Großkönige hatten nicht vergessen, welche Schätze in Ägypten zu heben waren. Nektanebos II. (360-343) hielt ihrem Druck nicht Stand, der letzte einheimische Pharao floh nach Nubien, Ägypten wurde erneut persische Satrapie. Die fremden Machthaber, als Strafe Gottes betrachtet, konnten ihren Erfolg nur kurze Zeit genießen. Die drei Großkönige, die während der elf Jahre dauernden zweiten Perserzeit auch als Pharaonen regierten, zählen in Ergänzung zu den 30 Dynastien (siehe S. 14) Manethos als 31. Dynastie (343-332). Es war kein Einheimischer, der die verhassten Perser entmachtete und aus dem fruchtbaren Nilland verjagte, es war ein Grieche: Alexander der Große.

> ### Satrapen
> Die Verwaltung des Perserreiches lag in den Händen von Satrapen. In den einzelnen Reichsteilen, den Satrapien, waren sie einerseits Statthalter des Großkönigs, andererseits aber auch Interessenvertreter der untertänigen Völker und Gemeinwesen gegenüber dem Oberherrn. Unter Kambyses, persischem Großkönig und erstem Pharao (525-522) der 27. Dynastie wurde Ägypten die sechste Satrapie von insgesamt 20. Das Satrapiensystem garantierte über 200 Jahre (550-330) den sicheren Bestand des Großreiches. Alexander der Große, die Diadochen und einige andere Dynastien übernahmen dieses System.

König Amasis (570-526) war ein großer Freund
der Griechen, denen er die Stadt Naukratis im
westlichen Nildelta als Handelsstützpunkt über-
ließ. Die politischen Verbindungen, die er zu
Griechenland knüpfte, halfen ihm allerdings nicht
gegen den Angriff der Perser, deren Sieg (525)
er nicht mehr erleben musste.

Walk like an Egyptian
Die Malerei

Die Malerei folgte festen Regeln. Man vermied Überschneidungen oder perspektivische Verkürzungen, denn alles Dargestellte galt als real und musste vollständig sein. So kann der Betrachter nicht nur alle Vögel und Äste in einem belaubten Baum erkennen, sondern auch die eigentlich hintereinander sitzenden Mitglieder eines Orchesters. Auf dem Boden stehende Dinge werden in die Luft gehoben, von Hüllen verborgene Inhalte über diesen schwebend gezeigt. Insbesondere gilt dieses Prinzip für den Menschen: Während Schultern und Oberkörper von vorne abgebildet werden, sieht man Becken und Beine von der Seite. Beide Arme ebenso wie alle Finger sind zu sehen. Weil die Seitenansicht einen Kopf am besten charakterisiert, wird er traditionellerweise im Profil gezeigt, das sichtbare Auge jedoch wieder von vorne. Die wichtigsten Personen erkennt man an ihrer Größe, die Gleichstellung von Mann und Frau dokumentiert sich darin, dass beide normalerweise gleich groß dargestellt werden, wenn auch in verschiedenen Farbtönen. Ein ähnliches Prinzip gilt für die Darstellung von Zeit: Wie in einem Film werden zeitlich aufeinander folgende Szenen nebeneinander festgehalten.

Gemalt wurde hauptsächlich auf Wände von Gräbern, Palästen, Wohnhäusern und, seltener, von Tempeln. Tafelbilder, Malerei auf Holz oder anderen beweglichen Untergründen, treten erst während der römischen Kaiserzeit in Form von Mumienporträts hinzu. Die Vasenmalerei, in Griechenland zur Blüte gebracht, spielt in Ägypten kaum eine Rolle. Wesentlich bedeutender sind die bemalten Kästen, die die Kanopen (siehe S. 20), Toilettenartikel, Uschebtis (siehe S. 102) oder andere Grabbeigaben bergen können. Daneben tragen auch die Holzsärge und manchmal sogar die Steinsarkophage zum farbenprächtigen Eindruck der Gräber bei. Einen Sonderfall bilden bemalte Ostraka (siehe S. 114), die wegen ihrer Flüchtigkeit Motive zulassen, die keinen Standards unterworfen sind.

Das Jenseits in leuchtenden Farben

Der wichtigste Ort der Wandmalerei ist das Grab. Da, wo die wegen ihrer Dauerhaftigkeit beliebteren Reliefs nicht möglich sind, sei es, weil das Gestein zu brüchig ist, sei es, weil die Wände aus verputzten Lehmziegeln bestehen, wird gemalt. Besonders viele Beispiele haben sich in Theben erhalten. Die schönsten stammen aus der 18. Dynastie, in der die ausgemalten Gräber überwiegen. Selbst die Könige lassen ihre „ewigen Häuser" jetzt neben den traditionellen Reliefs zusätzlich mit Malereien schmücken. Zur Vorbereitung des Malgrunds glätteten die Handwerker die Felswände mit Nilschlamm, den sie mit einer Gipsschicht überzogen. Gemalt wurde beim flackernden Licht von Kerzen, die durch die Zugabe von Natron kaum Ruß entwickelten. Die aus Mineralien hergestellten Farben wurden mit Leim und Eiweiß gebunden und mit Pinseln aus Tierhaaren hart nebeneinander auf die trockene Wand aufgetragen. Die Bildthemen stammten aus dem Alltag oder sind Abbild von Mythen und Jenseitsvorstellungen der Ägypter, die häufig von beigefügter Schrift erschlossen oder kommentiert wurden.

> ### Herodot
> Der aus Halikarnassos stammende „Vater der Geschichtsschreibung", Herodot (um 485- um 425 v. Chr.), gilt als Autor der ersten kulturgeschichtlichen Darstellung Ägyptens. Der zweite Band seines aus neun Bänden bestehenden Geschichtswerks ist dem Land am Nil, seiner Topografie, seinen Gebräuchen und seiner Geschichte gewidmet. Er basiert auf den Erträgen einer Reise, die Herodot zwischen 450 und 440 v. Chr. für insgesamt etwa vier Monate während der Überschwemmungszeit ins damals von den Persern besetzte Ägypten geführt hat.

Ein Meisterwerk der Malerei des Alten Reichs (um
2500 v. Chr.) sind die „Gänse von Medum", ein von
Auguste Mariette 1871 freigelegtes Wandbild aus
der Mastaba des Prinzen Nefermaat in Medum,
wenige Kilometer vom Faijum entfernt.

Protokolle und Akten
Das Recht

Dem Pharao oblag es, die Maat (siehe S. 24) zu verwirklichen, darum erließ er die Gesetze. Sein erster Stellvertreter war der Wesir, der das Amt des obersten Richters bekleidete. Er war Vorsitzender des obersten Gerichtshofs, der in der jeweiligen Residenzstadt seinen Sitz hatte. Daneben gab es im ganzen Land mit Laienrichtern besetzte, untergeordnete Gerichtsbehörden, die „Rat des Ortes" genannt wurden und stellvertretend für das Gericht des Wesirs, den „Hohen Rat", urteilten. Auch die Tempel hatten ihre eigene Rechtsprechung. Ergaben sich juristische Probleme oder wurde eine gesetzliche Revision gewünscht, wurde der Fall an die nächsthöhere Instanz verwiesen. Wie in den angelsächsischen Ländern heute noch üblich, wurden bei Verhandlungen Präzedenzfälle zu Rate gezogen. Zu diesem Zweck verfügte jedes Gericht über ein Archiv, das größte, mit einer Sammlung von Abschriften aus allen Provinzarchiven, befand sich im Gebäude des „Hohen Rats". Ob es in Ägypten vor der Perserzeit schon schriftlich fixierte Gesetze gegeben hat, ist umstritten. In Gräbern abgebildete Gesetzesrollen lassen es zumindest vermuten.

Gleichheit vor dem Gesetz

Als Quellen zum altägyptischen Recht lassen sich heute vor allem Prozessakten nutzen, die sich in großer Zahl erhalten haben, denn jedes Verfahren wurde schriftlich festgehalten und von unabhängigen Zeugen beglaubigt. Grundsätzlich zählte das Ideal der Unparteilichkeit, vor dem Gesetz waren zumindest in der Theorie alle Ägypter gleich. In der „Einsetzung des Wesirs" aus der Grabkammer des Rechmire, des Wesirs unter Thutmosis III. und Amenophis II.

heißt es dazu: „Achte auf den, den du kennst, ebenso wie auf den, den du nicht kennst, auf den, der dir nahe ist, ebenso wie auf den, der weit weg ist", und, „Parteilichkeit ist Gott ein Greuel!" Kläger und Beklagte hatten das Recht auf Anhörung, der Ranghöhere durfte beginnen, waren beide von gleichem Stand hatte der Beklagte das erste Wort. Nicht anders als heute wurden Zeugen vernommen, die folgenden Eid zu leisten hatten: „So wahr Amun dauert! So wahr der Herrscher dauert, dessen Zorn unheilvoller ist als der Tod!" Und das war wörtlich zu verstehen, galt doch ein Meineid als ähnlich schwerwiegendes Verbrechen wie Grabräuberei oder Mord.

Verstümmelung als Strafe

In klaren Fällen war eine sofortige Bestrafung üblich, die eher streng ausfiel, denn der Bestrafende wollte meist nicht als zu milde gelten. Die möglichen Strafen reichten von Stockschlägen, beispielsweise bei Vernachlässigung der Steuerpflicht, bei Diebstahl oder Amtsmissbrauch, bis zur Todesstrafe bei Ehebruch durch die Frau, Grabräuberei, Rebellion und Mord. Daneben wurde Zwangsarbeit verhängt, Nasen oder Ohren abgeschnitten, das Vermögen eingezogen oder der Bann ausgesprochen.

Polizei

Für fast die ganze Pharaonenzeit lassen sich zwei Gruppen von Beamten ausmachen, die polizeiliche Aufgaben übernahmen: Diejenigen, die patrouillierten und bewachten und diejenigen, die für die Durchsetzung und Kontrolle bestimmter Verwaltungsvorgänge zuständig waren. Erstere rekrutierten sich seit dem Neuen Reich aus nubischen Stämmen, den Medjai. Sie bewachten nicht nur die Gräber der Könige und die Paläste, sondern auch die Landesgrenzen und Wüstenstraßen. Die Hauptaufgabe der anderen Gruppe bestand darin, dem Recht Geltung zu verschaffen. Sie beaufsichtigten die Steuererhebung, fingen entlaufene Sklaven ein und kontrollierten das Gewicht von Waren.

Höchste und letzte Instanz war das Totengericht
der Götter, bei dem das Herz des Verstorbenen als
Sitz von Gewissen und Verstand gegen die Göttin
Maat oder deren Symbol, die Feder, aufgewogen
wurde. 42 Totenrichter unter Vorsitz des Osiris
hatten das Ergebnis zu bestätigen. Seither gilt die
Waage als Symbol der Gerechtigkeit.

Verfall und Untergang
Ptolemäerzeit (305-30 v. Chr.)

Der Retter Ägyptens, der Befreier von der zweiten Perserherrschaft war Alexander III. von Makedonien, den man den Großen nennt. Er ließ sich zum Pharao (332-323) krönen, nachdem er hierfür die Bestätigung durch das berühmte Orakel des Amun in der Oase Siwa eingeholt hatte. General Ptolemaios, der Statthalter des rastlosen Königs, regierte nach dessen Tod zuerst im Namen zweier Nachfolger, bevor er sich als Ptolemaios I. Soter (305-285) selbst zum König von Ägypten krönte. Ihm, seinem Sohn, Ptolemaios II. Philadelphos (285-246) und seinem Enkel, Ptolemaios III. Euergetes I. (246-221) glückte ein Ausgleich zwischen ihrem griechischen Erbe und altägyptischen Traditionen. Sie förderten die Wirtschaft und strafften die Verwaltung, machten Alexandria, die von Alexander dem Großen gegründete neue Hauptstadt, zur un-

angefochtenen Kulturmetropole ihrer Zeit und sorgten für Sicherheit, Frieden und Wohlstand. Ägypten hatte nun die größte Ausdehnung seiner Geschichte erreicht. Unter Ptolemaios III., dem bedeutendsten Herrscher der Dynastie, wurde Eratosthenes Leiter der Bibliothek von Alexandria. Ihm gelang es den Erdumfang erstaunlich genau zu berechnen.

Rom betritt die Bühne

Doch das Glück war nicht von Dauer. Erbfolgestreitigkeiten, Intrigen und Morde in der Königsfamilie sowie unfähige oder kindliche Herrscher wendeten das Blatt. Ein Scheitern der Ptolemäerdynastie stand kurz bevor, als das aufstrebende römische Reich Ägypten als Kornkammer für sich entdeckte. Als Schutzmacht sollte es von nun an (168 v. Chr.) nicht mehr von der Seite der Pharaonen weichen.

Ptolemaios X. Alexander I. (107-88) setzte testamentarisch Rom als Erben ein, nachdem er seine Mutter, Kleopatra III., hatte umbringen lassen. Weitere Morde führten dazu, dass 80 v. Chr. nur noch ein unehelicher Sohn als Pharao zur Verfügung stand, Ptolemaios XII. Neos Dionysos (80-51). Er bestimmte seine beiden Kinder, den zehnjährigen Ptolemaios XIII. (51-47) und die 18-jährige Kleopatra VII. Philopator (51-30) zu Nachfolgern. Eine Doppelbesetzung, wie sie Rom von nun an vorschrieb. Die auch durch die Ehe verbundenen Geschwister begannen nun einen Kampf um die Macht, den Kleopatra mit Hilfe Roms in Gestalt Julius Caesars gewann. Als letzter Pharao in einer mehr als 3000-jährigen Geschichte bestieg nun beider Sohn, Caesarion, als Ptolemaios XV. (44-30) neben seiner Mutter den Thron. Doch da war Caesar in Rom bereits einem Mordanschlag erlegen. Nun setzte die schöne Pharaonin auf Marcus Antonius, einen der beiden Erben Caesars. Von Rom zum Staatsfeind erklärt verlor er 31 v. Chr. die entscheidende Seeschlacht bei Actium gegen seinen Rivalen, den späteren Kaiser Augustus. Mit dem Selbstmord der Königin und der Hinrichtung ihres Sohnes fand die Geschichte des Pharaonenreichs als selbstständiges Staatswesen ihr Ende. Ägypten war nun römische Provinz.

Alexander der Große

Der 356 v. Chr. in Makedonien geborene Sohn des dortigen Königs begann mit den Siegen über die Perser einen beispiellosen Eroberungszug, der ihn zum Herrscher über das größte Reich in der Geschichte der Alten Welt werden ließ und gleichzeitig das hellenistische Zeitalter begründete. Seine Wege führten ihn auch nach Ägypten, das 332 v. *Chr. Teil seines Reiches wurde. Alexander starb 323 v. Chr. in Babylon, nachdem ihm sein Heer zuvor die Gefolgschaft verweigerte, als er es nach Indien führen wollte. Sein Leichnam wurde nach Alexandria überführt. Weder seinem Halbbruder noch seinem Sohn gelang es, das Reich zu erhalten. Es zerfiel in fünf Teile, die von den Generälen Alexanders, den Diadochen, beherrscht wurden.*

*Ptolemaios I., der in alter Tradition den Thron-
namen „Erwählter des Re, Geliebter des Amun"
annahm, erhielt den Beinamen Soter, „der Retter".
Tatsächlich „errettete" der gebildete König
Ägypten aus der Abhängigkeit und machte es
wieder zu einem selbstständigen Territorialstaat.*

Die Goldene Stadt
Alexandria

Alexandria, die auf einer schmalen Halbinsel im westlichen Nildelta am Mittelmeer gelegene Stadt, war nur einer von etwa 60 gleichnamigen Orten, die Alexander der Große (332-323) während seiner Eroberungszüge gründete. Mit der Planung der seit 331 v. Chr. am Ort einer alten Siedlung entstandenen Stadt beauftragte er den Architekten Deinokrates. Gesehen hat er sie nie. Erst als Toter kehrte er 321 v. Chr. in die im Aufbau befindliche Metropole zurück und wurde in einem Mausoleum beigesetzt. Einst ein beliebter Wallfahrtsort für römische Herrscher, Caesar, Augustus und Caracalla sollen es besucht haben, ging das Wissen über seine Lage über die Jahrhunderte verloren.

Das Wissen der Welt

Unter den Ptolemäern, die anfangs noch als Statthalter für Alexanders schwachsinnigen Bruder Philipp III. (323-317) und seinen nachgeborenen Sohn Alexander IV. (317-305) herrschten, löste Alexandria um 320 v. Chr. Memphis als Hauptstadt Ägyptens ab. Sie förderten Kunst und Wissenschaften und machten die kosmopolitische Stadt am Meer, die man bald „Die Goldene" nannte, zum Zentrum der hellenistischen Welt. Ptolemaios I. (305-285) gründete das Museion, an dem wie der

Mathematiker Euklid viele der größten Gelehrten ihrer Zeit forschten und lehrten – ein Vorgänger unserer Universitäten. Ihnen stand eine Bibliothek zur Verfügung, die auf 700 000 Papyrusrollen das Wissen der Welt umfasst haben soll. Beide Einrichtungen konnten bisher ebenso wenig lokalisiert werden wie das Mausoleum der ptolemäischen Könige in Alexandrias Prunknekropole Sema. Von dem wichtigsten der 2300 Heiligtümer der Stadt, dem Serapeion, der Verehrungsstätte des griechisch-ägyptischen Gottes Serapis (siehe S. 134), blieben Ruinen.

Der Leuchtturm Pharos

Die flache, wenig markierte Küste bei Alexandria erschwerte den Seeleuten die Orientierung. So entstand die Idee, ein hohes Gebäude als Wegweiser zu errichten, den ersten Leuchtturm. Er trug den Namen der Insel, auf dem er stand: Pharos. Das jüngste Bauwerk auf der Liste der sieben Weltwunder wurde erst im 14. Jh. durch ein Erdbeben zerstört – nur die Pyramiden überdauerten ihn. Am Anfang des 3. Jh. v. Chr. erbaut, gilt er mit seiner Höhe von etwa 120 m als erster echter Turmbau der Geschichte. Sein mit Öl oder Dung gespeistes Feuer strahlte nachts 30 bis 60 km weit.

Metropole der Antike

Deinokrates hatte die Stadt nach dem Muster anderer griechischer Städte mit Straßen im Schachbrettmuster geplant. Schnurgerade, 30 Meter breite Prachtboulevards durchquerten die Metropole, gesäumt von Gebäuden, die ausnahmslos aus Stein errichtet waren. Ihre fünf Stadtbezirke, deren größter und prachtvollster das Brucheion, das Königsviertel, war, wurde von einer Stadtmauer umgeben. Wie viele Menschen dort lebten wissen wir nicht, Schätzungen sprechen von 500 000 bis zu einer Million – Alexandria galt als die größte Stadt der Welt, erst nach der Zeitenwende wurde sie von Rom überflügelt. Zur Versorgung ihrer Bewohner mit Wasser gab es ein System von Zisternen und Leitungen, über die Häfen erreichten sie Güter aus dem Faijum und Oberägypten, aber auch Luxusartikel aus aller Welt. Die ausgedehnten Hafenanlagen befanden sich zwischen dem Festland und der etwa einem Kilometer entfernten Insel Pharos. Beide waren durch einen Damm miteinander verbunden, über den man auch den Leuchtturm Pharos, eines der sieben Weltwunder der Antike, erreichte. Während der römischen Besatzung (30 v. Chr. – 395 n. Chr.) versank Alexandria in einen Dornröschenschlaf, aus dem es erst wieder in moderner Zeit erwachte.

Noch 1862 war Alexandria eine verträumte Hafenstadt, in der kaum etwas an ihre große Vergangenheit erinnerte. Zu den wenigen Überresten gehörten die „Nadeln der Kleopatra", zwei Obelisken, die 22 v. Chr. aus Heliopolis hierher gebracht worden waren, um den Eingang zum Caesar-Tempel zu bewachen. Beide, der eine war bereits vor 1800 umgestürzt, wurden im 19. Jh. außer Landes gebracht.

Kult um die kuhohrige Göttin
Dendera

Die Hauptstadt des sechsten oberägyptischen Gaus, Dendera, gehörte zu den heiligsten Orten Ägyptens. Ihre Nähe zu einer der wichtigsten Verkehrsrouten, der Straße durchs Wadi Hammamat zum Roten Meer, machte sie schon in frühdynastischer Zeit zu einem wichtigen Zentrum. Bereits unter Cheops (2589-2566) war hier der Göttin Hathor ein Tempel errichtet worden, für den Pepi I. (2321-2287) eine goldene Statuette des Musikgottes Ihi,

Astronomie

Im Vergleich zu den Babyloniern verfügten die Ägypter nur über wenige Kenntnisse, was die Sterne betraf. Vielleicht war es ihr Desinteresse an astrologischen Berechnungen oder aber die Schwierigkeiten, diese überhaupt durchzuführen, galt doch schon alleine die Darstellung von Zahlen als nicht zu vernachlässigende Fehlerquelle. Mit Sternen wurden Särge und die Felsengräber der Könige geschmückt, denn man glaubte, in ihnen lebten die Toten weiter. Wichtig waren Orion und Sirius, der die Überschwemmungszeit ankündigte, man kannte Merkur, Venus, Mars, Jupiter und Saturn und maß die Nachtstunden mit Hilfe der zu bestimmten Zeiten aufgehenden Sterne, den Dekanen, die in Listen eingetragen waren.

Hathors Sohn, stiftete. Bis in die römische Zeit hinein wurde weiter gebaut, die bestehende Anlage verschönert, Neues hinzugefügt. Der älteste Teil, eine kleine Kapelle Montuhoteps II. (2055-2004), wurde ins Ägyptische Museum von Kairo verbracht. Der heute sichtbare Haupttempel wurde erst unter Ptolemaios XII. Neos Dionysos (80-51) neu gebaut und unter den römischen Kaisern Tiberius (14-37 n. Chr.) und Nero (54-68) um den Pronaos (Vorhalle) und die Umfassungsmauer ergänzt. Aus christlicher Zeit stammt eine koptische Kirche auf dem Gelände, das seit der Spätantike von Sand und Schutt zugedeckt wurde. Als man die Anlage 1859 von ihrem Leichentuch befreite, fand man sie bestens konserviert.

Ägyptisch, römisch und koptisch

Betritt man den durch eine Ziegelmauer eingefassten, 290 x 280 m großen Bezirk durch das Eingangstor, bemerkt man zuerst das Fehlen eines Pylons sowie des üblicherweise vorhandenen säulenbestandenen Hofs. Dann fallen dem Betrachter mehrere dem eigentlichen Heiligtum vorgelagerte Gebäude ins Auge. Ein Mammisi (siehe S. 200) aus römischer Zeit, die daran anschließende koptische Kirche und – als ältestes erhaltenes Bauwerk – ein weiteres Mammisi aus der Regierung Nektanebos' I.

(380-362). Als Besonderheit gilt das daneben stehende, im Unterschied zu den anderen Bauten aus Ziegeln errichtete Sanatorium, in dem Kranke durch eine Art Heilschlaf kuriert werden sollten. Ein Brunnen, der heilige See für die rituellen Reinigungsbäder und ein Isis-Tempel komplettieren die Anlage.

Vom Keller bis auf Dach

Hathor, die Göttin der Liebe, Himmels- und Lokalgöttin von Dendera, ist gleich 96 mal als Teil der Kapitelle der 24 Säulen zu sehen, die die Vorhalle tragen. Sie erscheint dort mit ihrem typischen Kennzeichen, den Kuhohren, und einer Perücke. Eine Reihe von kapellengesäumten Räumen führt ins Allerheiligste. Von den Kapellen, die es umgibt, erreichten die Priester die Krypten, die die Außenmauern durchziehen, bis in die Fundamente reichen und zur Aufbewahrung der Kultgegenstände und des Tempelschatzes dienten. Jeweils am Neujahrstag wurde eine Statue der Hathor auf das Tempeldach getragen, wo sie in einem Kiosk vom Sonnengott Re mit neuen Kräften belebt wurde. In einem der beiden ebenfalls auf dem Dach befindlichen Osiris-Heiligtümer zierte ein kompletter Tierkreis die Decke. Er wurde 1820 von einem Franzosen entfernt und dem Louvre geschenkt.

Der Hathor-Tempel in Dendera gilt als einer der besterhaltenen Tempel Ägyptens aus pharaonischer Zeit. Auf seiner Rückseite finden sich die einzigen Reliefdarstellungen der Königin Kleopatra mit ihrem Sohn Caesarion.

Die Perle Ägyptens
Philae

„Heute spielt ein eigenartiger Spuk von Venedig in den Tempelmauern von Philae. Auf kleinen Booten dringt man in das Heiligtum. Der Widerschein der Nilwogen schimmert an den Mauersteinen entlang bis hinauf zu der Decke, die in herrlichen Farben ein Flügelpaar zeigt, das Sinnbild der Sonne." Diese Zeilen schrieb Mechthild Lichnowsky 1913, zu einer Zeit, als die Tempelanlagen von Philae noch halb unter Wasser standen, denn die 460 x 140 m große Insel im Nil, auf der der Komplex stand, wurde durch den Bau des ersten Assuan-Staudamms 1898-1902 für große Teile des Jahres überflutet. Von den Bauten wäre heute, nach der Errichtung des zweiten, gewaltigeren Wehrs in den 60er Jahren des 20. Jahrhunderts überhaupt nichts mehr zu sehen, hätte man sie nicht auf die höhere Nachbarinsel Agilkia umgesetzt.

Das Ende einer Kultur

Der Isis-Tempel auf Philae ist das ägyptische Heiligtum, dessen Kult sich länger gehalten hat als jeder andere. Noch aus dem Jahr 452 n. Chr. findet sich das Graffito eines Pilgers, der sich auf den Tempelwänden verewigt hat. Erst im 6. Jh. n. Chr., unter dem byzantinischen Kaiser Justinian I., wurden Teile der Anlage in eine Kirche umgewandelt. Isis war so populär,

dass ihr sogar auf dem Marsfeld in Rom ein großer Tempel errichtet wurde. Auf Philae begann ihre Verehrung relativ spät, bei der Umsetzung der Tempelstadt gefundene Reste von Vorgängerbauten deuten auf eine Gründung während des 7. Jh. v. Chr. hin. Die ersten noch sichtbaren Gebäude stammen aus der Zeit von Nektanebos I. (380-362). Danach entfalteten einige Ptolemäerkönige sowie römische Kaiser bis hin zu Diokletian (284-305 n. Chr.) hier an der Südgrenze des Römischen Reiches eine rege Bautätigkeit und sorgten dafür, dass die

---

Isis

Die einst als Mutter- und Schutzgöttin verehrte Isis stellte eine ernste Konkurrenz für die Götter des Römischen Reichs und das frühe Christentum dar. Seit der 2. Hälfte des 1. Jt. v. Chr. hatte sie an Beliebtheit ihren Bruder und Gemahl Osiris (siehe S. 152) überflügelt, den sie nach dem Mythos von den Toten erweckte. Von ihm empfing sie Horus und wurde damit zur symbolischen Mutter der Pharaonen, denn sie galten als irdische Verkörperung dieses Gottes. An einem Thron ist sie auch zu erkennen: Ihr Name wird nicht nur mit der Hieroglyphe für diese königliche Sitzgelegenheit geschrieben, sie trägt sie auch auf dem Kopf.

Insel zum herausragenden Wallfahrtsort in einmaliger Lage wurde.

Isis, groß an Zauber

Der Haupttempel der Insel war der Isis und ihrem Sohn Harpokrates, dem jugendlichen Horus (siehe S. 20), geweiht. Auf dem linken Teil des ersten, 45 m breiten und 18 m hohen Pylons ist Ptolemaios XII. Neos Dionysos (80-51) beim Wiederherstellen der göttlichen Ordnung zu sehen – er erschlägt symbolisch seine Gegner, die er am Schopfe packt, mit einer Keule. Ein zweiter Pylon steht nicht ganz parallel hinter dem ersten – das Felsgelände ließ vermutlich anderes nicht zu. Der sich zwischen beiden bildende Hof wird außerdem von einem Mammisi (siehe S. 200) und einer Kolonnade mit Räumen für die Priester begrenzt. Dahinter folgen auf eine Vorhalle die eigentlichen Tempelräume, in denen noch der steinerne Sockel für die Barke der Isis zu sehen ist, mit der sie einmal jährlich zu ihrem Gemahl, Osiris, gerudert wurde, der auf einer Nachbarinsel ein Heiligtum besaß. Philae hat aber noch einen weiteren Superlativ zu bieten: Auf dem neben dem Isis-Tempel aufragenden Torbau des Kaisers Hadrian wurde die letzte bekannte Hieroglypheninschrift in Stein geschlagen, sie stammt vom 24. August 394 n. Chr.

*Am Ostufer von Philae steht ein unvollendeter Bau
aus der römischen Kaiserzeit, der Große Kiosk des
Trajan. Diese offenen Bauten, die das Sonnenlicht
ungehindert einließen, waren charakteristisch für
die griechisch-römische Baukunst in Ägypten.*

Prachtvolle Wohnungen der Götter
Die Tempel

Die ägyptischen Tempel erinnern in ihrer Funktion an die europäischen Klöster des Mittelalters: Sie waren nicht nur Stätten zur Ausübung des Kultes für (einen) Gott, sondern auch bedeutende Wirtschaftsfaktoren. Sie besaßen häufig große Ländereien, dazugehöriges Personal, Vieh und Schätze. Der eigentliche Tempel war darum häufig von Nebengebäuden umgeben, die die Verwaltung, Schreibstuben, Archive, Wohnungen für die Priesterschaft, aber auch Wirtschaftsbetriebe wie Bäckereien und Schlachtereien, Lager und sogar Weinkeller beherbergten. Werkstätten produzierten Kultgegenstände, ein Tempelsee und Brunnen ermöglichten rituelle Waschungen und die Versorgung mit lebensspendendem Nass. Geleitet wurden diese komplexen Anlagen vom Hohepriester, der den alleine zur Kultausübung berechtigten König vertrat.

Ort der Götterverehrung

Ursprünglich Wohnungen für das Heilige, orientierten sich die frühen Formen an den Häusern der Bevölkerung. Aus dem Alten und Mittleren Reich haben sich Tempelanlagen kaum erhalten, denn sie wurden immer wieder verändert, erneuert oder überbaut. Das Bild, das wir uns heute machen können, wird im Wesentlichen von den oberägyptischen Tempeln des Neuen Reichs, der Spätzeit und der Ptolemäerzeit bestimmt. Die größte, noch in wesentlichen Teilen erhaltenen Anlage, ist der Amun-Tempel in Karnak, der am besten erhaltene Bau der Horus-Tempel von Edfu. An ihm lässt sich der seit der Spätzeit verbindliche Aufbau in Reinform studieren. Auf einen mit farbig gefassten Reliefs und Fahnenmasten geschmückten Pylon, der den Eingang markiert, folgt ein von Säulen umstandener Hof. Das dahinter liegende, eigentliche Tempelhaus beginnt mit einem Säulensaal, der zum Hof von halbhohen Schranken geschieden wird. Auf diese Vorhalle (Pronaos) folgt ein zweiter Säulensaal und dann weitere Säle, in deren Zentrum, im Sanktuarium, das Götterbild in einem verschließbaren Schrein (Naos) thront. Von dessen Seitenräumen aus führen Treppen in Krypten, in denen Kultgegenstände und Schätze lagerten, und auf das Dach, das Platz für weitere Heiligtümer bot, wo Priester die Sterne beobachteten oder bestimmte Zeremonien stattfinden konnten. Begleitet wurde die Architektur durch eine raffinierte Lichtführung, die, gemeinsam mit einem Ansteigen des Bodenniveaus und Absenken der Decke, je weiter man zum Allerheiligsten kam, das Mysterium der Gottheit durch eine Abnahme der Helligkeit betonte.

Symbol für den Kosmos

Architektur und Dekoration erinnerten an den Mythos der Schöpfung: Symbolisierte das Innere des Tempels den Urhügel, stand an seinem höchsten Punkt der Altarsockel, auf dem die Gottheit Platz nehmen konnte. Aus dem Ursumpf der Säulensäle sprossen Papyrus- und andere Pflanzensäulen. Das Blau der Decken war mit Sternen und Sternbildern bedeckt, während am Eingang, dem Pylon, der König im Relief die Keule gegen seine Feinde schwang und damit als Garant der göttlichen Ordnung, der Maat (siehe S. 24), erschien.

> ### Edfu
>
> *Mitten in der modernen, zwischen Luxor und Assuan gelegenen Stadt Edfu, erhebt sich der mächtige Tempel des Falkengottes Horus. Der die ehemalige Hauptstadt des zweiten oberägyptischen Gaus dominierende größte Sakralbau seiner Zeit wurde zwischen 237 und 57 v. Chr. unter den Ptolemäerkönigen errichtet. Er gilt als besterhaltenes Heiligtum der antiken Welt. Besonders beeindruckend ist der Eingangspylon, der in seinen Ausmaßen (36 x 74 m) nur vom ersten Pylon des Amun-Tempels in Karnak übertroffen wird.*

Zur den typischen Merkmalen von Pylonen
gehört, neben den Nischen für die Fahnenmasten,
die Verstärkung der Kanten mit dem sogenannten
Rundstab – ursprünglich gewickelte Schilfbündel
zum Kantenschutz von Ziegelbauten – und eine
Hohlkehle als oberer Abschluss. Hier am
Horus-Tempel von Edfu nur noch
am rechten Turm erkennbar.

„Königin der Könige"
Kleopatra VII. (70/69-30 v. Chr.)

Als intelligent und gebildet, aber auch skrupellos und machtgierig beschreiben sie antike Quellen. Sie muss eine faszinierende Persönlichkeit gewesen sein, denn sie hat Caesar sicherlich nicht alleine aufgrund ihrer Schönheit verführt, die, wenn man die relativ groben Münzporträts von ihr zum Maßstab nimmt, auf jeden Fall nicht „klassisch" zu nennen war.

Caesar und Kleopatra
Alleine durch ihre Ausstrahlung gelangte die 70/69 v. Chr. in Alexandria Geborene nicht auf den Thron von Ägypten. Es war ihr Vater, Ptolemaios XII. Neos Dionysos (80-51), der sie dazu bestimmte, ihm gemeinsam mit ihrem Bruder, Ptolemaios XIII. (51-47), als Herrscher über das Land zu folgen. Doch schon bald nach seinem Tode war es mit der Geschwisterliebe zu Ende und Kleopatra VII. Philipator, „die Vater-Liebende", musste nach Syrien fliehen. Die Schutzmacht Ägyptens, Rom, half ihr in Person ihres Konsuls und Feldherrn, Julius Caesar, zurück auf den Thron. Ihr Mitregent, Bruder und, einer ptolemäischen Tradition folgend, auch Gemahl, Ptolemaios XIII., verlor dabei sein Leben und wurde durch seinen jüngeren Bruder Ptolemaios XIV. (47-44) ersetzt. Die Begegnung mit Caesar hatte für Kleopatra jedoch noch ganz andere Folgen: Im Juni 47 v. Chr. wurde sie von einem Sohn entbunden, den sie Ptolemaios Caesarion nannte. Sie verbrachte zwei Jahre an der Seite Caesar als dessen Geliebte in Rom, als dieser ermordet wurde und die Angefeindete in ihr Land zurückkehren musste.

Antonius und Kleopatra
Kurze Zeit später starb ihr Mitregent, Gemahl und Bruder und Kleopatra erhob ihren Sohn als Ptolemaios XV. Caesarion auf den Thron. Auf der Suche nach neuen Verbündeten stieß sie auf Marcus Antonius, den damals mächtigsten Mann im Osten des Römischen Reiches. Mit ihm träumte sie von einem hellenistisch-ägyptischen Großreich im Osten, führte aufwändig Hof und ließ sich gottgleich verehren. Als Marcus Antonius die ihm inzwischen angetraute Kleopatra und ihre drei gemeinsamen Kinder in einer prunkvollen Zeremonie mit römischen Gebieten beschenkte, brachte das das Fass zum Überlaufen. Octavian peitschte die öffentliche Meinung gegen das lasterhafte Paar auf und Kleopatra wurde zum Staatsfeind erklärt. Er übernahm persönlich den Befehl über die Flotte, die am 2. September 31 v. Chr. in der Seeschlacht von Actium (Westgriechenland) den entscheidenden Schlag gegen das anmaßende Paar führte. Beide konnten entkommen und flohen nach Ägypten. Als Octavian schließlich im Jahr darauf auch dort einmarschierte, nahm sich Marcus Antonius das Leben. Kleopatra gab nun alles verloren und tötete sich, so will es die Überlieferung, durch einen Schlangenbiss.

Ägypten als römische Provinz

Mit der 30 v. Chr. erfolgten Einnahme Alexandrias durch Gaius Octavianus, den späteren Kaiser Augustus, wurde Ägypten zur römischen Provinz erklärt. Wie alle vorherigen Fremdherrscher, Nubier, Assyrer, Perser und Griechen, nahmen auch die römischen Kaiser den Pharaonentitel an und ließen sich im Ornat der ägyptischen Könige darstellen. Im Wissen um die große Bedeutung des Landes für Rom als wichtigster Getreideproduzent des Reiches war ihnen die Provinz direkt unterstellt. Sie ließen die alten Kulte pflegen, doch das Christentum begann seinen Siegeszug und wurde 391 n. Chr. zur Staatsreligion erklärt. Nur wenige Jahre später teilte sich das römische Imperium in ein West- und ein Ostreich. Ägypten fiel an den Osten und wurde bis zum Einfall der Araber 640 von Konstantinopel aus regiert.

*Einer der Höhepunkte der Ägyptomanie: Elizabeth
Taylor als Kleopatra in dem gleichnamigen Film
von 1963. Das Szenenbild zeigt sie und ihren Sohn
Caesarion während ihres Einzuges in Rom.*

Lebende Statuen
Bildhauerei

Die Schöpfungen der Bildhauerkunst in Ägypten waren sehr zahlreich. In den Gräbern standen Bildnisse des Toten, in denen sein „Geist", der Ka, Platz nehmen konnte. Der Grabinhaber konnte gleich mehrfach vertreten sein, in verschiedener Größe, Haltung und Tracht, gemäß seinen Funktionen, die er im Leben ausübte. Er konnte sitzend, kniend oder an einem Rückenpfeiler lehnend dargestellt werden, auch Verbindungen mit Ehepartnern oder Kindern waren vom ägyptischen Formenkanon zugelassen. Eine Besonderheit ist der Würfelhocker, die Darstellung als hockende Figur mit angezogenen Beinen, über die das Gewand bis zum Boden fällt, so dass aus dem würfelförmigen Block nur der Kopf des Dargestellten herausragte. Neben Figuren des Grabinhabers und von dessen Familie enthielt die „ewige Wohnung" zudem Uschebtis, weniger sorgfältig gearbeitete Dienerfiguren, denen jedoch auch Haltungen erlaubt waren, die man sonst nicht zugestand. Eine besondere Auszeichnung für Privatpersonen war es zudem, ihre Statue in einem Tempel aufzustellen, damit sie auch im Tode noch an dem betreffenden Kult teilnehmen konnten. Als Material verwendete man Alabaster, Kalkstein und alle Arten von Granit, später auch Grauwacke oder Grünstein. Bildwerke aus Holz, Kupfer und Bronze sind seltener anzutreffen. Die Statuen waren fast alle bemalt, manchmal mit Gold überzogen und angekleidet. Für die Kultfiguren der Tempel wurde vor allem Edelmetall verwendet.

Das Porträt

Das Ritual der Mundöffnung galt nicht nur Mumien, auch Statuen konnten auf diesem Wege belebt werden. Die Dargestellten lebten schließlich in ihren Bildnissen, ihre Funktion unterschied sich vom reinen Denkmalcharakter, der künstlerische Aspekt war unbedeutend. Die Unverwechselbarkeit wurde nicht durch eine möglichst große Ähnlichkeit des Bildwerks mit dem Porträtierten erreicht, sondern durch die Einschreibung seines Namens, der wie der Schatten oder der Ka zum Wesen eines Menschen gehörte. Bekannter als die rein für sich stehenden Werke der Bildhauerkunst Ägyptens sind die Großplastiken. Dazu zählen die monumentalen Statuen vor den Tempeln, wie etwa in Abu Simbel oder Luxor, der Sphinx in Giza oder die Sphingenalleen in Karnak.

Das Relief

Zwischen Malerei und Bildhauerei steht das Relief. Es wurde von Steinmetzen ausgeführt und schmückt die Wände von Tempeln ebenso wie viele Gräber. Die Werke der Flachkunst konnten erhaben oder versenkt ausgeführt werden. Beim erhabenen Relief wurden mit einem Quadratnetz die Umrisse der Figuren auf die Wand übertragen und der Hintergrund von ihnen weggearbeitet. Bei der versenkten Version, die wegen ihrer besseren Sichtbarkeit bei grellem Sonnenlicht und der geringeren Anfälligkeit für Beschädigungen vor allem an Außenflächen zur Anwendung kam, wurden sie in die Fläche eingemeißelt. Bei beiden Verfahren wurden danach die Oberflächen modelliert und meistens bemalt.

Kopten

Als Erben der alten Ägypter verstehen sich die Kopten, Mitglieder der koptisch-orthodoxen Kirche Ägyptens, der etwa 7-13 Prozent aller Einwohner des Landes angehören. Sie führt ihre Gründung auf den Evangelisten Markus zurück, der 68 n. Chr. in Alexandria sein Martyrium erlitten haben soll und als erster Papst der Kopten gilt. 451, inzwischen zur Staatskirche geworden, spaltete sie sich über die Frage nach der gott-menschlichen Natur Christi von den anderen christlichen Kirchen ab. Der Ausdruck „Kopten" kommt aus dem Griechischen und meinte ursprünglich alle Ägypter, die die ägyptische Sprache verwendeten.

Als Würfelhocker (Kuboide) wurden ausschließlich Privatpersonen, nie Könige oder Götter, dargestellt. Am häufigsten sind Kuboide wie dieser aus der 18. Dynastie mit schwach angedeuteten Körperformen. Die meisten von ihnen wurden in Tempeln gefunden, nur wenige in Gräbern. Die Beliebtheit dieser seit dem Mittleren Reich genutzten Bildnisform gründet wahrscheinlich auf dem großen Platzangebot für Inschriften.

Nadel des Pharaos
Der Obelisk

Eine Anekdote berichtet davon, wie schwierig es war, den Vatikanischen Obelisken, der bis ins 16. Jh. neben der Peterskirche in Rom stand, an seinem neuen Ort, mitten auf dem Petersplatz, aufzurichten. Der Papst selbst hatte bei Androhung schwerster Strafen absolute Ruhe angeordnet. Doch plötzlich gellte ein Schrei: „Wasser auf die Seile". Und tatsächlich, die schweren Taue, mit denen über 900 Mann den Koloss aufrichteten, waren heiß gelaufen und drohten zu reißen, nicht auszudenken, was die Folge gewesen wäre.

Als einziger von 13 römischen Obelisken ist der auf dem Petersplatz ohne Hieroglypheninschrift. Es ist daher umstritten, wo er ursprünglich stand. Vielleicht wurde er von römischen Steinmetzen speziell für seine Aufstellung im Circus des Caligula am Vatikanischen Hügel gebrochen, sicher scheint nur, dass er aus Ägypten stammt und 37 n. Chr. mit einem Spezialschiff in die Hauptstadt des römischen Imperiums transportiert wurde.

Der größte Obelisk der Welt

So genau wir davon unterrichtet sind, wie die Aufrichtung des über 300 Tonnen schweren Kolosses im Jahre 1586 ablief, umso weniger weiß man davon, wie die Ägypter diese Aufgabe bewältigten. Mehr Klarheit herrscht dagegen über die Arbeiten im Steinbruch und den Transport, denn darüber geben Sockelinschriften und Reliefs Aufschluss. Ein unfertiges Exemplar in den Granitbrüchen von Assuan, der Herkunft aller Obelisken, macht zudem deutlich, wie schnell monatelange Arbeiten zunichte gemacht werden konnten: Ein Riss in dem 1168 Tonnen schweren und fast 42 m langen Block machte einen Abtransport zu einem unkalkulierbaren Risiko. Der Obelisk wäre der größte monolithische Vertreter seiner Art gewesen.

Spitze aus Gold

Schon im Alten Reich hatte es gemauerte Vorläufer der Obelisken gegeben. Erst im Mittleren und vor allem im Neuen Reich wurden sie inflationär verwendet. Für jeden König galt es als Zeichen seiner Verehrung des Sonnengottes Re, die Tempel des Reiches mit einem oder mehreren dieser Steinpfeiler zu schmücken, deren Spitze, das Pyramidion, häufig mit Elektron oder Gold überzogen war, um damit die Sonnenstrahlen einzufangen.

Wahrscheinlich geht dieses neben den Pyramiden und Sphinx bekannteste Symbol Ägyptens auf den Benben-Stein im Tempel des Sonnengottes in Heliopolis zurück. Auf ihn sollen die ersten Strahlen der Sonne nach der Entstehung der Welt gefallen sein. Seine endgültige Form, mit langem, sich nach oben verjüngendem Schaft und pyramidenförmiger Spitze, die die Griechen an ein Spießchen („obeliskos") erinnerte, erhielt er erst in der 12. Dynastie.

Schon von den Römern als beliebte Beute ins Ausland verbracht, stehen Obelisken heute in Istanbul, Paris, London und New York, vor allem aber in Rom. Im Land selbst haben sich lediglich vier große Himmelsnadeln an Ort und Stelle erhalten: Zwei in Karnak, einer in Luxor und einer in Heliopolis.

Mammisi

Die Geburtshäuser oder Mammisi, die im Außenhof quer zur Hauptachse von Tempeln der Spät- und der Ptolemäerzeit errichtet wurden, dienten dem rituellen Nachvollzug der Geburt des Gottessohnes und damit des mit ihm identifizierten Königs. Sie erinnerten an die einfachen Laubhütten, die die Ägypter für die Geburt kurzfristig auf oder neben ihren Häusern aufstellten. Es waren kleine Nebentempel mit Umgängen aus Pflanzensäulen, in deren Kapitellen der Zwergengott Bes zu erkennen ist. In Amulettform wurde er besonders von Wöchnerinnen geschätzt.

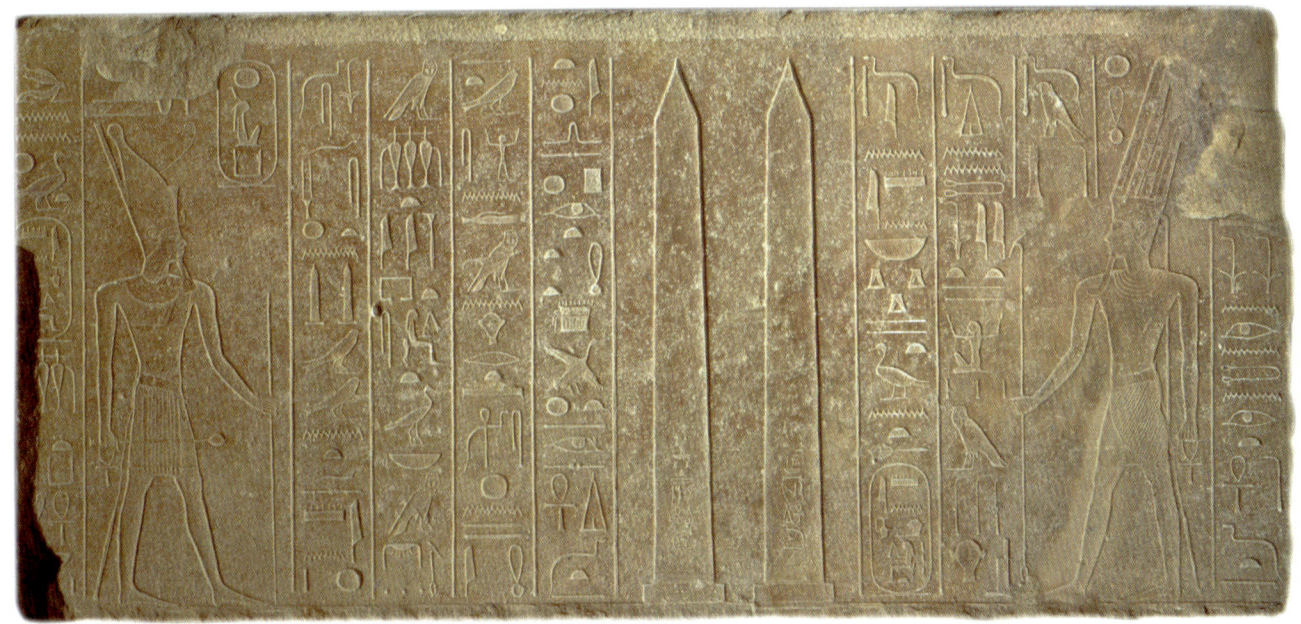

Königin Hatschepsut ließ in Karnak zahlreiche
Denkmäler errichten, darunter auch zwei fast
30 m hohe Obelisken im Säulensaal Thutmosis' II.
zwischen dem vierten und fünften Pylon des
Amun-Tempels. Der nördliche steht noch
aufrecht, der südliche liegt in Teile zerbrochen am
Boden. Das Relief aus der „Roten Kapelle" in
Karnak zeigt die Königin als Pharao (links) und
Amun-Re, der das von ihr gestiftete Obelisken-
paar freundlich entgegen nimmt.

Im Tempel der Wissenschaft
Ägyptologie

Die ersten umfangreichen Reiseberichte aus Ägypten verfasste der griechische Historiker Herodot. Er bewunderte vor allem die lange Geschichte und die hochstehende Kultur des Landes. Später waren es dann die Römer, die ein großes Interesse an ihrer Provinz zeigten, zahlreiche ägyptische Kunstwerke wurden nach Italien abtransportiert. Mit der arabischen Eroberung im 7. Jh. und während der türkischen Besetzung seit 1517 wurde es für Europäer fast unmöglich, das Land am Nil zu bereisen, das was man zu wissen meinte, wurde nun von dem bestimmt, was Altes Testament und antike Berichte überlieferten. Besonders die Hieroglyphen, die an den in Rom befindlichen Denkmälern aus erster Hand studiert werden konnten, hatten es verschiedenen Gelehrten der Renaissance angetan, die sich in fantasievollen Deutungen überboten.

Napoleons folgenreicher Feldzug

Im 17. und 18. Jh. gelang es dann einigen Reisenden, das entlegene Land zu besuchen. Ihre Berichte entfachten eine Begeisterung, die mit dem Ägypten-Feldzug Napoleons 1798-1801 einen ersten Höhepunkt erreichte. Der Korse wurde von einem Team aus 167 Künstlern und Wissenschaftlern begleitet, deren Ausbeute an Plänen und Skizzen die Grundlage für das 20-bändige Werk bot, mit dem 1809-1822 die Geschichte der modernen Ägyptologie begann, die „Description de l' Égypte". Andere hingegen meinen, die Geburtsstunde der neuen Wissenschaft schlug mit dem Brief, den Champollion am 22. September 1822 schrieb, in dem er bewies, dass er die Hieroglyphen entschlüsselt habe. Doch auch diese historische Tat war letztlich der Expedition des späteren französischen Kaisers

zu verdanken, denn während sich im Gepäck der Franzosen reichhaltiges zeichnerisches Anschauungsmaterial befand, führten die siegreichen Engländer als Beute auch den Stein von Rosette (siehe S. 204) mit sich, der Champollion als Grundlage für seine Arbeiten diente. Auf diesen vielleicht folgenreichsten Fund, der je in Ägypten gemacht wurde, waren die Franzosen eher zufällig gestoßen.

Wichtigster Wirtschaftsfaktor

Nach ihrer Rückkehr und der Publikation aller Forschungsergebnisse kannte die Ägypten-Begeisterung in Europa keine Grenzen mehr, ägyptische Motive eroberten Kunst und Kunsthandwerk, geraubte Antiquitäten bildeten den Grundstock der berühmten Ägyptischen Abteilungen des Louvre und des British Museums oder des Museo Egizio in Turin. Die Ägyptomanie, angefacht durch immer neue Entdeckungen, nahm kein Ende. Ob für Hochkultur – Verdis 1871 uraufgeführte Ägyptenoper „Aida" –, Filmkunst – Elizabeth Taylor in dem amerikanischen Filmklassiker „Kleopatra" –, oder Entertainment – das riesige Hotelcasino „Luxor" in Las Vegas – Ägyptens Anziehungskraft blieb ungebrochen. Ramses, Kleopatra und Tutanchamun sorgen so noch Jahrtausende nach ihrem Tod für volle Kassen im Land am Nil.

Jean-François Champollion

Champollion (1790-1832) war ein Wunderkind der Wissenschaften. Mit 15 Jahren beherrschte er bereits zahlreiche Sprachen, darunter Chinesisch und Sanskrit, mit 18 Jahren wurde er Assistenzprofessor für Geschichte an der Universität Grenoble. Der als schwierig, arrogant und besserwisserisch geltende junge Wissenschaftler hatte bereits 1807

eine Abhandlung über die altägyptische Sprache verfasst, 1822 gelang ihm dann die Entschlüsselung der Hieroglyphen. Für seine Verdienste wurde er zum ersten Leiter der Ägyptischen Abteilung des Louvre ernannt. Als solcher bereiste er 1828/29 das Land seiner Träume. Kurz vor seinem tödlichen Schlaganfall 1832 vollendete er die erste altägyptische Grammatik und ein Wörterbuch.

Für die erste vollständige Beschreibung Ägyptens,
die „Description de l'Ėgypte", entstanden
1798-1801 tausende von Zeichnungen, die
anschließend in Kupfer gestochen wurden.
Darunter auch diese Ansicht der Insel Philae bei
Assuan von André Dutertre.

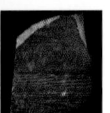

Die Entschlüsselung der heiligen Zeichen
Die Hieroglyphen

Der Stein von Rosette befand sich zwar seit 1801 im Besitz der Engländer, doch bereits im Jahr zuvor wurden Abdrucke erstellt, die jedem interessierten Wissenschaftler zugänglich gemacht wurden, der sich mit der Entzifferung der Hieroglyphen beschäftigen wollte. Es war schnell klar geworden, dass der Stein hierzu den Schlüssel bieten könnte, lautete der letzte Satz des in ihm eingeritzten griechischen Textes doch: „Das Dekret soll auf eine Stele aus Hartgestein geschrieben werden in heiligen Zeichen, in volkstümlichen Zeichen und in griechischen Zeichen", die Hieroglyphen, die heiligen Zeichen, mussten also dasselbe bedeuten wie der griechische Text. So brütete 1821 auch Jean-François Champollion über der Inschrift. Es war bekannt, dass in den auch hier vorkommenden Kartuschen der Königsname stehen musste, die acht Hieroglyphen also „Ptolemaios" bedeuteten. Der Vergleich mit den Zeichen für „Kleopatra" aus einer anderen zweisprachigen Inschrift half ihm, die vier in beiden Namen vorkommenden Buchstaben P, T, O und L zu erkennen. Über weitere Königsnamen gelang es ihm schließlich, auch die anderen Hieroglyphen zu entschlüsseln.

Bild-, Laut- und Deutzeichen

Ursprünglich hatte man die Gegenstände, Körperteile, Geräte des Handwerks, Waffen der Jagd, Tiere oder die Sonne, durch ihr Abbild festgehalten. Manche Zeichen behielten diese Bedeutung, eine Biene stand beispielsweise für genau dieses Wort. Die Bildzeichen besaßen außerdem, wenn sie gesprochen wurden, einen Lautwert, der ausschließlich aus Konsonanten bestand. Ihn benutzte man nun für Wörter mit anderer Bedeutung, die Bildzeichen fungierten als Lautzeichen, die nun für einen, zwei, drei oder – meist für ausländische Namen oder Begriffe – auch vier Konsonaten standen. Aus den Zweikonsonantenzeichen entwickelte sich durch Weglassen des zweiten Mitlautes ein Alphabet, das alle 24 Konsonanten des Ägyptischen umfasste, eine rein alphabetische Schreibung wäre also möglich gewesen. So stand ein Bein für „b", ein Schilfblatt für „j" und eine Eule für „m". Stimmhafte Vokale wurden nicht geschrieben. Deutzeichen vergrößerten die Möglichkeiten, ein Lautzeichen verschieden zu interpretieren. Sie funktionierten wie Hinweisschilder: Stand hinter dem Lautzeichen ein Kreis mit Straßen, so handelte es sich um einen Städtenamen. War ein Säugetier gemeint, folgte ein Fell mit Schwanz, allen Tätigkeiten, die Kraft erfordern, ein schlagender Arm und der Plural wurde durch drei Striche kenntlich gemacht. Die Anordnung der etwa 700 verschiedenen Hieroglyphen folgte eher ästhetischen als rein funktionellen Erwägungen. Geschrieben wurde ohne Satzzeichen, Zwischenräume und Worttrennungen von rechts nach links, in umgekehrter Richtung, zeilenweise wechselnd oder von oben nach unten. Götter und Herrscher stehen in Wortgruppen zuerst.

Stein von Rosette

Ein französischer Offizier stolperte 1799 förmlich über einen 112 cm hohen, 76 cm breiten und 28 cm dicken schwarzen Basaltstein, in dessen polierte Vorderseite winzige Schriftzeichen eingeschlagen waren: 14 Zeilen Hieroglyphen, 32 Zeilen in demotischer Schrift, der verkürzten Schreibschrift der Ägypter, und 54 Zeilen Griechisch. Der nach dem Fundort in Oberägypten benannte, 762 Kilo schwere Stein entpuppte sich als Träger eines 196 v. Chr. verfassten Dekrets, indem sich die Priester Ägyptens für königliche Wohltaten Ptolemaios V. Epiphanes (205-180) bedankten. Der Text wurde zum Schlüssel für die Entzifferung der Hieroglyphen durch Champollion (1822).

Über die Auffindung des Steins von Rosette gibt es zwei Versionen. Nach der ersten stürzte ein Offizier vom Pferd, als dieses über einen Stein stolperte. Nach der zweiten fiel sein Blick auf ihn beim Abbruch eines alten Festungswalls. Seine Bedeutung wurde schnell erkannt, Abbrucke angefertigt und jedem zur Verfügung gestellt, der sich mit der Entzifferung der Hieroglyphen befasste. Die für die Entschlüsselung entscheidende Stelle, die Kartusche mit dem Namen Ptolemaios' V., befindet sich im oberen Absatz, in der neunten Reihe von unten, ganz links.

Vom Graben im Sand
Archäologie in Ägypten

In den ersten Jahrzehnten des 19. Jh. bereisten viele Forscher das Land am Nil, vermaßen Denkmäler, beschrieben Landschaften und entzifferten Inschriften. Fantastische Berichte über unermessliche Schätze lockten aber vermehrt auch Abenteurer und Glücksritter in das noch immer zum Osmanischen Reich gehörende Land. Einer der schillernsten Figuren war der Italiener Giovanni Belzoni (1778-1823), der sich als Kraftmensch in einem Londoner Varieté sein Geld verdiente. Ihn verschlug es 1815 nach Ägypten, wo ihn der britische Generalkonsul, einer der größten Kunsträuber seiner Zeit, als Agent für pharaonische Kunst beschäftigte. Sein größter Coup war die Entdeckung des Grabes Sethos' I. im Tal der Könige. Zu dieser Zeit war Ägypten zur Plünderung freigegeben. Auch das auf Betreiben Champollions (siehe S. 202), des Entzifferers der Hieroglyphen, vom ägyptischen Vizekönig 1835 erlassene Gesetz, das alle im Land gefundenen Relikte zu ägyptischem Eigentum erklärte, änderte wenig daran. Selbst der deutsche Sprachwissenschaftler Karl Richard Lepsius (1810-1884), der im Auftrag des preußischen Königs 1842-1845 die bis dahin größte und bestorganisierte Expedition zur Erforschung der ägyptischen Altertümer leitete, kehrte mit einer Ausbeute von 15 000 Antiquitäten nach Berlin zurück. Trotzdem gilt Lepsius wegen der von ihm angewandten Methoden als erster wissenschaftlicher Ausgräber.

Schatzgräber und Wissenschaftler

Schon kurz nach Lepsius wurde der Franzose Auguste Mariette (1821-1881) als Ausgräber tätig, grub u. A. in Memphis und Sakkara und fand dort schließlich das Serapeum (siehe S. 134) Er gründete das Ägyptische Museum in Kairo, die Ägyptische Altertümerverwaltung und entwickelte die Handlung für Verdis Oper „Aida". Die bei den Grabungen angewandten

Fluch der Pharaonen
Der überraschende Tod Lord Carnarvons, der die Suche nach dem Grab Tutanchamuns finanziert hatte, am 5. April 1923, nur wenige Tage nach Öffnung der Gruft, riss die internationale Presse zu Spekulationen über einen Fluch des Pharaos hin, mit dem dieser angeblich sein Grab habe schützen wollen. Die Wahrheit ist eher profan: Der Lord war an einer Blutvergiftung gestorben. Inzwischen glaubt man, dass einige der weiteren Todesfälle, die mit dem Fluch in Zusammenhang gebracht werden, auf einen in den Grabkammern konservierten Schimmelpilz zurückgehen könnten.

Methoden waren jedoch noch immer sehr grob, die Fundzusammenhänge wurden nicht registriert, vieles unwiederbringlich zerstört. Dies änderte sich erst 1880, als der Engländer Flinders Petrie (1853-1942) die Bildfläche betrat. „Als er begann, war die ägyptische Archäologie Schatzgräberei, als er aufhörte, Wissenschaft", so sagte sein Biograf über ihn. Petrie, der in 40 Jahren Grabungstätigkeit alle wichtigen Orte Ägyptens untersuchte, ging systematisch vor, behandelte auch unbedeutende Funde sorgfältig und dokumentierte seine Tätigkeit.

Kleopatras Palast im Wasser

Von 1898 bis 1932 vergingen im Tal der Könige kaum ein paar Jahre ohne nennenswerte Funde. Der bedeutendste von allen war natürlich das prachtvoll erhaltene Grab Tutanchamuns, das Howard Carter, der 1892 mit Petrie in Amarna gegraben hatte, 1923 öffnete. 1913 entdeckte Ludwig Borchardt die Büste der Nofretete, 1925 G. A. Reisner das Grab der Hetepheres, mit dem größten Schatz an Schmuck aus dem Alten Reich und in den 1940er Jahren Pierre Montet die Königsgräber von Tanis. Aus neuester Zeit am bekanntesten sind die Unterwasserfunde im ins Meer gerutschten ehemaligen Königsviertel Alexandrias von 1996.

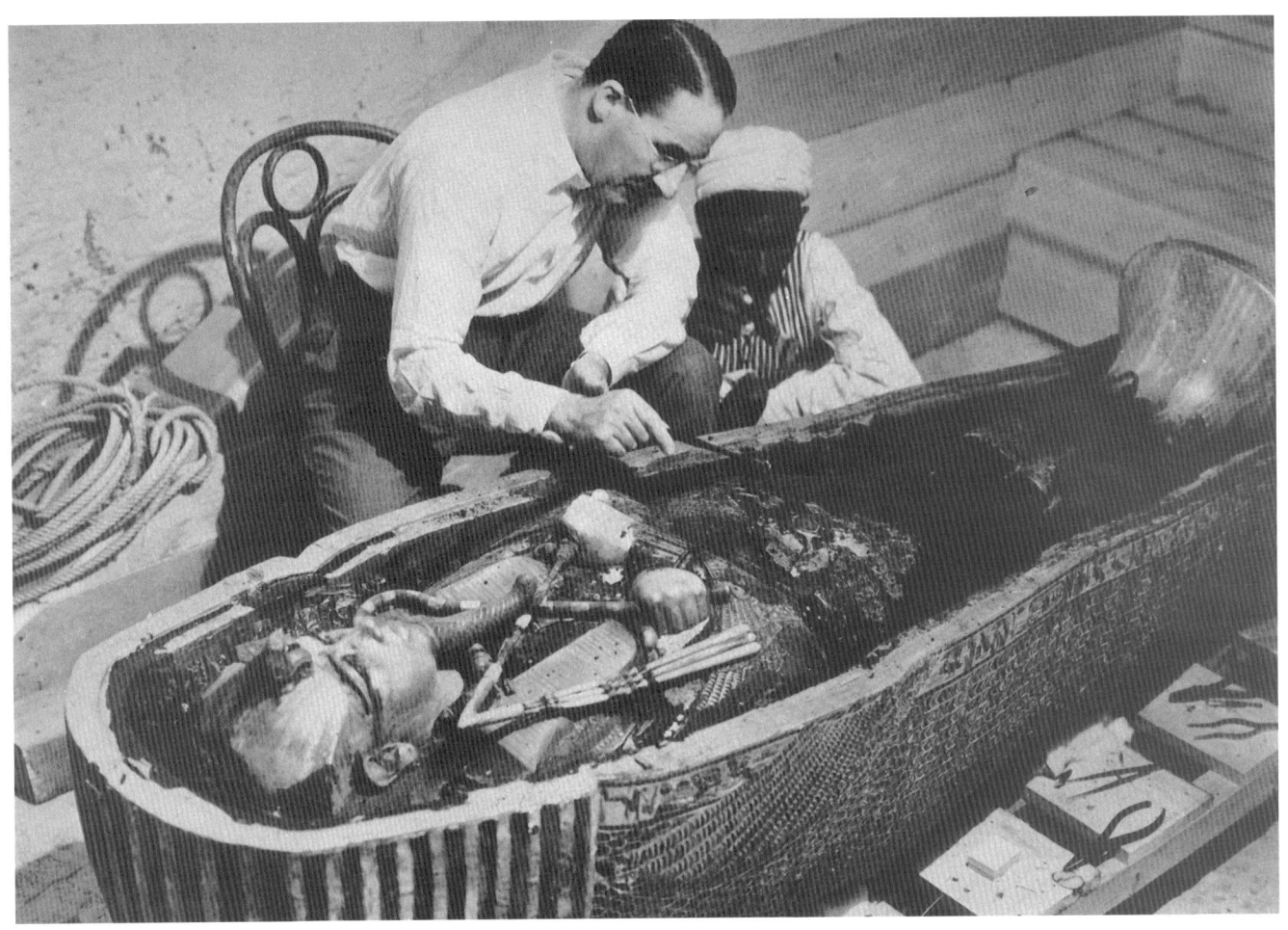

Howard Carter und ein Gehilfe bei der
Untersuchung von Tutanchamuns Goldsarg,
der noch in der Wanne des zweiten mumien-
förmigen Innensarges liegt.

Bei allen Daten vor 690 v. Chr. handelt es sich um ungefähre Zeitangaben. Es wurden nicht alle Könige aufgeführt.

Königslisten, wie die Sethos I. in Abydos, geben wichtige Anhaltspunkte zur Chronologie der ägyptischen Herrscher.

Prädynastische Zeit
5500-3100

Narmer
um 3100

Idolkopf der
späten Merimde-Kultur

Prunkschminkpalette
des Königs Narmer

1. Dynastie 3100-2890

Aha um 3100
Djer um 3000
Djet um 2980
Den um 2950
Adjib um 2925
Semerchet um 2900
Kaa um 2890

Elfenbeinkamm des
Königs Djet, um 2980.

Bronzefigur des
Baumeisters Imhotep

Frühdynastische Zeit
3100-2686

Plissiertes Gewand aus
Leinen, um 3000 v. Chr.

2. Dynastie 2890-2686

Hetepsechemui um 2890
Raneb um 2865
Peribsen um 2700
Chasechemui um 2686

3. Dynastie 2686–2613

Sanacht 2686–2667
Djoser 2667–2648
Sechemet 2648–2640
Chaba 2640–2637
Huni 2637–2613

Die Pyramiden von Giza,
4. Dynastie

Altes Reich
2686–2181

Erster monumentaler Steinbau der Geschichte: Die
Stufenpyramide König Djosers in Sakkara, um 2650.

4. Dynastie 2613–2494

Snofru 2613–2589
Cheops 2589–2566
Djedefre 2566–2558
Chephren 2558–2532
Mykerinos 2532–2503
Schepsekaf 2503–2498

Sitzstatuen des
Rahotep und seiner
Gemahlin Nofret

5. Dynastie 2494-2345

Userkaf 2494-2487
Sahure 2487-2475
Neferirkare 2475-2455
Schepseskare 2455-2448
Neferefre 2448-2445
Niuserre 2445-2421
Menkauhor 2421-2414
Djedkare 2414-2375
Unas 2375-2345

Holzstatue eines Priesters oder
hohen Beamten, um 2465 v. Chr.

Die „Gänse von Medum", um 2500 v. Chr.

Grabfigur eines hockenden
Schreibers, 5. Dynastie

6. Dynastie 2345-2181

Teti 2345-2323
Userkare 2323-2321
Pepi I. 2321-2287
Merenre 2287-2278
Pepi II. 2278-2184
Nitokris 2184-2181

7. und 8. Dynastie 2181-2125

Zahlreiche nur kurz regierende Herrscher

Montuhotep II.,
4. Herrscher der 11. thebanischen Dynastie

Erste Zwischenzeit
2181-2025

9. und 10. Dynastie (Herakleopoliten) 2160-2025

Merikare

Der Tempel des Amun machte Theben zum religiösen Zentrum des ganzen Landes.

11. Dynastie (nur Theben) 2125-2025

Antef I. 2125–2112
Antef II. 2112–2063
Antef III. 2063–2055
Montuhotep II. 2055–2025

11. Dynastie
(ganz Ägypten) 2025-1985

Montuhotep II. 2025-2004
Montuhotep III. 2004-1992
Montuhotep IV. 1992-1985

Amenemhat III.
mit der weißen
Krone Oberägyptens

13. Dynastie
1795- nach 1650

Etwa 70 Herrscher

14. Dynastie
1750-1650

Kleinkönige im Nildelta

Mittleres Reich
2025-1650

Grab des Gaufürsten Sarenput II.,
um 1900 v. Chr.

12. Dynastie 1985-1795

Amenemhat I. 1985-1955
Sesostris I. 1965-1920
Amenemhat II. 1922-1878
Sesostris II. 1880-1874
Sesostris III. 1874-1855
Amenemhat III. 1855-1808
Amenemhat IV. 1808-1799
Nefrusobek 1799-1795

Obelisk Seostris' I.
in Heliopolis

Holzschnitt nach
einem Grabrelief
der 15. Dynastie

17. Dynastie 1650-1550

Könige mit Sitz in Theben, zuletzt:
Sekenenre Taa um 1560
Kamose 1555-1550

Idealisierte Statue
Thutmosis' III.

15. Dynastie ("Große Hyksos") 1650-1550

Chajan um 1600
Apophis um 1555

18. Dynastie 1550-1295

Ahmose 1550-1525
Amenophis I. 1525-1504
Thutmosis I. 1504-1492

Zweite Zwischenzeit 1650-1550

Neues Reich 1550-1069

16. Dynastie ("Kleine Hyksos") 1650-1550

Thutmosis II. 1492-1479
Thutmosis III. 1479-1425
Hatschepsut 1473-1458
Amenophis II. 1427-1400
Thutmosis IV. 1400-1390
Amenophis III. 1390-1352
Amenophis IV./ Echnaton 1352-1336
Semenchkare 1338-1336 (?)
Tutanchaton/ Tutanchamun 1336-1327
Aja 1327-1323
Haremhab 1323-1295

Wunderwaffe der Hyksos:
der zweirädrige Streitwagen

Königin Hatschepsut
als Osiris mit Götterbart

20. Dynastie 1186-1069

Sethnacht 1186-1184
Ramses III. 1184-1153
Ramses IV. 1153-1147
Ramses V. 1147-1143
Ramses VI. 1143-1136
Ramses VII. 1136-1129
Ramses VIII. 1129-1126
Ramses IX. 1126-1108
Ramses X. 1108-1099
Ramses XI. 1099-1069

Tempelstadt von Karnak

19. Dynastie 1295-1186

Ramses I. 1295-1294
Sethos I. 1294-1279
Ramses II. 1279-1213
Merenptah 1213-1203
Amenmesse 1203-1200
Sethos II. 1200-1194
Siptah 1194-1188
Tausret 1188-1186

Büste der Nofretete
(um 1380-1340)

21. Dynastie (Taniten) 1069-945

Smendes 1069-1043
Amenemnisu 1043-1039
Psusennes I. 1039-991
Amenemope 993-984
Osorkon der Ältere 984-978
Siamun 978-959
Psusennes II. 959-945

23. Dynastie (Taniten/ Libyer) 818-715

Mehrere zeitgleiche Kleinkönige in Herakleopolis
Magna, Leontopolis und Tanis, darunter:
Scheschonk IV. um 780
Osorkon III. 777-749

24. Dynastie 727-715

Bakenrenef 727-715

Dritte Zwischenzeit
1069-656

Goldmaske des
Pharao Psusennes' I.

22. Dynastie (Bubastiden/ Libyer) 945-715

Scheschonk I. 945-924
Osorkon I. 924-889
Scheschonk II. um 890
Takelot I. 889-874
Osorkon II. 874-850
Takelot II. 850-825
Scheschonk III. 825-773
Pimai 773-767
Scheschonk V. 767-730
Osorkon IV. 730-715

Holzsarg und Mumie einer
thebanischen Prinzessin,
um 1000 v. Chr.

Bronzestatue der Karomama,
Gemahlin Osorkons II.

26. Dynastie (Saïten) 664-525

Psammetich I. 664-610
Necho II. 610-595
Psammetich II. 595-589
Apries 589-570
Amasis 570-526
Psammetich III. 526-525

Kopf des Königs Amasis

Spätzeit
656-332

27. Dynastie (Perser) 525-404

Kambyses 525-522
Darius I. 522-486
Xerxes I. 486-465
Artaxerxes I. 465-424
Darius II. 424-405
Artaxerxes II. 405-404

25. Dynastie
(Kuschiten) 747-656

Pije 747-716
Schabaka 716-702
Schabataka 702-690
Taharka 690-664
Tanwetamami 664-656

28. Dynastie 404-399

Amyrtaios 404-399

29. Dynastie 399-380

Nepherites I. 399-393
Achoris 393-380
Nepherites II. um 380

Tierkulte gewannen besonders
in der Spätzeit an Bedeutung,
Mumien eines Hundes und einer Katze

31. Dynastie
(Perser) 343-332

Artaxerxes III. Ochos 343-338
Arses 338-336
Darius III. Codomannus 336-332

30. Dynastie 380-343

Nektanebos I. 380-362
Tachos 362-360
Nektanebos II. 360-343

Gründung Alexanders des Großen:
die Hafenstadt Alexandria

Ptolemaios I. Soter I. 305-285
Ptolemaios II. Philadelphos 285-246
Ptolemaios III. Euergetes I. 246-221
Ptolemaios IV. Philopator 221-205
Ptolemaios V. Epiphanes 205-180
Ptolemaios VI. Philometor 180-145
Ptolemaios VII. Neos Philopator 145

Makedonische Dynastie 332-305

Alexander der Große 332-323
Philipp III. 323-317
Alexander IV. 317-305

Ptolemäerzeit
332-30

Ptolemaios VIII. Euergetes II. 170-116
Ptolemaios IX. Soter II. 116-107
Ptolemaios X. Alexander I. 107-88
Ptolemaios IX. Soter II. 88-80
Ptolemaios XI. Alexander II. 80
Ptolemaios XII. Neos Dionysos 80-51
Kleopatra VII. Philopator 51-30
Ptolemaios XIII. 51-47
Ptolemaios XIV. 47-44
Ptolemaios XV. Caesarion 44-30

Münze mit dem
Bildnis Ptolemaios' I.

Stein von Rosette

Auswahlbibliografie

John Baines und Jaromir Malek:
Ägypten, Augsburg 1998

Jürgen von Beckerath:
Chronologie des pharaonischen Ägypten,
Mainz 1997

Hellmut Brunner:
Grundzüge der altägyptischen Religion,
Darmstadt 1983

Emma Brunner-Traut:
Kleine Ägyptenkunde: von den Pharaonen
bis heute, Stuttgart, Berlin, Köln 1991

Manfred Clauss:
Das Alte Ägypten, Berlin 2001

Sergio Donadino (Hrsg.):
Der Mensch des Alten Ägypten, Essen 2004

Arne Eggebrecht:
Das Alte Ägypten, München 1984

Joann Fletcher:
Die Lebenswelt der alten Ägypter,
Augsburg 1999

Wolfgang Helck und Eberhard Otto:
Lexikon der Ägyptologie,
Wiesbaden 1975-92

Erik Hornung:
Das Tal der Könige, München 2002

Christian Jacq:
Die Pharaonen, Große Herrscher des alten
Ägypten, Reinbek 1999

Andrew Kerr-Jarrett:
Lebensalltag zur Zeit der Pharaonen,
Stuttgart 1995

Bill Manley:
Die siebzig großen Geheimnisse des alten
Ägyptens, München 2004

Hermann A. Schlögl:
Das Alte Ägypten: Geschichte und Kultur von
der Frühzeit bis zu Kleopatra, München 2006

Thomas Schneider:
Lexikon der Pharaonen, Düsseldorf 2002

Piotr O. Scholz:
Abu Simbel, Köln 1994

Piotr O. Scholz:
Altes Ägypten, Köln 1996

Wolfgang Schuler:
Taschenlexikon altes Ägypten,
München 2000

Regine Schulz:
Das alte Ägypten: Geheimnisvolle Hochkultur am Nil, Mannheim 1999

Karlheinz Schüssler:
Von Theben bis Luxor, Köln 1995

Matthias Seidel und Regine Schulz:
Ägypten, Köln 2001

Hans-Günter Semsek:
Ägypten und Sinai, Köln 2001

Ian Shaw und Paul Nicholson (Hrsg.):
Reclams Lexikon des alten Ägypten,
Stuttgart 1998

Albero Siliotti:
Tal der Könige, Köln 2004

Alberto Siliotti:
Ägyptische Pyramiden, Köln 2004

Dietrich Wildung: Ägyptische Kunst, Freiburg
1988

Geo Epoche, Nr. 3, April 2000:
Das Reich der Pharaonen

National Geographic Special, 1/2001:
Das Alte Ägypten

Register

Register

Register